W0362703

DELIUS KLASING

WOLF-ULRICH CROPP

GOLDRAUSCH
IN DER KARIBIK

Auf den Spuren von
Sir Francis Drake

DELIUS KLASING VERLAG

Von Wolf-Ulrich Cropp ist im Delius Klasing Verlag
auch das Buch »Die Batavia war ihr Schicksal –
Seeabenteuer eines Ostindienfahrers« erschienen.

Die Deutsche Bibliothek – CIP-Einheitsaufnahme

Cropp, Wolf-Ulrich:
Goldrausch in der Karibik: auf den Spuren von Sir Francis Drake/
Wolf-Ulrich Cropp. - 1. Aufl. –
Bielefeld: Delius Klasing, 2000
ISBN 3-7688-1175-1

1. Auflage
ISBN 3-7688-1175-1
© by Delius, Klasing & Co. KG, Bielefeld

Schutzumschlaggestaltung: Buchholz/Hinsch/Hensinger, Hamburg
Druck und Bucheinband: Graphischer Großbetrieb Pößneck
Printed in Germany 2000

Alle Rechte vorbehalten! Ohne ausdrückliche Erlaubnis des Verlages
darf das Werk, auch nicht Teile daraus, weder reproduziert,
übertragen noch kopiert werden, wie z. B. manuell oder mithilfe
elektronischer und mechanischer Systeme inklusive Fotokopieren,
Bandaufzeichnung und Datenspeicherung.

Delius Klasing Verlag, Siekerwall 21, D-33602 Bielefeld
Tel.: 0521/559-0, Fax: 0521/559-113
e-mail: info@delius-klasing.de
http://www.delius-klasing.de

Inhalt

Prolog

1. April 1573
Nombre de Dios, Panama

Coronel Pedro Las Masas, ein behäbiger Galizier mit sorgsam gestutztem schwarzen Bart und listigen grünen Augen, schob mürrisch den Morion in den Nacken.

»Caramba!«, fluchte er zum wiederholten Mal, »diese mörderische Hitze so früh am Morgen!« Salzig juckender Schweiß rann ihm über die Stirn und in die Augen.

Zum Glück war die Nacht ruhig verlaufen, die Treiber brachten den bepackten Maultierzug gut voran, und seine fünfundvierzig schwer bewaffneten Männer nahmen die Eskorte der Karawane gebührend ernst.

Las Masas war von Panama nach Nombre de Dios unterwegs. Es galt, Gold, Silber, Juwelen, besonders Smaragde, die Reichtümer des Königs, sicher über den Isthmus zu transportieren und in Galeonen zu verladen, damit sie über den Atlantik in die Schatzkammern von Sevilla gelangten. Nichts erwartete der gierige Philipp II. sehnlicher aus der Neuen Welt als die Inkabeute.

Ein Jahr lang hatten die Spanier in Panama Inkagold in unermesslichen Mengen gehortet. Las Masas' Zug zählte zweihundert Mulis, und jedes Tier war mit gut dreihundert Pfund Fracht beladen. Wie ein Lindwurm schlängelten sich da dreißig Tonnen höchster Begierde an der schmalsten Stelle Amerikas durch den Urwald. Las Masas bedrückten nicht nur Hitze und Moskitoattacken, vielmehr die Last der Verantwortung. Sein Pferd schnaubte nervös. Der Oberst befand sich mit einigen Soldaten im hinteren Bereich der Karawane. Mit einem Schweißtuch fuhr er sich übers Gesicht, reckte sich im Sattel und hielt nach Nachzüglern Ausschau.

Halb nackte Treiber hatten ihre liebe Not mit den störrischen und erschöpften Mulis. Bisweilen musste die Last an den Leibern der Tiere fester gezurrt werden – für die letzten beschwerlichen Meilen durch den Wald bis zum Hafen.

»Das Schlimmste ist überstanden«, sagte Las Masas zu seinem Adjutanten. Der jüngere Offizier grinste verlegen aus hochrotem Gesicht. Einen Schatzzug begleitete er das erste Mal und höchst ungern. Er schob lieber Dienst in einer Festung als mit Goldbarren durch einen Wald zu ziehen, der ungeheuer bedrohlich auf ihn wirkte.

»Bleiben Sie mit fünf Männern hinten und machen Sie Druck. Ich will gegen Abend am Hafen sein, verstanden!«

»Si, si, Coronel.« Der Leutnant gab seinem Pferd die Sporen.

Las Masas drängte an der Karawane vorbei an die Spitze. »Endlich naht Nombre de Dios, ich kann das Meer schon riechen!«, stieß er aus.

Tatsächlich waren Stadt und Karibik nicht mehr fern. Von einer Anhöhe aus waren bereits gestern Schiffsmasten zu erkennen gewesen.

»Gracias a Dios, es ist gutgegangen!«

Der Trampelpfad führte jetzt durch dichtes Gelände. Baumkronen bildeten ein Tunnelgewölbe. Gefiltertes Sonnenlicht erreichte den Boden nur spärlich, und selbst die Hitze wurde durch den Blätterdom gedämpft. Es war feucht, wie in einer Waschküche, an deren dunkelgrünen Wänden Nebel emporwaberten, graue Nebelfetzen, die groteske Gestalt annahmen.

Bis auf den Klang zahlloser Glöckchen, die die Maultiere an den Hälsen trugen, war nichts Auffälliges wahrnehmbar. Der Glockenklang war beruhigend. Er sagte Pedro Las Masas, dass der Zug dicht aufgeschlossen geführt wurde.

Plötzlich stieß ein Brüllaffe seinen irren Schrei aus. Las Masas durchfuhr ein Schauder. Er zwang sich zur Ruhe. Doch sein Pferd schnaubte ungeduldig und blähte die Nüstern. Merkwürdig, dachte der Spanier.

Irgendetwas schien nicht zu stimmen. Ihn umgab eine unerträgliche, fast greifbare Spannung. Ein Hinterhalt? Das vage Gefühl von Gefahr warnte zu spät…

Ein schriller Pfiff ertönte…

»Feuer!«, brüllte eine Stimme. Musketenschüsse krachten. Der Oberst erstarrte vor Schreck, griff sich an die Brust, dann stürzte er leblos aus dem Sattel. Mit ihm wälzten sich zehn Soldaten in ihrem Blut.

Der Überfall kam so überraschend, dass die Eskorte in Panik geriet. An eine Gegenwehr war nicht zu denken. Ungezielt verhallten Schüsse im Irgendwo, während die Treiber in den Dschungel sprangen, um ihre Haut zu retten.

»Für die Königin Bess und England – überwältigt die Feiglinge, Jungs!« Damit sprang kein Geringerer als Francis Drake aus der Deckung, kraftvoll, wie ein Löwe, der sich auf seine Beute stürzt. Von Rache, Hass und Raublust getrieben, warfen sich mit ihm eine Hand voll Engländer, Cimarrones und französische Freibeuter unter ihrem Anführer Guillaume de Testu, einem Hugenotten, den Spaniern entgegen.

Unter dem Kommando des umtriebigen Piraten der Queen war der bunte Haufen aus Seadogs, entsprungenen Negersklaven und Protestanten aus Frankreich in Eilmärschen durch den Urwald Panamas gehetzt, um dieser Schatzkarawane aufzulauern.

Späher der ortskundigen Cimarrones hatten Drake schon vor Tagen von dem nahenden Zug berichtet. Im Schutz der Nacht hatte sich der Stoßtrupp auf die Lauer gelegt. Gemeinsam galt es jetzt den Spaniern die Schätze zu entreißen – fürs eigene und das Wohl der Königin Elisabeth I.

Die Cimarrones überschütteten die Spanier mit einem Pfeilhagel. Mit infernalischem Geschrei stürmten Drakes Männer heran. Picken, Macheten, Entermesser und Säbel zerschnitten die Luft, krachten und klirrten gegen das Metall von Harnisch oder bohrten sich ins Fleisch ungeschützter Körperteile.

Der Nahkampf wurde mit solcher Wucht und Härte ausgetragen, dass auch dem wackersten Spanier das Entsetzen in die Glieder fuhr. Die leicht- und unverletzten Soldaten sahen ihr Heil in der Flucht. Zurück blieben die bepackten Maultiere, die das Chaos mit geradezu hämischem Gleichmut durchlitten. Innerhalb von Minuten war der Spuk vorüber.

»Der Schatz gehört uns, wir sind reich!«, frohlockte John Oxenham.

Der tatenhungrige Francis Drake, etwa dreißig Jahre alt. Die frühe Abbildung zeigt den Seemann mit unzutreffend länglicher Kopfform.

»Testu hat es erwischt«, schrie ein Franzose.

»Zum Teufel mit Testu, wir müssen die Beute bergen«, rief der Engländer Oxenham, »wie können wir sie bloß wegschaffen?«

Noch außer Atem stand auf einmal Drake neben John. Seine Augen blitzten kampfeslustig. Rotes Haupt- und Barthaar standen ihm wirr im Gesicht. Der Kaperkapitän steckte die rauchende Pistole in den Bund und verfolgte, wie die Piraten Kisten erbrachen und triumphierend schwere Barren puren Goldes in die Luft streckten. Auch Francis Drake war berauscht, ausgelassen schlug er seinem Nebenmann auf die Schulter. »Verdammt, Oxenham, wir haben's geschafft. Es wurde auch langsam Zeit!«

Seit fast einem Jahr machten Drakes Schiffe Amerikas Küste in der westlichen Karibik unsicher. Sein Erfolg basierte auf guter Ortskenntnis, exzellenter Planung und plötzlichem, wagemutigem Zuschlagen. Angriffe und Überfälle liefen, zum Schrecken der Spanier, ungeheuer schnell und präzise ab. So hatte El Dragón, der Drache, wie Drake von seinen Feinden genannt wurde, manch schöne Prise gemacht, Nombre de Dios gestürmt, Panama-Stadt ausgekundschaftet und ein paar freche Schüsse über die Stadtmauern Cartagenas gefeuert. Doch heute hatte er einen gewaltigen Coup gelandet, den Bart des mächtigen Philipp einmal richtig angesengt.

Gierig wühlten die Hände der Piraten in randvollen Smaragdtruhen. Gold, Reichtum beherrschte die Hirne der Männer. Sie waren wie von Sinnen.

»Herhören!«, brüllte Drake über das Getöse hinweg. »Jeder nimmt nur, was er bequem tragen kann. Der Rest wird vergraben!«

»Vergraben?«, fragte John ungläubig.

»Jawohl, du Schwachkopf, vergraben. Wir verschwinden, bevor Verstärkung anrückt. Zu viel Gold kostet dich den Kopf!«

Widerwillig wurde ein Teil der Beute – immerhin fünfzehn Tonnen! – unter Bäumen, in Höhlen, im Ufersand verscharrt.

Zwei Stunden nach dem Überfall hasteten die Engländer durch den Urwald, zurück zu den Schiffen. Einige Franzosen wurden von der Gier übermannt, sie luden sich Kisten mit Gold auf die Schultern, torkelten Drake nach – bis sie erschöpft zusammenbrachen…

Mit einer grandiosen Geste der Verachtung verabschiedete sich Drake von den Spaniern: segelte noch einmal an Cartagena und der spanischen Flotte vorbei, um stolz die englische Flagge im Großmasttopp zu hissen. In einen Signalschuss hinein brüllte er in Richtung Hafen: »Cartagena, ich komme wieder!«

1.

Im Juli 1998
Hamburg

Unbedeutende Ereignisse zeigen nicht selten erstaunliche Wirkungen. Es fing alles ganz harmlos an, mit einer gewissen Lustlosigkeit. Steigerte sich in unbändige Euphorie und führte in den Urwald von Panama. Ein Albtraum, in den ich wie ein Besessener hineingeraten war.

Zu Beginn hatte ich einige Bücher über das Leben Drakes gelesen. Im Freundeskreis sprach sich herum, dass ich mich mit dem Leben des Piraten und Ritters beschäftigte. Für jemanden, der sich mit einer geschichtlichen Figur auseinandersetzt, womöglich etwas mitteilen möchte, ist nichts ernüchternder, als festzustellen, dass es über diese bestimmte Person bereits so viel gute Literatur gibt – ihr schwerlich etwas Neues hinzuzufügen ist. So kam es, dass mich jedes weitere Drake-Buch, das ich erstand oder von Wohlmeinenden erhielt, missmutiger stimmte. Das Projekt geriet in Gefahr. Der Seeheld war längst »ausgelutscht«, wie Journalisten zu sagen pflegen. Ich stieß auf nichts Unbekanntes, nichts Besonderes – bis mich an einem Julitag gleich drei Informationen neugierig machten, ja regelrecht aus einem Tief befreiten. Dieter Steffen war es, der »meinen« Francis Drake wieder zum Leben erweckte.

Beiläufig schob er mir an jenem Morgen eine Pressenotiz und ein dünnes Bändchen auf den Schreibtisch. »Würd' der Sache mal nachgehen«, meinte er, »übrigens, weißt du, dass auf Drakes letzter Reise ein Heesebach oder Hasebeck mitfuhr?« – »Wie bitte?«

»Ja, jemand aus Lübeck, der auf Drakes DEFIANCE Dienst schob.«

»Unmöglich, noch nie was von einem Deutschen in Drakes Mannschaft gehört!«

»Na, dann wird's Zeit.«

Ich wollte Steffen nachrufen, woher er denn den heißen Tipp habe, aber da war er auch schon durch den Raum geeilt und hatte die Tür zugeworfen.

»Kap Hoorn wurde von Drake entdeckt«, behauptete der Artikel, und der Band hieß »Ein verlorener Schatz des Francis Drake.« Ich überflog die Seiten von John Websters Abhandlung. Er hatte 1994 Panama bereist und nach dem Gold und Silber gesucht, das Drake nach dem Überfall vergraben ließ. Webster hatte nichts gefunden, der Urwald den Schatz nicht freigegeben. Er könnte noch unentdeckt dort ruhen. Welch ein Gedanke, ihn zu bergen, nach vierhundertfünfzehn Jahren!

Dies und der Hinweis, dass ein gewisser Francis Fletcher, Seelsorger auf Drakes GOLDEN HINDE, die südlichste Spitze Amerikas als Hommage an die Königin »Kap Elizabetha« getauft hatte, beflügelten, mich mit neuer Kraft auf Drakes Spuren zu heften. Und natürlich ging mir der Schiffsjunge aus Lübeck nicht aus dem Sinn. Wenn er auf der DEFIANCE gefahren war, musste er den alten Haudegen persönlich gekannt haben. Vielleicht war er sogar dabei gewesen, als er starb. Unglaublich!

Gab es doch noch manches zu erkunden im Leben und an den Schauplätzen des Seehelden! Weiß Gott, ich musste endlich weg von Schreibtisch und Büchern, musste mich in sein Kielwasser begeben!

Jagdfieber hatte mich gepackt, wie damals bei Bligh, Cook oder der BATAVIA – und das war aufregend und spannend zugleich. Plötzlich kam mir Hemingway in den Sinn: »Während du gehst, wohin du gehen musst, während du tust, was du tun musst, wird das Instrument, mit dem du schreibst, stumpf. Du musst es auf den Amboss legen und neu schmieden.«

»Würd' der Sache mal nachgehen«, hatte Steffen gemeint. Ich war ihm dankbar, endlich hatte ich den roten Faden, sah deutlich die Stationen: Tavistock, Plymouth, die Karibik, Amerika, Kap Hoorn, Cádiz, Panama … schon hörte ich das Meer rauschen, Spanten ächzen, den Wind heulen … Gestalten aus der Geschichte tauchten auf: Elisabeth I., ihr spanischer Erzfeind Philipp II., Drakes Widersacher Richard Grenville und Thomas Doughty, dann der Sklavenjäger

John Hawkins, Herzog von Medina-Sidonia, ein mysteriöser Hasebeck aus Lübeck und viele viele mehr … das Abenteuer konnte beginnen.

Mit einem Seufzer der Erleichterung schlug ich »Die Weltumseglung« zu. Das Buch fügte bekanntem Wissen nichts hinzu. Mir konnte nur John Webster weiterhelfen.

Ich wählte die Auslandsauskunft. Die Vermittlung gab mir die Nummer von Websters Verlag. Vielleicht hatte ich ja Glück.

»Rhitly Publishers«, meldete sich eine Frauenstimme.

»Entschuldigen Sie«, sagte ich, »in einer dringenden Angelegenheit müsste ich Mr. Webster sprechen.«

»Mr. Webster?«

»Ja, Mr. John Webster, einen ihrer Autoren.«

Jetzt lachte die Stimme. »Ah, den Schatzsucher. Ich kann Ihnen die Telefonnummer geben, unter der Sie ihn erreichen.«

»Auch die Adresse?«

»Leider nein, viele Autoren verbeten sich Besuche. Mr. Webster gehört auch zu denen.«

Ich wartete auf die Rufnummer. Es dauerte eine Weile, dann war die freundliche Stimme aus England wieder da.

»Hallo, Sir?«

»Ja.«

»Ich finde hier einen Vermerk, dass Mr. Webster von Unbekannten nicht angerufen werden will. Er ist etwas schwierig, müssen Sie wissen. Es tut mir leid, die Nummer darf ich Ihnen nicht nennen.«

Bevor die Dame das Gespräch unterbrach, sagte ich rasch: »Bitte geben Sie ihm meine Telefonnummer, es geht um Francis Drake und um Panama – es ist wichtig, er möchte sich melden.«

Die Verlagsangestellte legte auf.

Meine Euphorie hatte einen Dämpfer bekommen. Neugierige belagern Schatzsucher wie Schmeißfliegen frische Kothaufen – hätte ich mir denken können.

Ich nahm mir noch einmal den Artikel zur Entdeckung von Kap Hoorn vor. Ihn hatte ein gewisser Klaus Thimm aus Frankfurt geschrieben. Ich rief die Redaktion an und erfuhr, dass es sich bei seinem Bericht um den Extrakt einer langen Abhandlung eines John Webster handelte, die unlängst in der »Times« erschienen war.

John Webster war also eine Schlüsselfigur. Doch, wie war an ihn heranzukommen?

Ich musste zwei Tage warten, bis sich am Telefon eine tiefe Stimme in englischer Sprache mit: »Hallo – hier John Webster« meldete.

Erfreut bedankte ich mich für seinen Anruf.

»Ich spreche gern mit Leuten, die meine Bücher gelesen haben. Besonders, wenn das Interesse aus Deutschland kommt.«

Das erstaunte mich. Er berichtete, dass er Verwandte und Freunde in Lübeck habe. Beflügelt von dem günstigen Zufall sagte ich: »Das Buch, das ich so interessant fand, heißt ›Lost Treasure of Francis Drake.‹«

»Ja, ja, Panama und die Suche nach dem Schatz. Schon ein paar Jahre her.«

»Sie veröffentlichen Skizzen von dem Gebiet, in dem der Überfall stattgefunden haben könnte.«

»Das ist richtig, doch den Schatz oder Reste davon habe ich nie gefunden, die Aufzeichnungen sind falsch und ungenau.«

»Sie erwähnen einen Panamaer, der Ihnen bei der Suche half.«

»José Carlos«, sagte Webster, ohne zu zögern, »ja, im Grunde ein feiner Kerl, doch ich glaube, er weiß mehr als er preisgab.«

Ich hakte kühn nach: »Ob Sie mir wohl sagen können, wo dieser José Carlos zu finden ist.«

»In Panama«, lachte John Webster, »doch im Ernst, was haben Sie mit ihm vor?«

»Ich befasse mich mit Drake und recherchiere weniger bekannte Ereignisse aus seinem Leben. Dazu gehört auch der Verbleib des Schatzes.«

»Lesen Sie Drakes Tagebücher oder J. A. Wright ›Documents concerning English voyages to the Spanish Main‹.«

»Bringt mich auch nicht weiter.«

»Das tut mir sehr leid, aber Sie werden verstehen, dass ich meine Quellen nicht einfach an Unbekannte weitergeben kann.«

»Natürlich, das ist einzusehen«, sagte ich enttäuscht und nach einer kurzen Pause: »Wussten Sie, dass auf Drakes letzter Reise ein Lübecker mitfuhr?«

Nun hörte ich ein erstauntes: »Was?« in der Leitung, dann: »Das kann nicht sein, das müsste ich wissen.«

»Doch, doch, ich besitze Quellen, die das bestätigen.«

»Wann und wo können wir uns sehen?«, fragte Mr. Webster prompt.

»Ich komme nach England, machen Sie einen Vorschlag.«

»Nächsten Montag auf der GOLDEN HINDE.

»Die liegt doch in Liverpool?«

»Schon seit einiger Zeit nicht mehr. Sie finden das Schiff in London im St. Mary Overie Dock, nahe der Cathedral Street.«

»Ausgezeichnet, dann um 14 Uhr auf der GOLDEN HINDE, Mr. Webster.«

Als ich den Hörer auflegte, hatte ich feuchte Hände. Wie sollte ich in drei Tagen herausbekommen, dass ein Heesebach oder Hasebeck tatsächlich mit Drake unterwegs gewesen war, dazu noch aus Lübeck stammte? Ich sah mich schon mit leeren Händen und als Lügner dastehen.

2.

Im Juli 1998
London

Jener Montag war ein grauer Tag, typisch für das laute, brodelnde London. Wie gehetzte Insekten eilten Schuten, Ausflugsdampfer, Sportboote die Themse auf- und abwärts, und der Verkehrslärm hing, einem dröhnenden Gong gleich, über der Metropole.

Als ich die London Bridge fast überquert hatte, entdeckte ich sie, die GOLDEN HINDE, im St. Mary Overie Dock. Die schmucke Galeone lag in dem winzigen Hafenbecken, als wäre es eigens für sie gebaut worden. Nun bog ich in die Cathedral Street ein, und wie eine Fügung des Himmels schoben sich die schweren Haufenwolken für einen Moment zur Seite. Sonnenlicht flutete herab.

Satt glänzte der schwarze Schiffsleib mit der charakteristischen rotweißen Binde. Am mächtigen Achterkastell prangte, weithin sichtbar, die goldene Hirschkuh. Die Lugger waren ordentlich an den Rahen festgemacht, das Lateinersegel sauber eingeholt. Den Großsegler »aus alter Zeit« so vor Augen, kam ein starkes Gefühl in mir auf. Sicher, »nur« ein Nachbau, aber ein originalgetreuer, der viel Liebe zum Detail verriet.

Ich kam näher und vernahm das Klatschen der kurzen Wellen an den runden Flanken.

Schiffsplanken, einst voller Schätze, die von Ihrer Majestät betreten worden waren und die zu einer unsterblichen Legende wurden. Welch ein Kontrast: das maritime Relikt aus dem 16. Jahrhundert im Herzen der pulsierenden Weltstadt von heute!

Er lehnte am Großmast und war unschwer auszumachen: ein stattlicher alter Herr mit Brille und Stirnglatze – der Antityp eines Schatzsuchers. Eher Buchhalter in Rente oder pensionierter Oberlehrer. Auf der GOLDEN HINDE wirkte er wie ein Fremdkörper. Ich war enttäuscht. Für mein Anliegen war dieser Mann wohl kaum die richtige Adresse. Eine Sekunde fragte ich mich, ob es überhaupt Sinn machte, dass ich mich zu erkennen gab.

Immerhin sollte er Historiker sein, der als Drake-Experte galt, das hatte ich in der Zwischenzeit herausgefunden. Also schickte ich mich an, forschen Schritts die Gangway zu betreten. Ein junger Mann in Pluderhose, Lederwams und Schlapphut stellte sich mir in den Weg. »Das ist ein Museumsschiff, Tickets gibt's da drüben, Sir.« Damit zeigte der Knabe in der Matrosenkleidung des 16. Jahrhunderts in Richtung eines Ladenbüros.

»Schon gut, Jim, der gehört zu mir«, rief die Stimme vom Großmast.

Ich muss gestehen, die Galeone betrat ich nicht ungerührt. Schließlich hatten diese und das Original die Welt umsegelt. Über Planken

Das Achterkastell des Nachbaus der GOLDEN HINDE mit der goldenen Hirschkuh. Davor steht Jim in Original-Matrosenkleidung.

von Schiffen dieser Art schreitet man mit einer gewissen Andacht.

»Willkommen auf der HINDE! Ein schönes Schiff, nicht wahr?«, begrüßte mich John Webster. »Ich werde Sie erst einmal etwas herumführen, ich kenne den Segler ganz gut. Fuhr auf ihm 1978 von Hawaii nach Japan.«

Alle Wetter, dachte ich, mit der GOLDEN HINDE war er durch den Stillen Ozean gesegelt, das will was heißen!

Ich pfiff durch die Zähne. »Als zahlender Passagier?«

»Nein, nein, als Navigator mit Captain Adrian Small.«

So konnte man sich täuschen.

»Bevor ich's vergesse, das Tagebuch des Heinrich Hasebeck, Matrose auf Drakes DEFIANCE. Die Ausgabe schenk' ich Ihnen.«

Er war sprachlos.

Vom Halbdeck aus gelangten wir in die Kapitänskajüte, Drakes Reich. Den roh gezimmerten Raum füllte ein mächtiger Schreibtisch aus, an dessen hinterem Ende ein thronähnlicher Stuhl stand. Die Bordwand wurde von einer durchgehenden, mit rotem Samt bezogenen Sitzreihe eingerahmt.

Webster setzte sich mit der größten Selbstverständlichkeit auf den »Thron« und ließ sein Wissen sprudeln:

»Einst hieß die GOLDEN HINDE nicht so, sondern PELICAN. Sie war Drakes Flaggschiff einer kleinen Flotte, die aus drei Galeonen bestand. Drake stach in geheimer Mission in See, die ihn wahrscheinlich zum Mörder machte, auf jeden Fall als ersten Kapitän um den Globus brachte, reich werden ließ und ihm den Adelstitel einbrachte.

Der Kapitän befand sich am 20. August 1578 am Eingang zur Magellanstraße, die zuvor von keinem nichtspanischen Schiff befahren worden war. Die Beispiellosigkeit des Unternehmens unterstreichend, benannte er sein Schiff in GOLDEN HINDE um, zu Ehren seines Hauptgeldgebers und Förderers Sir Christopher Hatton, dessen Wappentier eine goldene Hirschkuh war. Nach drei Jahren beendete Drake seine abenteuerliche Weltumseglung. Die GOLDEN HINDE, bis an den Rand mit Schätzen beladen, war ihm als einziges Schiff geblieben.

In Greenwich begab sich Elisabeth I. höchstpersönlich an Bord der Schatzgaleone, ließ Drake niederknien mit dem Wortspiel: ›Captain

Drake, der König von Spanien hat Euer Haupt gefordert – wir haben eine entsprechende Waffe.‹

Wie nebenbei berührte sie das rote Wuschelhaupt ihres Lieblingspiraten mit dem vergoldeten Schwert des Seehelden, wendete sich theatralisch dem französischen Botschafter zu, um ihm mit den Worten: ›Ich bin überzeugt, dass Monsieur den Ritterschlag mit Freuden ausführen wird‹ die Waffe zu reichen. Ein kluger Schach zug mit dem Hinweis, dass auch Frankreich Drakes Unternehmungen billigte.

Übrigens wurde der sechzigjährige Weltumsegler Francis Chichester von Elisabeth II. mit demselben Schwert zum Ritter geschlagen. Das war 1967.

Während Sir Francis Drake Buckland Abbey kaufte und sich politisch betätigte, rottete die GOLDEN HINDE anfangs bestaunt, später vergessen ein ganzes Jahrhundert vor sich hin. Und zwar in einem Trockendock an der Themse bei Deptford.«

John Webster machte eine Pause, lehnte sich in dem mächtigen Stuhl zurück und fuhr fort: »Die GOLDEN HINDE war gar kein englischer Segler, sondern ein Beuteschiff, das in Frankreich gebaut worden war. Eigentlich eine recht kleine Galeone von einhundert Tonnen Verdrängung, mit einer Besatzung von siebzig Mann. Konstruktionspläne sind nicht überliefert worden. Doch es existierten die Maße des Docks, das zu ihrem Bau erstellt wurde. So ließen sich Rückschlüsse auf die Größe ziehen. Der Rumpf ohne Klüverbaum maß um 22 Meter, die größte Breite um 6,30 Meter, der Tiefgang etwa drei Meter.«

Lotse Nuño da Silva, ein Portugiese, war über vier Monate zum Dienst an Bord gezwungen worden. Von ihm stammt eine aufschlussreiche Beschreibung der GOLDEN HINDE: »Drakes Schiff ist sehr fest und stark gewesen. Die Außenwände bestanden aus zwei Schichten von Planken mit einer Teerschicht dazwischen, was das Schiff für die Kriegsführung sehr geeignet machte. Es war ein französisches Schiff, ausgestattet mit guten Masten und Segeln. Ein hervorragender Segler, der dem Steuer gut gehorchte. Es war weder neu, noch war der Boden mit Blei bedeckt. Es hatte sieben Luken an jeder Seite und achtzehn Kanonen unter Deck, sieben an jeder Seite und vier am Bug. Drei davon waren aus Bronze, der Rest aus Gusseisen, außerdem gab es alle Arten von Kriegsmaterial an Bord. Es war wasserdicht, wenn es mit einem nicht zu starken Wind von achtern segelte, aber in schwerer See machte es nicht wenig Wasser.«

Der Schiffstyp der Galeone wurde Anfang des 16. Jahrhunderts mit italienischer Hilfe gleichzeitig in Spanien und Portugal entwickelt. Die dort gebauten Fahrzeuge besaßen drei bis vier Masten, an deren Besan zur Verbesserung der Segel- und Manövriereigenschaften ein Lateinersegel gefahren wurde.

Vom Schiffsoriginal existiert nur noch ein Stuhl aus dem Holz der um 1680 erbärmlich verfallenen Planken. Das Möbelstück wurde der Oxford Universität als Geschenk vermacht. Heute ist der Stuhl im Museumstrakt von Buckland Abbey zu besichtigen.

»Je weiter wir uns von vergangenen Ereignissen entfernen, desto wichtiger ist es für uns, diese zu bewahren und lebendig zu halten«, sagte Webster und ergänzte schelmisch: »Ich gebe zu, eine typisch britische Betrachtungsweise. – Am 17. Juni 1579 betrat Drake als erster Weißer kalifornischen Boden, dort, wo heute San Francisco liegt. Er nannte das Land ›Nova Albion‹. Der Aufenthalt des Kapitäns in Kalifornien gebar die Idee, einen Nachbau des berühmten Schiffes zu schaffen. Damit sind wir bei der GOLDEN HINDE II.« Webster stemmte sich aus dem Sessel.

»Und die GOLDEN HINDE III?«, fragte ich, in der Hoffnung, ihn zu überraschen.

»Pah«, machte Webster, »eine Spielerei eines türkischen Geschäftsmannes, der nicht weiß, wohin mit seinem Geld. Die Rahen sind viel zu kurz, für die Arbeit an Fallen und Brassen gibt es hydraulische Winschen.«

Webster war informiert. Der Eigner Bülent Sayar hatte sich von der Werft Zoban Denizcilik am Schwarzen Meer 1993 eine Galeone bauen lassen, die mit der GOLDEN HINDE nur auf den ersten flüchtigen Blick Ähnlichkeit hat. Das »Schmuckstück« hatte ich in Istanbul einst besichtigt. Im vertäfelten Gesellschaftsraum hingen elektrische Lampen von der Decke; Bullaugen waren Fenster, mit Gardinen umhängt. Der Privatsalon, einer Kapitänskajüte nachempfunden, war mit Stehlampen und einem wuchtigen Sofa im osmanischen Stil ausgestattet worden. Bülent Sayars Schlafzimmer barg ein orientalisches Himmelbett statt einer Koje. Kurzum, eine

GOLDEN HINDE mit der Atmosphäre von Tausendundeiner Nacht, die einen Hauch abenteuerliches Segeln mit opulentem Luxus verband.

Dazu trugen eine moderne Ankerwinsch, ein feudales Bad, ein Generator zur Stromversorgung, elektronische Navigationshilfen und zwei kräftige Dieselmotoren mit je 280 PS bei. Für den größten Stilbruch der türkischen GOLDEN HINDE hielt ich die S-Spant-Form anstelle des ursprünglichen trogförmigen Unterwasserschiffs.

Zurück zu Drakes Galeone, auf der ich mir gerade heftig den Kopf an einem Deckenbalken stieß. Vom Halbdeck aus nahmen wir den Niedergang ins Batteriedeck. Alles war so beengt, dass man sich reibungslose Allhands-Manöver auf See kaum vorstellen konnte.

»Kleine Konzessionen sind bei unserer GOLDEN HINDE auch gemacht worden«, gab Webster augenzwinkernd zu. »Erst einmal besteht der Ruderstand aus einem Rad mit zeitgemäßer Ruderanlage, während Drakes Rudergänger über den unpraktischen Kolderstock, Werbelgurt und die Ruderpinne das eigentliche Ruderblatt betätigten. Dann tuckert unter Deck ein Hilfsmotor mit 140 PS. Ansonsten hielt sich Schiffbauer Christian Norgaard an alte Quellen, die er wie ein Puzzle zusammentrug, um die Konstruktion so original wie möglich zu gestalten.«

Die Authentizität bezog sich auch auf die Innenausstattung und die Gerätschaften an Bord. Als Bauholz wurde Eiche, Kiefer und Ulme verwendet. Und auf der Werft J. Hinks & Son in Appledore, Devon, wurde das Schiff in traditioneller Handwerkskunst erstellt.

»Wir verweilten auf dem Kanonendeck. Webster streichelte ein Geschütz und meinte: »Die sind gusseisern und eignen sich zum Salutschießen. Wenn es hier unten zur Sache ging, sah man vor Pulverdampf nicht die Hand vor Augen, und die Rohre der vierzehn Geschütze wurden schon mal rot glühend geschossen.«

Insgesamt war die GOLDEN HINDE mit zweiundzwanzig Kanonen bestückt, deren kleinere Kaliber befanden sich auf dem überbauten Achterschiff und am Heck. Die vierzehn Kanonen des Batteriedecks waren Vierpfünder mit einer zielsicheren Weite von rund dreihundert Metern. Die Reichweite der Kugeln lag bei knapp dreitausend Metern. Drakes gut trainierte Kanoniere schafften es, die Kanonen in drei Minuten zu laden und abzufeuern. Nach einem Seegefecht sahen sie aus wie die Kohlentrimmer – sofern sie es überlebt hatten.

Webster strebte nun dem vorderen Bereich des Batteriedecks zu.

»Hier hielt man die lebende Nahrung in Käfigen, für Offiziere und Höflinge, meist Schweine, Hühner oder Schafe. In unmittelbarer Nähe befand sich der Lebensraum der Teernacken und Salzbuckel – arme Kerle, die vor dem Mast fuhren. Wenig Platz, Gestank und Nässe war ihr Los. Bisweilen faulten ihre Kleider am Leibe, da sie nichts zum Wechseln besaßen. Wenn es nicht zu kalt war, schlief eine Hälfte der Mannschaft in Hängematten an Deck, während die andere Dienst schob.«

Wir gelangten in den Laderaum, wo sich auf großer Fahrt Gebinde mit allerlei Lebensmitteln, Fässer mit gesalzenem oder getrocknetem Fleisch und Fisch befanden. Auch Säcke mit Erbsen, Bohnen, Schiffszwieback wurden hier gelagert – und die vom Proviantmeister streng bewachten Rationen an Wein, Rum und Bier.

Ein fieses Loch noch weiter unten war die Arrestzelle, in ihr warteten Delinquenten auf Bestrafungen, die weiß Gott nicht zimperlich ausfielen. Bei den kleinsten Vergehen ließ der Provost, auch Stockmeister genannt, die neunschwänzige Katze auf bloßen Rücken tanzen. So entstand das »Seemannshemd«, das ein ganzes Leben hielt.

Jetzt roch es ätzend nach Teer und präpariertem Holz. Fauliges Wasser schwappte träge und gab einen Vorgeschmack, wie es auf Fahrt in der Bilge stinken musste. Ein abscheulicher Ort, der nicht selten als Erzatzlatrine diente und jede Menge Ratten barg. Der Steinballast zur Stabilisierung des Seglers befand sich ebenfalls ganz unten. Während der Weltumseglung ersetzte Drake den Ballast nach und nach durch gekaperte Schätze der Spanier.

Die Prise der Schatzgaleone Nuestra Señora De La Concepion wog allein sechsundzwanzig Tonnen Silber, achtzig Zentner Gold und dreizehn Truhen Juwelen.

Drake kehrte mit einem Schatz heim, der umgerechnet zweihundert Millionen Mark wert war. Davon kassierte die Königin allein einhundert Millionen. Mit einem Teil davon modernisierte sie ihre Flotte, um gegen Philipp II. gerüstet zu sein – was übrigens ein dringender Rat von Sir Francis gewesen war.

Wir hielten uns die Nasen zu und kletterten wieder nach oben, aufs Hauptdeck, wo sich die Schlafquartiere für die Passagiere befanden. Allein zwanzig Offiziere schliefen auf dem Original.

Die GOLDEN HINDE II-Crew besteht lediglich aus dem Kapitän, einem Maat, dem Koch und maximal zwölf Schiffsjungen. Je nach Törn kommen ein Funker oder ein Navigator und ausgewählte Passagiere dazu.

»Zu Drakes Zeiten herrschte drangvolle Enge«, sagte Webster. »Neben Offizieren und Mannschaften waren noch Musikanten, Frisöre, Stewards, der Schmied, der Koch, Zeichner, sogar ein Minister, zusammen 164 Mann an Bord.«

Weiter hinten befand sich die Waffenkammer, ein Arsenal an Musketen, Streitäxten, Armbrüsten, Lanzen, Säbeln, Pistolen, Piken – alles, was die Besatzung einer Kriegsgaleone auf Kaperfahrt so einsetzte. Auffällig waren die rot gestrichenen Decksplanken, sie sollten das Blut unsichtbar machen, das im Kampf in Strömen floss und manchen wackeren Seemann beim Anblick des Lebenssafts auf hell gescheuertem Holz schwach werden ließ.

Unter dem Achterkastell befand sich die Große Kabine mit dem Balkonaustritt. Hier aß die Schiffsführung, heckte man am Captain's Table neue Überfälle aus oder erholte sich ganz einfach beim Karten-, Schach- und Würfelspiel.

»Zusammenkünfte am Captain's Table glichen spirituellen Sitzungen, wie bei Geheimbünden üblich. Es galten unumstößliche Gesetze. Erstes Gebot: Der Captain hat immer recht. Zweites Gebot: Man darf über alles reden, aber kein Wort darf den Raum verlassen«, erklärte John wichtig.

»Drakes Crew schuf sich eine Wertewelt ganz eigener Prägung: Der Königin treu ergeben, streng und gottesfürchtig als Protestanten, glühende Gegner der Spanier und des Katholizismus. Das mochte die Triebfeder gewesen sein, aus der Drake bis zum Ende seine ungeheure Energie speiste«, ergänzte Webster.

»– und sich schließlich verzehrte und überschätzte.«

»Zugegeben, der letzte Aufmarsch gegen die Spanier war eine Katastrophe. Drake war ein hervorragender Stoßtruppkämpfer, aber kein Flottenführer. Er dachte immer taktisch und in Aktionen, nie strategisch. – Lassen Sie uns wieder aufs Halbdeck steigen, das Kommandodeck, auf dem der Captain seine Befehle gegen Sturm und Gefechtslärm brüllte.«

»Oder anfeuernd die Trommel rührte.«

John Webster lachte: »In der Tat, die rote Trommel mit seinem Wappen begleitete Drake wie ein Ehering. Auch sie ist in Buckland Abbey ausgestellt.«

Wir warfen noch einen Blick in die Kapitänskajüte. Die Trommel in der Ecke des Raumes war eine Replik, ebenso die Navigationsinstrumente an der Bordwand. Drake stach mit hervorragendem Instrumentarium in See. Humphrey Cole stellte ihm eigens ein Astrolabium nach dem damals neusten Stand her. Mit zum Besteck gehörten Jakobstab, Quadrant und Magnetkompass. Die Zeit wurde mit der Sanduhr genommen.

An der Schiffsglocke strahlte John Webster wie ein Junge, als seien die Jahresringe auf seinem Gesicht dahingeschmolzen: »Für mich hat die GOLDEN HINDE einen ungeheuren Sex-Appeal. Schau dir die Formen und die Linienführung an – ein einziger Sinnesrausch. Kurven, die aus dem Umgang mit den Elementen gewachsen sind. Ist es nicht, als befände man sich an Deck auf einer fantastischen Zeitreise

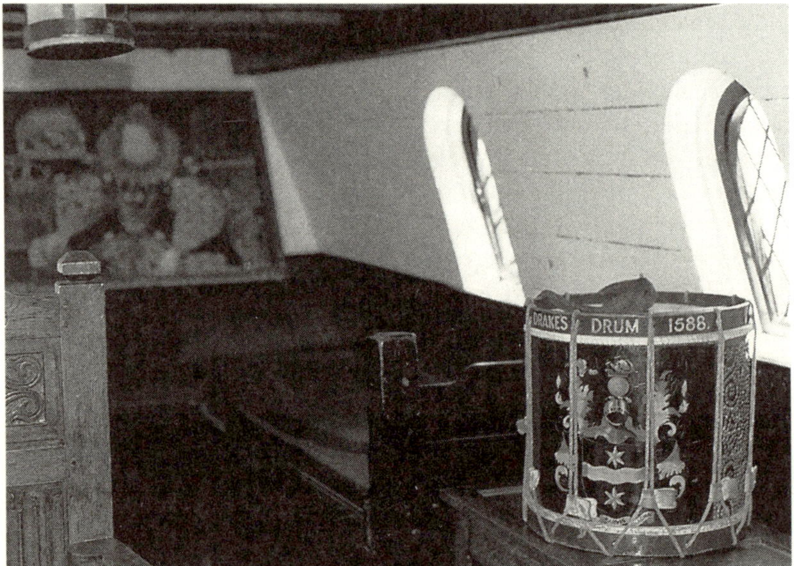

In der Kapitänskajüte der GOLDEN HINDE II steht eine Replik von Drakes sagenhafter Trommel.

durch maritime Jahrhunderte? Du spürst den Wind in den Segeln, der die Galeone vorwärts treibt, du hörst das Schlagen der Takelage, spürst die Gischt am Bug.«

Das ist Begeisterung, die ansteckt, ja metamorphorische Wirkung hat. Wo traut man sich solch einem nostalgischen Gefühlsluxus hinzugeben, außer auf einem Segelschiff?

Wie ernüchternd die Fakten, mit denen John jetzt wieder aufwartet: Die Kiellegung fand im September 1971 statt, der Stapellauf im April 1973. Die Abmessungen: Länge über alles 37 Meter, Rumpflänge 31 Meter, Länge der Wasserlinie 23 Meter, Breite 6,10 Meter, Tiefgang 2,70 Meter, Segelfläche 386 Quadratmeter. Besegelung: sechs Segel; am Bugspriet ein Sprietsegel, Fock- und Großmast mit je einem Untersegel und Toppsegel, der Besanmast führt ein Lateinersegel.

Die Höhe des Großmastes über Kiel beträgt 26 Meter. Und die Baukosten? Sie beliefen sich auf eineinhalb Millionen Mark. Die GOLDEN HINDE II findet Verwendung als Museums- und Filmcharterschiff. Im Charterbetrieb hat sie die Welt umrundet, und sie segelte mittlerweile weit über einhunderttausend Meilen, wesentlich mehr als das Original!

Ihr Eigner ist die GOLDEN HINDE Ltd., Troon. Troon in Schottland ist auch der Heimathafen. Ursprünglich gehörte der Segler Amerikanern. Vor der ersten Reise nach San Francisco lag die HINDE an der Tower-Pier in London, wo sie innerhalb weniger Wochen von zweihunderttausend Menschen besichtigt wurde. 1978 segelte die Galeone, die sich übrigens als außerordentlich seetüchtig erwies, über Hawaii nach Japan, wo sie in dem Film »Shogun« mitwirkte.

Weitere Filme waren »Swasbuckler« und »Drakes Abenteuer«. Nach Stationen in der Karibik und der Reise durch den Panama-Kanal, hinauf nach Vancouver, retour in den Golf von Mexiko und an die Ostküste der USA kehrte sie Ende der 80-er Jahre über Hongkong nach England zurück und ging in britische Hände über.

Bevor der Segler seinen Hafen im Londoner St. Mary Overie Dock fand, lag er mehrere Monate im Albert Dock von Liverpool. Selbst über dem Nachbau schwebt allgegenwärtig die faszinierende Gestalt des Francis Drake. Wen wundert's, dass die GOLDEN HINDE die Attraktion in den Häfen ist?

Die GOLDEN HINDE II segelte 1994 von Liverpool nach London, um im St. Mary Overie Dock ihren Liegeplatz zu finden.

Wir verließen das Schiff.

In einem jener typischen dunklen Pubs der Clink Street ließen wir uns nieder, um in Ruhe ein Guinness zu genießen. Wenn ich aus dem Fenster sah, hatte ich den prachtvollen Bug der GOLDEN HINDE vor mir. Die Galionsfigur zeigte den Kopf einer Hirschkuh, in Holz fein herausgearbeitet; er leuchtete im Gold des Heckemblems, das das Tier von der Seite zeigte.

»Hind oder Hinde? Was ist eigentlich richtig?«, fragte ich Webster, der sich schon in Heinrich Hasebecks Tagebuch vertieft hatte.

John schaute auf und sagte: »Hinde, wenn wir authentisch bleiben wollen. Sprachwissenschaftler haben herausgefunden, dass es zwischen dem 11. und 16. Jahrhundert ›Hinde‹ hieß. Das ›e‹ fiel dann später weg.«

»Das Tagebuch des Hasebeck ist eine Bearbeitung eines gewissen Peter Miller. Ihm gehörte in Berlin die Miller Tobacco Fabrik. Miller hatte in England studiert und muss dort auf geheimnisvolle Weise an das in niederdeutscher Sprache verfasste Tagebuch gelangt sein.« Ich machte eine Pause. John Webster hörte gespannt zu.

»Ein Rätsel ist, wie das Original in Millers Besitz geriet. Auf jeden Fall nahm er es mit nach Deutschland, wo er die Aufzeichnungen irgendwann in verständliches Deutsch übertrug. Leider ist das Original unauffindbar und Miller gestorben.

Die Firma ging Pleite.

Durch Zufall fand der Student Andreas Venzke bei der Firmenentrümpelung ein staubbedecktes Bündel alter Papiere – das vorliegende Tagebuch.«

»Großartig!«

»Auf der letzten Reise starb Drakes Navigator Abraham Kendall. Von ihm gemachte Unterlagen gelangten in den Besitz des Earl of Cumberland in England. Nicht ausgeschlossen, dass dem Earl auch Hasebecks Schriftstücke in die Hände fielen. Da er sie nicht lesen konnte, landeten sie vielleicht in irgendeinem Archiv oder bei einem Handschriftenhändler, an den wiederum Miller geriet – wer weiß?«

Wir malten uns den Weg des Tagebuchs aus. Plötzlich sagte Mr. Webster: »Sie wollen unter die Schatzsucher gehen?«

»Ich will Drake in seinem Revier aufspüren – in der Karibik. Schätze interessieren mich weniger, ich möchte Spuren finden.«

John Webster griff umständlich in seine Jackentasche und schob mir ein gefaltetes Stück Papier zu.

»Nehmen Sie das, vielleicht bringt es Ihnen Glück, ich bin zu alt.«

Vorsichtig faltete ich die vergilbte, ausgefranste Seite auseinander. Ich traute meinen Augen nicht: eine Skizze mit der Umgebung von Nombre de Dios, mit all den verschlungenen Dschungelpfaden.

»José Carlos finden Sie in der Farm am Rio Juan-Miguel.«

Verlegen dankte ich John.

»Denken Sie daran, nach dem Überfall auf die Karawane waren schon andere da! Und bevor Sie sich in das Abenteuer stürzen, sollten Sie Drakes Geburts- und Wirkungsstätte in England kennen lernen. Habe ohnehin in Tavistock und Buckland Abbey zu tun. Sie könnten mitfahren.«

Das war ein Angebot!

»Begeben wir uns also zu den Wurzeln unseres Helden.«

3.

Im 16. Jahrhundert
Plymouth und Umgebung
An der Sklavenküste

Pfingstsonntag 1549. Friedlich lag die Dorfstraße von Crowndale im Morgenlicht. Sie führte in einem Bogen um ein Gehöft und weiter in Richtung Nordosten, nach Tavistock. Ein siebenjähriger Junge mit rundem Kopf, rotbraunen Haaren und hellblauen, aufgeweckten Augen hockte auf den Stufen eines Bauernhauses. Gekleidet war er wie die ärmlichen Kinder auf dem Land, mit Leinenhemd und Brustriemen. Eine grobe Wollhose bedeckte seine Knie. Aus Langeweile schnitzte er an einem Weidenstock.

Mit erwartungsvoller Neugier beobachtete der Junge jetzt einen Mann, der irgendwie torkelnd, stolpernd, fast hinfallend, die Dorfstraße herunter, dem Haus näher kam.

»Hilfe, Hilfe«, keuchte der Mann, »die Katholiken kommen – bringen Feuer und Tod!«

Der Junge stand auf, legte Messer und Weide neben sich und eilte ins Haus. »Dad, schnell, da kommt jemand, mit Blut im Gesicht!«, rief er aufgeregt.

Schon strömte die ganze Familie Drake aus dem Bauernhaus. Voran Vater Edmund, untersetzt, kräftig, volle dunkelrote Haare, dann Mary, Edmunds Frau, und elf jüngere Geschwister des Jungen. Alle blickten dem Mann entgegen, der offensichtlich schwer verletzt war. Schwankend stand er vor ihnen.

»Mein Gott, John!«, sagte Edmund Drake, »was ist passiert?«

Der Mann röchelte – und schlug der Länge nach aufs Pflaster. So blutüberströmt hatte der Junge seinen Onkel John Hampton nicht erkennen können. Fassungslos starrte er auf ihn herab.

»Rasch, Francis, hol' Wasser!«, rief der Vater. Während der Junge in die Diele rannte, knieten Mary und Edmund nieder, um John etwas aufzurichten.

Nach dem ersten Schluck Wasser keuchte John Hampton: »Die Katholiken ... sind über mich hergefallen ... mein Haus niedergebrannt ... viele getötet ...«

Der Onkel wurde ins Haus geschleppt. Mary verarztete eine üble Platzwunde an seinem Kopf. Unruhig bäumte sich John auf. »Sie werden über Crowndale und Tavistock herfallen. Kein Protestant bleibt verschont – ihr müsst fliehen!«

»Wir schlagen sie in die Flucht«, entgegnete Edmund Drake wütend.

»Zwecklos!«, meinte John, »es sind zu viele, die Katholiken von ganz Devon werden sich erheben.«

Verstört stand der kleine Francis neben seinem Vater. Den Glaubenskrieg verstand er nicht, aber er hatte Angst und fühlte schon jetzt eine tiefe Feindschaft gegen Katholiken.

Das Erlebnis an diesem unheilvollen Pfingstsonntag und die darauf folgende abenteuerliche Flucht nach Kent, auf der es für die Familie um Leben und Tod ging, erzeugte in Drake jenen tiefen Hass, der allzeit seine stürmisch verlaufende Lebensbahn beherrschen sollte.

Was spaltete das englische Volk in zwei sich bekämpfende Glaubenslager?

Schuld war die Starrköpfigkeit eines weltlichen und eines kirchlichen Führers. Rund sechzehn Jahre zuvor hatte sich der englische König Heinrich VIII. vom Papst in Rom losgesagt, weil dieser seine zweite Ehe mit Anna Boleyn nicht annullieren wollte. Heinrich erhob sich kurzerhand selbst zum Oberhaupt der englischen Kirche – eine Ungeheuerlichkeit, die der Papst mit dem Bannfluch beantwortete. Ungerührt rief der König eine von Rom unabhängige, anglikanische Kirche aus, deren Mitglieder sich als Protestanten verstanden.

Es rumorte im Königreich, als Eduard VI. das Reformprogamm fortführte. Die Katholiken Englands akzeptierten weiterhin nur den Papst als ihr geistiges Oberhaupt. Auf die Barrikaden gingen sie am Pfingstsonntag 1549, als das erste protestantische Gebetbuch eingeführt wurde. Brandschatzend zogen römisch-katholische Glaubensbrüder durch Devon und Cornwall. Der religiöse Terror machte auch vor London nicht halt.

Den Drakes blieb nichts anderes übrig, als in eine Hochburg des Protestantismus zu flüchten. Mittellos begab sich die vierzehnköpfige Familie in einen Marinestützpunkt nahe der Themsemündung, wo sie unter erbärmlichen Umständen in einem alten Schiffsleib hauste – weit weg von Crowndale bei Tavistock, wo der kleine Francis einst 1542 oder 1543 geboren worden war.

Vater Drake predigte vor Matrosen von der Verheißung der neuen Religion. Das Schiffsvolk hörte andächtig zu, und weil er ein mitreißender Redner war, wurden ihm die Predigten bezahlt, wenn auch höchst bescheiden.

Mangels Geld konnte Francis keine Schule besuchen, der Vater unterrichtete ihn selbst.

Königin Maria bestieg den Thron und war fest entschlossen, ganz England für den Katholizismus zurückzugewinnen. Freunde der Drakes wurden kurzerhand erhängt, die Familie selbst entging nur knapp einer Hinrichtung. Angst und Hass hatten in Francis' Herz neue Nahrung gefunden.

Wieder brodelten Feindschaft und Missgunst. Dies sollte sich noch steigern, als Maria I. den Ehebund mit dem Prinzen Philipp von Spanien schloss.

Francis' Spielwiese waren verrottete Decksplanken, verfallene Kajüten, altes Takelwerk, morsche Masten. Neben der religiösen Glut prägten ihn verheißungsvolle Schiffe und das Meer. Er wollte Seemann werden, das stand fest.

Die Drakes waren zwar arm und verfolgt, dennoch hatten sie gesellschaftliche Beziehungen. Da gab es den späteren Earl of Bedford, Francis' Paten. Oder John Hawkins, den er mit »Onkel« anredete. John war ein außergewöhnlicher Seemann, zehn Jahre älter als Francis und bereits ein wohlhabender Geschäftsmann.

Mit dem Sklavenhandel hatte er ein Vermögen gemacht. Und dieses brutale wie lukrative Geschäft verdankte er ausgerechnet den Spaniern!

*

1502 erschien Bartolomé de Las Casas als junger Siedler und Dominikanermönch auf Hispaniola. Schon bald fielen ihm die Gräueltaten auf, mit denen sich seine spanischen Landsleute gegenüber den Indianern versündigten. Die Eroberer brieten die Ureinwohner auf kleiner Flamme oder hackten ihnen die Hände ab. Entsetzt berichtete Las Casas Kaiser Karl V.: »Sie hängten den Indianern ihre Hände um den Hals, ließen sie mit blutüberströmten Armstümpfen entfliehen und riefen den Unglücklichen nach: ›Jetzt macht euch fort, sagt, was ihr zu sagen habt!‹ «

Barbarei im Namen des Christentums. Las Casas verlangte Gesetze zum Schutz der fast dezimierten Indianer Neu-Spaniens. Er verfasste ein eindringliches Pamphlet, reiste immer wieder nach Europa, um wachzurütteln. Der Apostel der Indianer schuf sich Feinde unter den expandierenden Plantagengesellschaften und wohlhabenden Hacendados. Natürlich wollten sie die geschundene Rasse auch künftig als Sklaven ausbeuten.

Einerseits wusste Priester de Las Casas, dass die Ausrottung der Indianer unmittelbar bevorstand, andererseits brauchte Neu-Spa-

Die Verfolgung und Ausrottung der Karibik-Indianer ist ein trübes Kapitel spanischer Geschichte. Auf der Zeichnung wird ein Häuptling über dem Feuer gefoltert.

nien billige Arbeitskräfte. In diesem Konflikt schlug er vor, Neger aus Westafrika einzuführen, die seien ohnehin widerstandsfähiger.

Ein verhängnisvoller Vorschlag, den Las Casas angesichts des sich entwickelnden Sklavenhandels bitterlich bereute. Im Laufe des 16. und 17. Jahrhunderts wurden über eine Million Afrikaner nach Neu-Spanien deportiert.

Familie Hawkins hatte bei dem Geschäft kräftig mitgemischt, es bildete den Grundstein ihres Vermögens.. Der Schleichhandel mit Sklaven, immer elegant an dem durch die spanische Regierung in Sevilla verhängten Handelsmonopol vorbei, war eine lukrative, aber auch äußerst riskante Unternehmung, die verwegene Männer auf den Plan rief, Männer mit Mut und eiserner Entschlossenheit. John Hawkins war so einer. Mit ihm auf »Geschäftsreise« zu sein bedeutete die größte Herausforderung zu Land und zu Wasser.

Da ging es zunächst um die Auseinandersetzung mit afrikanischen Stammesfürsten, die ihre Untertanen verschacherten. Jenseits des Atlantiks lauerte dann die Casa de Contratación, der verlängerte Arm der spanischen Regierung, die den Schleichhandel bekämpfte.

*

Francis Drake war unterdessen vierzehn Jahre alt. Bei einem Kapitän, auf dem winzigen Küstenschiff TRINITY ging er in die Lehre. Arbeitseinsatz, Verständnis und schlummernde Fähigkeiten machten auf den alten Küstenskipper einen solchen Eindruck, dass er dem Matrosen seine Bark vererbte.

Francis war noch keine zwanzig und voller Tatendrang, als sein Lehrherr und Kapitän starb. Als Eigner der Bark unternahm Drake mehrere einträgliche Frachtfahrten, auf denen er auch sein kaufmännisches Geschick beweisen konnte.

Sogar nach Westafrika war er gesegelt, unter Kapitän John Lovell mit vier Schiffen. Mit erbeutetem Elfenbein, Zucker und einer Ladung Sklaven ging es geradewegs in die Karibik, um die Fracht an die Spanier zu verkaufen.

Doch das Geschäft misslang gründlich. Im Hafen von Rio de la Hacha verhandelte der Statthalter Miguel de Castellanos mit den Engländern über den Kauf von einhundert Sklaven. Kaum waren die

Neger übergeben worden, verweigerte der Spanier die Zahlung, richtete die Kanonen auf die Schiffe und drohte, sie zu versenken. Wütend zogen die Engländer von dannen.

Das Ereignis hatte Francis Drake geprägt, ebenso wie der Tod seines Freundes Christopher Weed, der in die Fänge der Inquisition geriet und öffentlich verbrannt wurde. Drake schwor den Spaniern ewige Rache.

Ein Jahr später erfuhr Francis, dass John Hawkins in Plymouth eigene Schiffe für eine Reise nach Amerika ausrüstete. Der junge Mann witterte seine Chance. Kurzerhand verkaufte er seine Bark und eilte nach Plymouth.

In dem herrschaftlichen Anwesen oberhalb des Plymouth-Sunds unterhielten sich dann zwei gänzlich verschiedene Charaktere über die Zukunft. John Hawkins, ein bedächtiger, abwägender Schiffseigner und Kapitän, hatte stets das kalkulierbare Risiko im Auge. Er wirkte kühl, fast distanziert, war von mittelgroßer Gestalt und besaß einen kleinen, länglichen Kopf. Seine Oberlippe zierte ein imposanter Schnäuzer, für die übergroßen Ohren schämte er sich. Mit seinen stahlgrauen Augen pflegte der Mann sein Gegenüber scharf zu beobachten, ohne selbst viel zu reden. Dieser distinguierte Gentleman Mitte dreißig traf auf einen eloquenten, quirligen jungen Mann untersetzter Statur mit kräftigen Gliedern, einer breiten Brust und einem runden Kopf mit kastanienbraunen Haaren und einem ebensolchen Vollbart. Aus einem wettergegerbten Gesicht schauten die hellen Augen fröhlich und unbekümmert in die Welt. Nur wenn er sich über die Katholiken oder die Spanier ereiferte, brach überschäumende Wut aus ihm heraus, dann wurden die Augen kleine Schlitze, aus denen es böse blitzte.

»Onkel, ich muss mit dir in die Karibik fahren, die verdammten Spanier brauchen eine Lektion …«

»Rache ist kein guter Ratgeber«, sagte John Hawkins gütig, »wenn ich in die Karibik fahre, will ich mit den Spaniern Geschäfte machen, nicht sie bekämpfen.«

»Das sind Halunken! Geschäfte mit ihnen machen, schön und gut, aber nach unseren Regeln mit vorgehaltener Pistole«, brachte sich Drake in Rage.

»Ich brauche mutige Männer«, sagte Hawkins, »an der Sklavenküste kreuzen Piraten und portugiesische Schiffe, die uns die Sklaven abjagen wollen, ...«

»Ich bin dabei, Onkel!«, sagte Drake ungeduldig.

» ... aber ich fürchte, du bist für meine friedlichen spanischen Kunden eine Bedrohung.«

»Friedliche Kunden? Dass ich nicht lache!«, rief Drake verächtlich, »im letzten Jahr sind wir von deinen friedlichen Kunden bestohlen und bedroht worden. Vierzig Sklaven gehörten mir. In Afrika habe ich sie mit eigenem Geld bezahlt. Die feinen Herrn sind Verbrecher. – So wahr ich hier sitze, ich hole mir alles zurück!«

»Ich verstehe dich ja. Aber so etwas kommt vor, Francis. Auch ich wurde schon hereingelegt, aber letztlich habe ich gut verdient. Wir müssen die Spanier mit intellektuellen Waffen schlagen. Schließlich sind sie mächtig. Die Welt ist aufgeteilt, unser Aktionsradius begrenzt.«

»Ungerecht aufgeteilt ist die Welt!«, stieß Drake wütend hervor. »Schuld an unserer Lage ist der Papst, er ganz allein!« Drake war informiert: Papst Alexander VI. hatte 1493 in einer selbstherrlichen Entscheidung die Welt zwischen Spanien und Portugal aufgeteilt. Gebiete, die östlich des 46. Längengrades neu entdeckt wurden, sollten Portugal gehören, Gebiete westlich davon den Spaniern.

In der Bulle hieß es: »Aus unserer eigenen Machtvollkommenheit ... übergeben wir als Träger der höchsten apostolischen Gewalt alle neu entdeckten Länder und Inseln an sie und ihre Erben, vorausgesetzt, dass sie nicht einem anderen christlichen König gehören. Bei der Strafe der Exkommunikation ergeht das Verbot des Betretens dieser Länder und der Handelsbeziehungen mit ihnen ohne unsere ausdrückliche Genehmigung.«

Das bedeutete: Spanier und Portugiesen allein durften die neu entdeckten Länder ausbeuten und nach Belieben herrschen.

»Die Ungerechtigkeit schreit gen Himmel, das wissen nicht nur die Protestanten«, pflichtete Hawkins bei.

»Zum Glück sitzt die blutige Maria nicht mehr auf dem Thron«, murmelte Drake, »doch die neue Königin bewegt nichts.«

»Elisabeth I. hat die katholische Restauration beendet. Wir brauchen nicht mehr um unser Leben zu fürchten. Ist das nichts?«, erklärte Hawkins, fast ärgerlich.

»Wir sollten den Spaniern einheizen, und zwar nicht so zimperlich!«

»Francis, die Situation ist äußerst heikel. Du weißt, dass Königin Maria mit Philipp von Spanien verheiratet war. Philipp will nach Marias Tod angetrauter König von England bleiben. Er bittet um Elisabeths Hand, will über England herrschen, um uns der katholischen Kirche zurückzuführen.«

»Ist ja ungeheuerlich!«, sagte Drake, dem die Zusammenhänge nicht so geläufig waren. Wissensdurstig fragte er nach.

»Elisabeth muss ihn hinhalten und in der Zwischenzeit ihre Staatskasse füllen. Wir helfen ihr dabei. Die Gewinne aus den Sklaventransporten fließen zu einem guten Teil ihr zu.« Hawkins machte einen Pause, um sicher zu sein, dass Francis ihm folgte. Doch der war von rascher Auffassungsgabe.

»Wir jagen Philipp das Geld ab, um ihm damit zu schaden – genau, das versuche ich dir die ganze Zeit zu erklären«, sagte Drake in verzweifeltem Ton.

»Mit Bedacht, Francis, und nicht nur um des eigenen Vorteils willen. England kann sich keinen Krieg gegen Spanien leisten. Schau dir unsere wenigen Kriegsschiffe an. Sie sind in jämmerlichem Zustand. Wir werden die Flotte ausbauen und modernisieren. – Mit dem Geld der Spanier«, fügte er augenzwinkernd hinzu, »du kannst mir dabei helfen – Männer wie dich braucht die Königin. Es wird Krieg geben, Francis, hoffentlich nicht zu früh.«

Drake fühlte sich geschmeichelt.

Die beiden erhoben sich und begaben sich hinunter zum Ankerplatz, wo die JESUS VON LÜBECK lag. Ein stolzes Schiff, das das Herz eines Seemanns höher schlagen ließ. Vor dreißig Jahren war die Kriegsgaleone in Deutschland gebaut worden.

Erst kürzlich hatte Elisabeth das Schiff erworben und ließ es instand setzen, um es Hawkins als Flaggschiff bei der Sklavenfahrt zur Verfügung zu stellen. Während Drake dastand, über die schwerbestückten Vorder- und Achterkastelle staunte, meinte Hawkins: »Schau sie dir gut an, die schwimmende Festung, mit vier Masten, den mächtigen Aufbauten, sie hat über siebenhundert Tonnen.«

»Verdammt, John, das ist ein Schiff, geschaffen, um gegen die Spanier zu kämpfen. Auf ihm möchte ich fahren!«, schwärmte Drake.

»Nicht so hitzig. Nein, Francis, du bist zu jung, zu ungestüm. Ich will dich aber an meiner Seite haben...«

Drakes Mine drückte Enttäuschung aus.

»Ich bin ein guter Kapitän, du kannst mich nicht irgendwo hinstopfen.«

»Du hast Talent, ich weiß. Auf der JESUS wirst du als Erster Offizier fahren.«

Drake machte ein zerknirschtes Gesicht, wenngleich ihm der Gedanke gefiel, auf einem so gewaltigen Schiff unter Hawkins dabei sein zu können.

»Noch eines, Francis – Vorsicht vor Spitzeln! Der spanische Gesandte und seine Helfer suchen überall nach Beweisen, dass Elisabeth mit Freibeutern kollaboriert oder Aktionen gegen die Casa de Contratación plant. Also kein Wort mit anderen über unser Gespräch!«

»Versprochen! Wann stechen wir in See?«, fragte Drake.

»In etwa drei Monaten. Anfang Oktober ist die beste Zeit für den Törn zu den Sklaven nach Guinea und über den Atlantik nach Westindien.«

»Laufen wir Rio de la Hacha an?«, fragte Drake gespannt.

»Kommt darauf an.«

Hawkins streckte seinem Neffen die Hand hin. »Auf gutes Gelingen. Im Kontor wartet einen Menge Arbeit auf mich.«

Die Männer trennten sich.

Hawkins Erfolge auf früheren Expeditionen hatten ihm Kontakte bei Hofe ermöglicht. Die Königin hoffte sehnlichst, dass auch seine dritte Unternehmung ein finanzieller Erfolg würde, damit sich ihre chronisch leere Staatskasse etwas füllen möge.

In London wurde Don Guzmán de Silva, seines Zeichens spanischer Botschafter, misstrauisch. Spione hatten ihm zugetragen, dass in Plymouth Schiffe für eine weite Reise ausgerüstet wurden. De Silva griff zur Feder und berichtete seinem König Philipp, dass entschlossenes Handeln anzuraten sei: »... erfolgversprechend ist es, sich zu verstellen, um den Sklavenhändler Hawkins auf der nächsten Reise zu fangen, um ihn zu züchtigen.« Der Botschafter schloss die Eildepesche nach Sevilla: »... dieser Mann muss gefangen genommen werden, damit andere es ihm nicht nachtun, denn die

Engländer haben Schiffe und sind ein habgieriges Volk mit mehr Freiheiten, als für sie gut ist.«

Ein geheimer Kurier machte sich sogleich auf den Weg nach Spanien.

Hawkins und Drake nutzten die verbleibende Zeit, um die Flotte in Plymouth zusammenzustellen und auszurüsten. Zur JESUS VON LÜBECK und der JUDITH gesellten sich vier weitere Galeonen. Insgesamt wurden vierhundertacht Mann angeheuert.

Hawkins Vorhaben war nicht mehr zu verheimlichen, und es hagelte Protestnoten von spanischer Seite. John und die Königin dementierten entrüstet. Beide Lager erwiesen sich als Meister des Falschspielens.

*

Am 2. Oktober 1567 verließen Hawkins Schiffe Plymouth bei läutenden Kirchenglocken und jubelnder Bevölkerung, mit Kurs auf die Guineaküste.

Die Reise stand unter keinem guten Stern. Bei einem Sturm vor der Küste Afrikas wurde die JESUS stark beschädigt. Mehrere Lecks mussten gestopft werden.

An der Guineaküste weigerten sich die Sklavenhändler, Neger zu verkaufen. Die Portugiesen hatten in der Zwischenzeit ihr Monopol im Afrikahandel gewaltsam durchgesetzt. Hawkins, im Grunde ein gütiger Mensch, war gezwungen, selbst auf Sklavenjagd zu gehen.

Bei einem Überfall auf ein Dorf starben acht seiner Männer, die von Giftpfeilen verwundet wurden. Missmutig kreuzte die Flotte in Richtung Sierra Leone. Seine Sklavenfängertrupps schlugen sich auf Beutesuche ins Landesinnere, wurden von wilden Flusspferden angefallen und von aufgebrachten Eingeborenen attackiert. Im Januar resignierte Hawkins: »Nicht einmal einhundertfünfzig Sklaven konnten eingefangen werden. Auch sonst gab es nichts, was an die Küste Westindiens zu bringen wäre.«

Zu guter Letzt geriet er an einen Stammesfürsten, der einen feindlichen Ort belagerte. Negerkönig Ebou Kundah versprach den Engländern reiche Beute, wenn sie ihm bei seinem Kriegszug halfen. Nach kurzer Beratung willigte Hawkins ein. Mit den Afrikanern

Die Sklavenküste Westafrikas auf einer englischen Karte aus dem 17. Jahrhundert.

versuchte er das gut gesicherte Dorf zu stürmen, wurde aber zurückgeschlagen, dabei verlor er vierzig Mann.

Drake hatte die zündende Idee. Er schlug vor, das Dorf vom Fluss her unter Kanonenbeschuss zu nehmen.

Im Morgennebel schob sich die ANGEL flussaufwärts. Gegen Mittag hatte Drake die Galeone und deren Geschütze in Stellung gebracht. Acht Zwölfpfünder und sechs Neunpfünder spuckten ihre Geschosse in einer gewaltigen Salve aus. Palisadenzaun und Lehmmauern zerbarsten.

»Kanonen auswischen, laden – Feuer!«, befahl Drake. Das war ein Kommando nach seinem Geschmack. Die zweite und dritte Breitseite schlug eine Bresche, durch die Ebou Kundahs Krieger Lanzen schwingend und schaurig brüllend in den Ort stürmten. Das Gemetzel war ungeheuerlich. Der besiegte Stamm flüchtete in den Dschungel. Dennoch wurde reiche Beute gemacht, rund neunhundert Menschen zusammengetrieben, die sich als Sklaven eignen konnten.

Portugiesische Sklavenhändler jagen mit Hunden schwarze Menschen an der Küste Westafrikas.

Schmerzlicher Abschied der Überlebenden von ihren Freunden und Verwandten, die gerade als Sklaven deportiert werden.

Die Auswahl sollte am nächsten Tag getroffen werden. Abends feierten die Engländer ihren Sieg und die Aussicht auf Reichtum. Am Morgen folgte dann die Ernüchterung. Ebou Kundah hatte sich in der Nacht heimlich aus dem Staub gemacht und dabei natürlich die meisten Gefangenen mitgenommen und die Weißen um den Lohn gebracht.

Immerhin waren ihnen dreihundertfünfzig Gefangene geblieben. Zähneknirschend, mit einer mächtigen Wut im Bauch, befahl Hawkins den Abmarsch.

Im Sklavenreigen trotteten die Eingeborenen vorweg. Sie waren mit Riemen an den Händen gefesselt worden. Eine Schlinge verband ihren Hals, das freie Riemenende wurde an den Hintermann geknotet. Wer fliehen wollte, strangulierte sich.

Verladen wurde nur gesundes und kräftiges »Material«, wie die Menschenhändler die Afrikaner nannten, der Rest gnadenlos getötet. Drake widerstrebte das Morden, er hielt sich davon fern.

Die am Gesäß gebranntmarkten Sklaven waren nun transportfertig und mussten in den Schiffsleibern engsten Raum beziehen.

Bis zu sechshundert Menschen wurden auf einem vierzig Meter langen Schiff zusammengepfercht. Auf der achtwöchigen Fahrt in die Karibik lagen sie, an Händen und Füßen angekettet, im dunklen, feuchten Sklavendeck.

Auf dem Oberdeck bekamen sie zweimal pro Tag etwas frische Luft und ihr Bohnenessen. Das bestand aus einem zähen Brei, der den Gefangenen in die Hände geklatscht wurde. Dann gings zurück auf die Rutsche, ein schräges Holzgestell, an dem die Menschen angekettet lagen. Schräg, damit die Exkremente in eine Rinne rutschen konnten.

Es hieß, ein Sklavenschiff könne man zehn Meilen weit riechen. Der Gestank von Exkrementen, Erbrochenem, Fäulnis war so unerträglich, dass einem Europäer, der seinen Kopf in die Luke steckte, sofort speiübel wurde.

Zwanzig Prozent der »Ladung« eines Sklavenschiffs verreckte und wurde über Bord geworfen. Überlebende waren voll offener Wunden, die vor dem Verkauf mit Schießpulver geschwärzt wurden. Andere litten an Dysenterie, was verheimlicht wurde, indem die Händler den Opfern Werg in den Anus stopften …

In Erwartung eines satten Gewinns nahm Hawkins Flotte am 3. April 1568 Kurs auf die Karibik. Im Bauch der JESUS schmachteten fünfhundert Sklaven.

Francis Drake übernahm das Kommando über die JUDITH. Auf ihr fuhr er seinem Ruhm, auch seiner Schmach entgegen.

4.

Im Juli 1998
Tavistock
Buckland Abbey
Plymouth

Dartmoor – dort zu wandern ist wie Reisen auf dem Rücken eines Dinosauriers. Die Kelten errichteten Hügelfestungen, die Römer mieden die gespenstische Gegend, in der Legionen spurlos verschwinden konnten.

Durchnässte Dartmoor-Wanderer bestätigen: hier regnet es an zweihundertzwanzig Tagen im Jahr, und in der restlichen Zeit herrscht Nebel – dennoch hat die Landschaft lebenslange Enthusiasten! Das sind wetterfeste Spurensucher: Biologen, Archäologen, Historiker, Seeleute oder Schriftsteller.

Arthur Conan Doyle wurde rasch klar, dass die grandiose Ödnis des Dartmoors zu mehr taugt als zur Staffage eines Spaziergangs. Er mietete am Rande des Moores ein Cottage und schrieb dort seinen bekanntesten Roman: »The Hound of the Baskervilles«, in der Hauptrolle: die Landschaft des Dartmoors.

Extreme Landschaften bringen bisweilen besondere Menschen hervor. Francis Drake: die Kraft und die Einsamkeit seiner Fantasie? Der Seadog stammte vom Rand des Hochmoors mit seinen Flechten, Moosen, Farnen, Heidekräutern, Krüppelkiefern, krummen Birken und dem skurrilen Wacholder. Ein in der Tat extremer Landstrich: patschnass und knochentrocken. Devons Wasserreservoir ist zugleich Englands größtes Granitmassiv.

Wo einst der staubige Dorfweg gen Nordosten, nach Tavistock, führte, schlängelt sich heute eine Asphaltstraße, von Knicks eingerahmt.

In Höhe der Gehöfte von Crowndale öffnet sich die Landschaft, und der Blick schweift über hügelige, satte Wiesen, auf denen Rinder weiden.

»Hier jagt Francis Drake des nachts in einer schwarzen Kutsche von Buckland Abbey heran. Die Kutsche wird von vier Pferden ohne Kopf gezogen«, sagte John Webster.

»Makaber!«

»Ein Fluch lastet auf Crowndale Farm. Drakes Geburtshaus wurde einfach abgerissen. Dabei wäre er doch so gern von Buckland Abbey ab und zu hierher gefahren!«

Das Gehöft aus dicken Natursteinquadern mit kleinen Fenstern wurde dem Erdboden gleichgemacht. Wir hielten an und standen jetzt an einem elektrischen Zaun, der Rinderherden trennte. Auf der leicht abfallenden Wiese konnte ich einen sanften Hügel erkennen. Ein Hünengrab?

»Dort stand es, das Haus, aus dem die Drakes vor den aufgebrachten Katholiken flüchteten.«

Ich stellte mir vor, wie die Familie mit den vielen Kindern, Sack und Pack auf einen Leiterwagen geladen, den weiten Weg nach Medway in Kent antrat – immer die Angst vor den plündernden Horden im Nacken …

Gerade zogen drei Kühe über den Hügel und glotzten wiederkäuend zu uns herüber.

»Die Seelen großer Männer Englands nehmen es übel, wenn deren Heimstätten missachtet werden«, meinte John und ergänzte: »Jack Baxter schert sich einen Teufel um seinen berühmten Nachbarn!«

Baxter besitzt die benachbarte Farm, treibt Viehwirtschaft und unterhält eine kleine Schreinerei. Wahrscheinlich wundert er sich über den einen oder anderen Durchreisenden, der versonnen über den Hügel blickt, wenngleich an seiner Hauswand eine kleine Gedenktafel zu finden ist:

NEAR HERE STOOD
THE HOUSE WHERE
SIR FRANCIS DRAKE
THE FIRST ENGLISHMAN
TO SAIL ROUND THE WORLD
WAS BORN
1542

Tavistock, bis ins 19. Jahrhundert Zentrum des Zinn- und Kupferbergbaus am Westrand des Dartmoors, bekannter als Drake-Stadt. Der Ort mit rund zwanzigtausend Einwohnern liegt im Tal des Tavy-Flusses, am Ende einer Moorlandzunge. Der Ortsmittelpunkt ist der Bedford Square, dort endet auch die Drake Road mit einem Heimatmuseum.

Das Wahrzeichen der Stadt ist Tavistock Abbey. Sie erinnert an eine wuchtige Burg. Die St. Eustachius-Kirche, nicht minder imposant, schließt sich an; dort wurde Francis Drake getauft. Auch The Peter Tavy Inn, ein Pub aus dem 15. Jahrhundert, befindet sich in der Nähe. Ob schon Sir Francis hier einkehrte? Sein Geist soll auf jeden Fall wiederholt gesehen worden sein.

Überlebensgroß in Bronze, auf einem mächtigen Marmorsockel, ist der bedeutende Sohn des Ortes in der Plymouth Road weithin sichtbar. Mit Schwert und Stechzirkel steht er neben einer Weltkugel. Darunter befinden sich vier Reliefbilder aus Bronze, die wichtige Stationen seines Lebens festhalten: Drake spielt seelenruhig Bowls, während am Horizont der Mastenwald der spanischen Armada auftaucht. Der Ritterschlag. Drake im Kampfgetümmel. Der Leichnam des Seehelden wird dem Meer übergeben.

Im »Drake Manor Inn« von Tavistock ist der Seeheld noch heute gegenwärtig.

Sir Richard Grenville, Sprössling eines alten Adelsgeschlechts, war einst Besitzer von Buckland Abbey und Drakes Rivale.

»Das ist der Drake von Tavistock«, sagte John angesichts des Denkmals, »der Duke von Bedford ließ es 1883 errichten. In Plymouth hat man ihn auch aufgestellt, da schaut er wenigstens übers Meer.«

Auf der A 386 fuhren wir in Richtung Plymouth, nach Süden. Die Straße schlug sich als Schneise durch dichten Mischwald. Auf halbem Weg bog John rechts ab. Eng, winklig, ja verwunschen wurde die Straße. Etwas später standen wir am Rand eines von riesigen alten Eichen durchsetzten Tals und blickten auf die Zisterzienserabtei Buckland Abbey, erbaut 1278.

Heinrich VIII. ließ den Komplex nur deshalb nicht abreißen, weil ein benachbarter Großgrundbesitzer und Höfling auf das herrschaftliche Anwesen nebst Ländereien spekulierte. Dessen Enkel Sir Richard Grenville baute die Abtei in eine repräsentative Schlossburg um. Kaum waren die Arbeiten beendet, wurde sie Sir Richard 1581 von einem Strohmann abgekauft. Dahinter steckte sein ärgster Rivale zu Land, zu Wasser und bei Hofe, der neureiche Francis

Drake. Der wollte seine Beute in einer standesgemäßen Immobilie gut anlegen. Außerdem musste er, der Seemann mit den Manieren eines Bauern, seiner zweiten Frau, der hübschen Elisabeth Sydenham, etwas bieten.

Wir näherten uns dem Herrensitz von Südwesten, sodass die Anlage in ganzer Mächtigkeit zur Geltung kam.

»Hier residierte der liebste Pirat der Königin mit seiner Elisabeth. Platz für viele Kinder hätte er gehabt, doch leider blieb auch diese Ehe kinderlos – fast wäre sie nie zustande gekommen«, sagte John Webster.

»Weil er immer auf See war?«

»Nein, weil er sich nicht entscheiden konnte. Sir George Sydenham packte eines Tages die Wut. Seit Jahren war der angehende Schwiegersohn Sir Francis mit seiner Tochter verlobt. Doch zum Heiraten konnte sich der Gentleman nicht entschließen. Kurzerhand arrangierte Sydenham die Hochzeit mit einem anderen Kandidaten. Drake hörte davon und feuerte von See aus eine Kanone just in dem Moment auf die Kirche, als die Braut das Seitenschiff betrat. Die Kugel saß aus einhundert Meilen Entfernung als Volltreffer im Mauerwerk und verhinderte die Hochzeit.«

»Noch eine Drake-Sage«, staunte ich.

»Es gibt unzählig viele«, sagte John, und augenzwinkernd ergänzte er: »Die Hochzeitskirche ist tatsächlich von einem Meteoriten getroffen worden, der viele Jahre im Combe Sydenham aufbewahrt wurde.«

Buckland Abbey befand sich von 1582 bis 1915 im Familienbesitz der Drakes, dann setzte eine Zeit wechselnder Besitzer ein, bis der Komplex im Juli 1951 der Öffentlichkeit als Museum zugänglich gemacht wurde. Sir Francis lebte die letzten fünfzehn Jahre seines Lebens auf dem Anwesen, natürlich mit Unterbrechungen. Er hatte sich als Bürgermeister und drittgrößter Grundstücksbesitzer von Plymouth um Politik und Geschäfte in der nahen Hafenstadt und bei Hofe in London zu kümmern. Dann ging es um strategische Fragen zur Flottenaufrüstung und -modernisierung – und zwischendurch immer wieder um abenteuerliche Feindfahrten zur See gegen die Spanier. Die Rolle des biederen Hausvaters von Buckland spielte der Seadog nur selten.

Nach einem Rundgang um die ehrwürdigen Mauern der sieben Gebäude, von denen jedes für sich die Ausmaße eines mächtigen Herrenhauses hatte, ganz zu schweigen von der burgähnlichen Abtei, steuerte John auf die Rezeption zu, in der auch ein Restaurant und Geschäfte untergebracht sind. Ursprünglich befand sich hier das Gästehaus der Mönche.

John Webster traf sich in der Kapelle mit einem würdig dreinschauenden Herrn, mit dem er etwas in der Galerie zu besprechen hatte. Ich stieg knarrende Treppen in den ersten Stock hinauf. Im eichegetäfelten Speisesaal wurde ich von Drakes spöttisch-energischem Blick gemustert. Das Ölgemälde zeigte ein Porträt des zeitgenössischen Malers Marc Geeraerts. Über dem Kamin hing Drakes Kampfgenosse Sir John Hawkins, von Hieronymus Custodis 1591 gemalt: kalt verschlossenes Gesicht, keck einen Zylinder auf dem dreieckigen Kopf, die linke Hand lässig auf den Schwertgriff gelegt.

Das Auffällige an der Erscheinung des eleganten Herrn war seine makellos weiße Halskrause. Befand sie sich nicht in eklatantem Widerspruch zu seinem Metier, dem Sklavenhandel? »Meine teure Ware, die Neger«, pflegte er zu sagen, der erfolgreiche Gentleman-Abenteurer und Günstling der Königin. An seinem Menschenhandel war sie mit fünfzig Prozent beteiligt.

Im ersten Stock befinden sich auch Panoramabilder des Aufmarsches und der Niederlage von Philipps Armada. Filigrane Modelle der GOLDEN HINDE, REVENGE und weiterer berühmter Schiffe stehen in den Fensternischen. Drakes Trommel und Schwert werden wie Kronjuwelen, besser sakrale Gegenstände, auf purpurrotem Samt präsentiert.

Bruder Thomas Drake brachte die Kunde von Sir Francis' Tod heim nach Buckland. Im Gepäck hatte er seine Trommel, das Schwert und die Bibel. Vielleicht auch Heinrich Hasebecks Tagebuch? All die Gegenstände befanden sich auf der DEFIANCE.

Sorgfältig studierte ich die ausgelegten Dokumente, ohne etwas zu entdecken, was ein Tagebuch hätte sein können. Am Nachmittag hatte ich mich durch die Fülle der Exponate gearbeitet, Seekarten studiert und alte, vergilbte Urkunden gelesen. Immer noch hoffte ich, auf eine Spur des Tagebuchs zu stoßen. Drake wusste, dass er einen kritischen Chronisten an Bord hatte. Die Notizen, die der fremde Matrose da laufend gemacht hatte, hatten seinen Argwohn genährt. Warum hatte er die Aufzeichnungen, ohnehin verboten, nicht einfach konfisziert?

John erschien, wir begaben uns zu seinem Wagen, um nach Plymouth zu fahren.

»Haben Sie Drakes Trommel entdeckt?«, fragte John nach einer Weile.

»Natürlich, scheint für euch ein Kultgegenstand zu sein?«

»Die Trommel schlägt von selbst, wenn England in Not ist, um Drake zu wecken. Ihn vom Himmel oder aus dem Hades zu holen – wer weiß schon, wo er steckt –, um seinem Land zu dienen. Vor der Trafalgar-Schlacht schlug sie auch und Nelson siegte, von Drakes Geist beseelt. Im Ersten Weltkrieg schlug sie und im Zweiten – immer erfolgreich.«

*

Wir durchfuhren die Dreihunderttausend-Einwohner-Stadt Plymouth in Richtung Sund, hielten dann an The Promenade, zwischen dem Drake Memorial und The Hoe. Plymouth war Drakes Operationsbasis, von hier startete er seine Kaperfahrten, auch die Weltumsegelung. Die Stadt, damals eine Festung mit natürlichem und zugleich malerischem Hafen, war neben London die wichtigste Hafenstadt. Das verdankte sie dem ewig aktiven Sir Francis. Selten in der Geschichte hat ein Mann das Erscheinungsbild einer Stadt so geprägt wie dieser seinen Heimathafen.

Heute ist Plymouth ein gepriesenes Seebad, das sich als Ferienort großer Beliebtheit erfreut. Der Hafen hinter der Zitadelle hat seine wirtschaftliche Bedeutung verloren, doch The Barbican, die maritime Altstadt mit dem Elizabethan House und den urigen Pubs, wirkt als Touristenmagnet.

Unter dem Drake-Monument kommt sich der Normalbürger wie ein Mikromane vor, so einnehmend schwebt die Bronzestatue über ihm, erdrückt den Betrachter förmlich.

Ich schaute hinüber zum Bowling Green. Ein Stück Rasen, das augenscheinlich mit der Nagelschere in Form gehalten wird. Auf dem grünen Teppich hatten sich Grüppchen älterer Herrn in weißen

Hosen und akkuraten Clubjacken gebildet – Bowlingmannschaften, die konzentriert die Kugel schoben.

John hatte mich beobachtet und sagte: »Eine Szene wie vor vierhundertzehn Jahren! Stellen Sie sich vor, da drüben spielt Drake mit

Das historische Plymouth, Drakes Wirkungsstätte. Von hier aus startete er all seine Unternehmungen.

Plymouth heute, Francis Drake ist nach wie vor »spürbar«.

ein paar Seeleuten, auf demselben Platz, ängstlich machen seine Getreuen ihn auf das Geschwader der feindlichen Schiffe, in erdrückender Übermacht, aufmerksam. Drake ruft lachend: ›Ich lasse mir von Philipp nicht das Spiel verderben!‹ und stößt seelenruhig die Kugel.«

»Cool!«, bemerkte ich.

»So würde man es heute nennen. Damals hieß es, Drake sei mit dem Teufel im Bunde. Er habe sich zuvor mit seinem Hexenmeister am Devil's Point, der Landzunge da drüben, verabredet und den Sturm beschworen, der die Armada dann tatsächlich aufrieb.«

Den Abend und einen Teil der Nacht verbringt man gewöhnlich in einer der Kneipen in The Barbican, dem historischen Herzen von Plymouth. Im »The Dolphin« trafen wir Robert O. Lenkiewicz, den besessenen Stadtmaler. Fassadengroß malt er, was Plymouth an Geschichte hergibt. Der skurrile Maler, der aussieht wie der leibhaftige Christus, ist Drake-Fan – wer ist das nicht in dieser Stadt? Sein Atelier befindet sich einige Gassen weiter.

Er malt auch die Schattenseiten der Stadt: Prostituierte, Trinker, Verrückte, Selbstmörder. Eine Zeit lang lebte er mit Obdachlosen, die er porträtierte. Einen von ihnen hat er immer noch um sich, allerdings als Leiche, einbalsamiert und in Kunstharz gegossen. »Das ist mein Freund Diogenes, er ist wie ein großer Briefbeschwerer«, pflegt er verblüfften Reportern zu sagen.

An diesem Abend hatte Lenkiewicz seine Freundin bei sich, ein Mädchen, das die Konzentration raubt und Blicke fesselt, trotz des rauchig-schummrigen Ambientes, mit Hafenkneipencharakter aus dem 16. Jahrhundert. Das Gegenüber war ohne Fernrohr schwer auszumachen. Doch davon gab es, neben Quadranten, Kompassen und allerlei Enterwerkzeug, jede Menge.

In »The Dolphin« ging es laut und irgendwie derb zu. Mir gefiel die Atmosphäre. Ausgerechnet in dieser unweiblichen Umgebung sagte die schmucke Braut in ihr Bierglas hinein: »Drake war der Größte!«

Das kam nicht von ungefähr. Lenkiewicz hatte wieder einmal ein Gemälde mit ihm als Thema in Arbeit.

»Er war ein Jahrhundertmann«, sagte Lenkiewicz, »ich kann ihn immer wieder malen – ein Typ, den ich hätte kennen lernen mögen.

Ich studiere ihn seit dreißig Jahren, versuche, mit jedem neuen Bild ihm gerechter zu werden. Wie stellt man vibrierenden Tatendrang dar? Wie ein Ungeheuer an Verschlagenheit und Egoismus, wenn es um das Gelingen einer Sache geht? Wie die gewaltige Energie, die kaum Schlaf braucht? Wie einen Blick für topographische Gegebenheiten und mit dem Gespür für Wasser und Land? Wie bannt man eine Person auf die Leinwand, die Seeleute wie Kanonen einsetzt und von Aktion zu Aktion wirft? Wie ist Ehr- und Prahlsucht darzustellen? Wie Motivationskraft in auswegloser Situation? ›Wenn deine Stunde geschlagen hat, ist jede Sorge überflüssig‹, wie ist das mit dem Pinsel zu erfassen?«

»Ein Schriftsteller ringt nach Worten, warum soll es einem Maler anders gehen?«, sagte John.

Der Künstler strich sich über seinen Jesusbart und meinte nachdenklich: »Drake war als Seemann ein Genie. Seit ich male, versuche ich dem Genie ein Antlitz zu geben – es gelingt nicht.«

»Es wird nie gelingen – er war auch Sklavenfänger, Pirat, Räuber, Mörder, er hat zu viele Gesichter«, gab ich zu bedenken. Jeder dachte über »seinen« Drake nach. Und mich beschlich das Gefühl, als hätte ich ein Weltbild zerstört.

Dem war nicht so, Lenkiewicz war im Umgang mit seinem Objekt kritisch genug. Wir redeten, tranken und philosophierten bis spät in die Nacht hinein. Und während wir das taten, entstand ein Plan. Ich fasste einen Entschluss.

Im Grunde bestand er, seit ich Hamburg verlassen und mich auf Webster eingelassen hatte. Doch jetzt im »The Dolphin« nahm der Entschluss greifbare Formen an. Lag es an der Nähe, in der man in diesem Pub zu Drake war? Lag es an der Vorstellung, auch er könnte hier mit seinen Offizieren gesessen, Bier getrunken, Pläne für große Kaperfahrten geschmiedet haben? Hatte er an diesem Tisch Törns durch die Karibik, Überfälle auf San Juan, Santo Domingo, Cartagena oder Nombre de Dios ausgeheckt?

Ich werde in die Karibik fahren!

»How far has a man to go to find himself?« Ich ging an die Moskitoküste, war das zu weit?

5.

1568
Im karibischen Raum

Während Hawkins' Schiffe mit stöhnender Fracht über den Atlantik rollten, blieben die Spitzel am englischen Hof aktiv. Philipp unterhielt eine Armee von Spionen. Alles wurde ausgeforscht: Gedanken, Worte, Taten, Meinungen, Verbindungen, das Heilige und das Gemeine. Er saß in unnahbarer Ferne und spähte in die intimsten Winkel seiner Feinde und Untertanen. Das Böse interessierte ihn mit gieriger Lust. Selbst den Vater, Karl V., hatte Philipp mit Spähern umstellt. Es fehlte nicht mehr viel, dass er Werkzeug seiner eigenen Spione wurde; die lockten fremde Spione an und trieben Philipp in den Verfolgungswahn.

Don Guzmán de Silva kritzelte wieder einmal verschlüsselte Botschaften an seinen Herrn, mit denen er ans Themseufer eilte, wo ein Schiff zur Abfahrt nach Spanien bereitlag.

Kaum zwei Tage später hatte Philipp II. die Nachricht vorliegen. Im Escorial-Palast nahe Madrid diktierte er den Hofschreibern seine Order. Seine Wut über die Dreistigkeit der Engländer hatte sich noch nicht gelegt, da jagte ein Reiter des Königs an den Guadalquivir. Bei Flut setzten dort drei schnelle Schiffe Segel mit Kurs auf Hispaniola.

Kaum war Santo Domingo erreicht, gelangte die Botschaft sofort zum Gouverneur der Stadt. Rasch wurden kleine, flinke Küstensegler klargemacht, die die Depesche an sieben verschiedene Städte in der Karibik weiterleiteten.

Mitte Februar 1568 waren die Inseln der westlichen Karibik und das amerikanische Festland informiert, dass Hawkins und Drake mit einem Geschwader im Anmarsch seien.

Miguel de Castellanos, Statthalter von Rio de la Hacha, las die Botschaft, schritt ans Fenster und sah sorgenvoll übers Meer, als erschienen die Engländer bereits an der Kimm. »So, Drake ist mit von der Partie – das kann unangenehm werden . Ich werde ihn empfangen, wie man Piraten empfängt!«

Sieben Wochen dauerte Hawkins Atlantiküberquerung. Durch Erwerb von Schiffen an der Guineaküste war sein Kontingent auf eine Flotte von zehn Seglern angewachsen. Aber die Geschäfte mit den spanischen Küstenorten bereiteten ihm ziemlichen Verdruss. Entmutigt schrieb Hawkins in sein Logbuch: »Wir liefen von Ort zu Ort die Küste entlang und machten unsere Geschäfte mit den Spaniern so gut es ging, allerdings recht mühsam, weil der König allen Gouverneuren die strikte Weisung erteilt hatte, unter keinen Umständen den Handel mit uns zu dulden.«

In Borburata machte Hawkins Geschäfte nach Drakes Geschmack: mit vorgehaltener Waffe. Am Strand ließ er Verkaufsstände errichten, verkaufte und kaufte einen Monat lang nach Belieben, während seine Schiffe drohend, mit ausgerannten Kanonen, in der Bucht vor Anker lagen.

Rio de La Hacha hatte sich auf Verteidigung eingestellt und Soldaten zusammengezogen. Francis Drake, jetzt Kapitän der JUDITH, segelte tatendurstig als Erster in den Hafen, um Trinkwasser und Proviant zu erwerben. Der Statthalter ließ das Feuer eröffnen. Drake antwortete mit gezielten Schüssen auf das Haus des Schatzmeisters, zog sich zurück und ankerte außer Reichweite, um auf die anderen Schiffe zu warten. Drake drängte darauf, dem Ort einen Denkzettel zu verpassen. Hawkins willigte ein.

Nachts begab sich Drake mit zweihundert Mann an Land, marschierte um die Stadt herum und schlug zu, als John Hawkins mit der JESUS und der MINION von See her einen Scheinangriff startete. Im Handstreich wurden die spanischen Posten ausgeschaltet und der Verteidigungstrupp in die Flucht geschlagen. Drake stürmte den Palast des Schatzmeisters. Hawkins nahm den Hafen ein und schoss mehrere Häuser in Brand. Die Spanier schwangen weiße Fahnen, sie ergaben sich. Den verhassten Stadtkommandanten nahm Drake eigenhändig fest – aber nur für die Zeit der englischen Präsenz. Der Bevölkerung wurde kein Haar gekrümmt. Etwas ironisch vermerkte Hawkins: »So wurde uns stillschweigend der Handel erlaubt, worauf uns die Spanier zweihundert Neger abkauften.«

Bezahlt wurde mit Gold oder kostbaren Perlen, die in der Umgebung unter grausamen Bedingungen von Sklaven ertaucht und in Rio de la Hacha gehortet wurden. Wie andernorts Gold, Silber und Smaragde nach Spanien expediert wurden, so lieferte die Perlenstadt die kleinen, runden Kostbarkeiten aus weißem und schwarzem Kalk.

Vor Cartagena wurde den erstaunten Engländern ein ungeahnt heißer Empfang bereitet. Hawkins lakonisch: »Es war uns unmöglich, mit einem Spanier ins Geschäft zu kommen. Der Gouverneur war sehr streng.«

Die Spanier hatten sich hinter massiven Befestigungsmauern verschanzt und beantworteten das Ansinnen der Engländer, ihre letzten fünfzig Sklaven verkaufen zu wollen, mit dem dumpfen Grollen ihrer Küstenbatterien. Hawkins ließ seinerseits die Stadt unter Beschuss nehmen. Doch schließlich sah er ein, dass der Feuerwechsel zu nichts führte.

Entnervt drehte er ab, um mit acht verbliebenen Schiffen nach Hause zu segeln. Er hatte sich eine ruhige, glatte Überfahrt vorgestellt. Was er bekam war ein Horrortörn, der ums Haar Mann und Maus vernichtet hätte.

An der Küste Floridas zog ein furchtbarer Sturm auf, der die Schiffe zerzauste, besonders aber der JESUS VON LÜBECK so zusetzte, dass Hawkins festhielt: »Wir mussten alle Aufbauten niederreißen. Das Ruder war stark beschädigt, das Schiff so leck, dass wir nahe daran waren, es aufzugeben. Wir liefen vor dem Wind und ließen uns nach Südwesten drücken.«

In jämmerlichem Zustand trieb die JESUS nahe der mexikanischen Halbinsel Yucatán, in einem Gebiet, in das sich zuvor noch kein englisches Schiff gewagt hatte. Die winzige WILLIAM AND JOHN hatte den Verband verloren. Wie sich herausstellte, war sie gegen den Sturm direkt nach Nordosten gesegelt, und sie erreichte irgendwann England. Hawkins suchte verzweifelt nach einem Ort, an dem er die angeschlagene Flotte reparieren konnte. Von einem spanischen Handelsschiff erfuhr er, dass südlich von Veracruz nur noch die Insel San Juan de Ulua anzulaufen war. Gleichzeitig bekamen die Engländer Kunde, dass die spanische Schatzflotte auf dem Weg nach San Juan sei. Dieser Umstand stellte eine ernste Bedrohung dar, zur Flotte zählten mit Sicherheit mehrere schwer bewaffnete Galeonen.

Angesichts seines desolaten Geschwaders entschied Hawkins, seine sieben Schiffe in Kiellinie auflaufen zu lassen, die königlich-englische Standarte zu hissen – und auf Gott zu vertrauen. So steuerte er auf San Juan zu. Er war in Seenot, zwischen England und Spanien gab es keinen Krieg, warum sollte man ihm nicht helfen?

Francisco de Bustamente, Statthalter und Schatzmeister von Veracruz, stand am Kai. Er sah die Schiffe. In beflissener Eile rief er die Pinasse heran, kletterte mit Stadträten hinein, dann ließ er die Flotte ansteuern. Bustamente überdachte nochmals seine Begrüßungsrede, dann die Schätze, die er zu übergeben gedachte. Dabei grinste er in sich hinein. Es waren mehr als im letzten Jahr, dennoch hatte er zehn Prozent in die eigene Tasche fließen lassen können. Wer hätte gedacht, dass man in Neu-Spanien so rasch reich werden konnte? Er war gut gelaunt, wie die übrigen Spanier erwartete auch er die Flotte mit freudiger Ungeduld.

Plötzlich starrte Bustamente mit seinem Gefolge in die Läufe englischer Musketen. Und ehe sie ihren Irrtum erkannten, waren sie

Gefangene an Bord der JESUS VON LÜBECK. Durch Regen und Wind war das Wappen der Königin so verblichen, dass die Spanier Löwen und Lilien erst erkannt hatten, als sie vor der Bordwand standen – da war es zu spät. Antonio Delgadillo, Kommandeur der spanischen Garnison von San Juan de Ulua, hielt Hawkins Schiffe ebenfalls für die Schatzflotte. Zur Begrüßung ließ er Salut feuern.

»Das lass' ich mir gefallen«, lachte Francis Drake gegen den Wind, »Blindheit muss bestraft werden!« Hawkins ließ seine Schiffe ausschwärmen und rund um den Hafen Schussposition einnehmen.

Delgadillo war außer sich, als er erkannte, dass er Engländer begrüßt hatte, und ihm bewusst wurde, in welch gefährlicher Lage sich die Wehrinsel befand. Hawkins hätte aus seiner Position den Ort in Schutt und Asche bomben können.

Delgadillo war kein Feigling. Als er sich von dem Schreck erholt hatte, sammelte er seine Truppen und befahl, die Kanonen zu laden. Zum Schusswechsel kam es nicht. Angesicht der ausweglosen Lage gerieten die Soldaten in Panik und flüchteten teils rudernd, teils schwimmend ans Festland.

Hawkins war ein Husarenstück gelungen. Nur wenige Jahre zuvor hatte Admiral Menéndez nach einer Inspektionsreise durch Neu-Spanien berichtet: »Als Verteidigungsanlage ist San Juan de Ulua uneinnehmbar.« Hawkins sann nicht nach Zerstörung. Ihm ging es um Hilfe für seine ramponierte JESUS VON LÜBECK und Proviant für seine Leute. Um seine friedliche Absicht zu beteuern, entsandte er einen Boten nach Mexiko, der Hauptstadt des Vizekönigreichs Neu-Spanien, mit der Meldung: » … bin durch höhere Gewalt nach San Juan de Ulua verschlagen worden und hoffe, dass es bei der täglich zu erwartenden Ankunft der spanischen Flotte zwischen uns und ihnen keinen Anlass zum Streit geben wird.«

Wie Drake erwartet hatte, kam vom Rat aus dem zweihundert Meilen entfernten Mexiko keine Antwort. Stattdessen tauchten am Horizont die Mastspitzen von dreizehn Schiffen der spanischen Flotte auf. Don Martin Enríquez de Almansa, der gerade ernannte Vizekönig von Neu-Spanien, befand sich an Bord des Flaggschiffs. Durch Spitzel informiert, wusste er vom Aufenthalt der Engländer in der Karibik. Doch nie hätte er Hawkins so weit im Westen des spanischen Reichs »Amerika« vermutet.

Der Konvoi bestand neben dem Flaggschiff aus elf Handelsgaleonen, begleitet von einem Kriegsschiff, das von Admiral Juan de Ubilla kommandiert wurde.

Enríquez dachte an seine neue Aufgabe, daran, wie er für seinen König Philipp noch mehr Schätze aus Neu-Spanien pressen könnte, ohne sich selbst dabei zu vergessen.

Der Hafenkommandeur Delgadillo erschien an Bord des Flaggschiffs des Generalkapitäns Francisco de Luxan und berichtete dem Vizekönig von der Anwesenheit und den Forderungen Hawkins: Der Engländer sei in friedlicher Absicht gekommen und habe versprochen, den Hafen zu verlassen, sobald seine JESUS VON LÜBECK seetüchtig sei. Die Flotte könne in den Hafen einlaufen, doch zuvor müsse zwischen den Parteien eine Vereinbarung über die Sicherheit und die Erhaltung des Friedens getroffen werden.

Der Vizekönig lief vor Zorn rot an, dann explodierte er: »Was fällt der Krämerseele ein! Wem glaubt er etwas vorschreiben zu können?«

Delgadillo fuhr nach einer devoten Verbeugung kleinlaut fort: »Capitano Hawkins schlägt vor, beide Seiten mögen für die Zeit der Reparaturarbeiten zwölf Herrn von Stand als Geiseln zur Sicherung des Friedens austauschen. Unterdessen bleibe die Insel als Sicherheit für die Engländer in deren Hand.«

Der Vizekönig war als Passagier, ohne offizielles Amt gereist. Doch in seiner Dokumentenschatulle befand sich eine königliche Vollmacht, die ihm in Ausnahmesituationen den Oberbefehl übertrug.

Jetzt bestand eine Ausnahmesituation! Enríquez übernahm das Kommando und berief einen Rat. Die Kapitäne, allen voran Luxan und Ubilla, trafen sich auf dem Flaggschiff. Der Vizekönig war immer noch außer sich: »Keine Konzessionen, wir greifen an!«

In wohlgesetzten Worten wiesen die Berater darauf hin, dass die Inselbatterie in der Hand der Engländer sei. Mit Gewalt könne die Flotte kein Einlaufen erzwingen. Im Falle eines Sturms befänden sich die eigenen Schiffe jedoch der Havarie ausgesetzt, blieben sie hier draußen vor Anker.

Der Kapitänsrat schlug vor, zum Schein auf Hawkins Vorschlag einzugehen.

Tags darauf schrieb Martin Enríquez de Almansa, Vizekönig von Neu-Spanien, zähneknirschend einen Brief an den Sklavenhändler

John Hawkins, in dem es hieß, er wolle den »ehrenwerten« Vorschlag akzeptieren, Geiseln stellen, in friedlicher Absicht in den Hafen einlaufen.

Bereits in der Nacht hatte Enríquez einen Kurier ins nahe Veracruz geschickt, um Hilfe anzufordern. Die Stadt setzte einhundertfünfzig Soldaten in Marsch, damit zählte die spanische Streitmacht über tausend Soldaten.

Auf der JESUS VON LÜBECK saß Hawkins mit Drake in der Kapitänskajüte. Nachdenklich lasen sie die Botschaft. Drake brach als Erster das Schweigen: »Die Spanier wollen uns reinlegen, das spüre ich, John!«

Die schwere Verantwortung der letzten Tage hatte Hawkins Gesicht gezeichnet. Müde schaute er auf.

»Wir müssen die Flotte in den Hafen lassen. Wenn der Sturm sie aufreibt, bedeutet das Krieg.«

»Schon möglich, einen Verlust von gut zwei Millionen Pfund und einen schiffbrüchigen Vizekönig steckt Philipp nicht einfach weg«, meinte Drake und lachte trocken.

Hawkins stand auf, schaute durch das Heckfenster. Im Wasser spiegelten sich die Masten seiner Schiffe.

»Kann nur hoffen, dass alles gutgeht«, seufzte er, »der Hafen ist verdammt eng!«

»Neben einem englischen wird ein spanisches Schiff liegen, das kann nicht gutgehen!«, murmelte Drake. Kopfschüttelnd erhob auch er sich, meldete sich ab und ließ sich auf seine JUDITH bringen, die etwas abseits lag. Seinem Steuermann erteilte er den Befehl, jederzeit segelbereit zu sein.

Unterdessen erhielt Hawkins den Friedensvertrag mit Unterschrift und Siegel des Vizekönigs. Der Austausch der Geiseln von Rang und Stand wurde vorbereitet. Enríquez kam auf die Idee, einfache Matrosen als Offiziere zu verkleiden. Admiral Ubilla riet jedoch davon ab. Gewöhnliche Soldaten könnten in der Angst, sterben zu müssen, die Angriffspläne verraten. Als Geisel bot er seinen Neffen an. Auch sei er selbst bereit, doch glaube er, bei der Flotte dringender gebraucht zu werden.

Am 21. September liefen die Spanier mit ihrer Flotte in den Hafen, den Hawkins vorsorglich mit eigenen Mannen und Kanonen sichern ließ. Welche Schmach für den Vizekönig, unter drohenden Kanonenrohren in den eigenen Hafen gleiten zu müssen! Einige Stunden später lagen die beiden Flotten, insgesamt zwanzig Schiffe, Seite an Seite nebeneinander, die spanischen Galeonen ganz im Schussfeld der Engländer.

Enríquez hielt Kriegsrat. Er schlug vor, dass sich die Admiräle Luxan und Ubilla nachts heimlich mit einhundertfünfzig Mann an Bord eines spanischen Handelsschiffes nahe der MINION und der JESUS VON LÜBECK begeben sollten. Ein Trompetenstoß vom Flaggschiff wäre das Zeichen, die MINION zu entern. Der Kanonen auf der Festungsinsel sollten sich die einhundertfünfzig Soldaten aus Veracruz bemächtigen. Das Hauptkontingent habe die englischen Schiffe anzugreifen, wenn der Kampf beginne.

Als man sich auf die Durchführung geeinigt hatte, wurde der Angriff auf den nächsten Tag, zur Mittagszeit, festgelegt.

In aller Frühe wurden die Engländer durch hektische Aktivität geweckt. Da schleppten Spanier irgendwelche Ladung von einem Schiff aufs andere. »Es muss sich um Waffen und Munition handeln«, argwöhnte Drake.

»Unheilvolle Anzeichen!«, bemerkte Hawkins knapp. Er ließ nach Robert Barrett, dem Kapitän der JESUS VON LÜBECK, rufen. Der Schiffsführer sprach fließend Spanisch und sollte beim Vizekönig um Aufklärung bitten.

Nach einer Weile kehrte Barrett von seiner Mission zurück mit dem Versprechen Enríquez', dass es sich bei der Verladung um keinerlei Schurkereien handeln würde. Falls seine Leute den Frieden brächen, würde er mit allen Mitteln einschreiten lassen.

Bis zum Vormittag blieb Hawkins arglos. Er hatte sich zum Tee auf der Poop niedergelassen, als sich plötzlich eine Geisel auf Hawkins stürzte, um ihm mit einem Stilett, das sie aus dem Ärmel zog, zu erstechen. Ein Adjutant sprang dazwischen und rettete dem Kapitän das Leben.

Kaum hatte John sich von dem Schreck erholt, stürzte er an Deck. Auf der spanischen Frachtgaleone machte sich Admiral Ubilla zu schaffen.

»Elender Verräter!«, brüllte Hawkins hinüber, ergriff Pfeil und Bogen und schoss auf den Admiral, den er aber verfehlte.

Auf dem Flaggschiff der spanischen Flotte versicherte der Vizekönig Robert Barrett gerade einmal mehr seiner besten Absichten. Als er jedoch Ubillas Zeichen vernahm, wechselte seine seidenweiche Stimme in barschen Befehlston: »Nehmt den Ketzer fest! –Trompeter: das Angriffssignal!« Ein Trompetenstoß gellte über den Hafen. Mit dem Ruf »Santiago« in den Kehlen enterten Ubilla und seine Soldaten die MINION.

Todesmutig sprangen Hawkins und seine Männer hinüber zur MINION, um der bedrängten Besatzung zu helfen. Bevor die Spanier das Schiff in ihrer Gewalt hatten, rollte der Gegenangriff, den Hawkins mit grimmiger Stimme anfeuerte: »Bei Gott und dem Heiligen Georg! Zeigt es den verräterischen Schurken, rettet die MINION!«

Wie die Berserker schlugen die Engländer um sich, hieben mit Entermessern, Degen, Lanzen und Äxten, feuerten aus Musketen und Pistolen. Es gelang ihnen, die Spanier von Bord der MINION zu fegen.

Schon trieben drei weitere spanische Schiffe heran, um die JESUS VON LÜBECK zu vernichten. Hawkins wehrte auch diesen Angriff ab.

Im Hafen weitete sich der Kampf aus. Immer mehr Spanier wurden ins Gefecht geworfen. Die Lage wurde jetzt äußerst bedrohlich. Hawkins ließ die Leinen zur MINION kappen und versuchte, sich mit der JESUS aus dem Kampfgetümmel zu manövrieren.

An Bord der Schiffe rang Mann gegen Mann, während Delgadillo mit einer spanischen Übermacht oben auf der Inselfestung die Geschütze in seine Gewalt brachte. Angesichts der feindlichen Truppen packte die englischen Seeleute, die einen Landkampf nicht gewohnt waren, panische Angst. Sie gaben die Stellungen auf und versuchten auf die Schiffe zu fliehen; dabei wurden die meisten von ihnen schonungslos niedergemetzelt. Nun nahmen die Spanier die englischen Schiffe vom erstürmten Inselfort aus unter Beschuss.

»Wir sind umzingelt, sitzen in der Falle!«, jammerte Drakes Steuermann, als von allen Seiten Kanonenkugeln einschlugen.

»Nichts ist verloren!«, brüllte Drake. »Wir bombardieren die spanische Flotte. Ha, ha, die Verräter sollen uns kennen lernen!« Breitseite auf Breitseite setzte Drake in grimmiger Entschlossenheit ab. Das Flaggschiff des Vizekönigs wurde versenkt. Kieloben trieb die ADMIRAL im schlammigen Hafenwasser.

Drake mischte sich unters Schiffsvolk, feuerte die Kanoniere an: »Los Jungs, schießt die verdammten Schneckenfresser in Grund und Boden. Weiter – feuern, dass die Rohre glühen!«

Dann rannte er wieder an Deck, wo ihm die Musketenkugeln um die Ohren pfiffen. Zufrieden grinste er in sich hinein, als er die Einschläge seiner Geschütze beobachtete. Er drehte sich um und stellte entsetzt fest, dass die JESUS schwer zugerichtet worden war. Groß- und Fockmast waren durchschossen, ihr Rumpf glich einem Sieb. Das Schiff hatte schwere Schlagseite. Todesschreie erstickten im Kanonendonner. Rahen krachten polternd an Deck, rissen mehrere Matrosen in den Tod. In wilder Verzweiflung spuckte die JESUS Feuer. John Hawkins hatte gleichfalls die spanische Flotte bombardieren lassen. Seine Geschütze wummerten in raschem Rhythmus.

»Lange hält Hawkins das nicht mehr aus«, murmelte Drake und hastete ins Batteriedeck. »Nicht schlappmachen! Gebt den Spaniern den Rest!«, brüllte er in den beißenden Pulverdampf. Schweißgebadete Kanoniere huschten wie schwarze Schatten vor und neben den Geschützen umher. Kanonen auswischen, Pulver laden, schwere Kugeln in die heißen Mündungen hieven, Geschütze ausrennen, Lunten in Brand stecken – Feuer! Alles in fiebriger Hast. Die Männer taumelten vor Erschöpfung.

»Schickt die Spanier zur Hölle!« Drake mobilisierte das letzte Quäntchen Kraft seiner Männer. Drüben an der JESUS riss ein Treffer das Vorschiff in Stücke. Hawkins musste sein Flaggschiff aufgeben. Er stellte es als Schild zwischen Inselbatterie und MINION, um so einigermaßen gedeckt Proviant und andere Güter umzuladen.

Admiral Ubilla beobachtete das Manöver und ließ zwei Brander auf die Engländer zutreiben. Panik machte sich breit. Hawkins, noch immer auf der JESUS, befahl, weiter umzuladen. Schließlich sprang er als Letzter von seinem Schiff und versuchte, auf der MINION mit zweihundert Mann dem Kampfgebiet zu entkommen.

Wie ein Feuer speiender Vulkan krachte der Brander in die JESUS. Innerhalb von Minuten standen Bordwände und Planken in Flammen. Gebannt verfolgten die Überlebenden das Vernichtungswerk des Feuers. Das stolze Schiff der Königlichen Marine und der persönliche Besitz Elisabeths brannte aus, versank mit einem letzten Aufbäumen und einem verzweifelten Seufzer im Meer.

Auf Drakes JUDITH hatten dreißig Seeleute überlebt. Hundert Mann aus Hawkins Mannschaft waren tot oder in Gefangenschaft geraten, was jahrzehntelangen Kerker bedeutete. Kapitän Robert Barrett hatte man in Ketten gelegt, gefoltert, schließlich umgebracht.

Der Kampf tobte nun schon viele Stunden. Die JUDITH wurde an der Bordwand getroffen, dabei wurde eine Geschützbedienung getötet. An Deck fanden mehrere Männer durch Musketenkugeln den Tod. Die einhundert Tonnen große SWALLOW und die kleinere ANGEL gerieten ins Kreuzfeuer der Spanier und wurden versenkt.

Die Verluste der Spanier waren ebenfalls bitter. Die Engländer hatten außer dem Flaggschiff zwei weitere Galeonen auf den Grund des Hafens von San Juan de Ulua geschickt.

Die Nacht brach herein. MINION und JUDITH wurden vorsichtig an die Hafenausfahrt manövriert. Noch befanden sie sich in Reichweite der Küstenbatterie. Drake stand auf dem Achterdeck der JUDITH und schaute besorgt hinüber zur MINION. Er war nervös. War die Schlacht zu Ende? Würde Hawkins sich absetzen? Wie sollte es weitergehen? Der Befehl lautete: »Zusammenbleiben und die Flanke der MINION decken!« Schön und gut, andererseits wollte er sich keinem neuen Bombardement aussetzen, vielmehr Schiff, Ladung und Mannschaft heil nach England bringen.

Was jetzt geschah, wird englischen Marinehistorikern stets ein Rätsel bleiben. Auch ist es ein erster dunkler Punkt im Leben des späteren Seehelden. Francis Drake, Kommandant der seetüchtigen und ausreichend verproviantierten JUDITH, stahl sich heimlich vom Schlachtfeld und überließ seinen Onkel, im überfüllten, angeschlagenen Schiff ohne ausreichende Verpflegung, seinem Schicksal.

»Für uns ist der Kampf zu Ende«, sagte Drake zu seinem Ersten, »lassen Sie Segel setzen, der Kurs ist Nordost!«

»Aye, aye, Sir!« Dann fragte der Offizier erstaunt nach: »England?«

»Jawohl, nach Plymouth!«

Mit knatterndem Tuch entschwand die JUDITH aus dem Golf von Campeche.

Ohne besondere Zwischenfälle erreichte Francis Drake am 20. Januar 1569 England. Er glaubte, mit seiner Besatzung als Einziger den spanischen Angriff überlebt zu haben. In Plymouth berichtete er von der Niederlage und dem Verlust Kapitän Hawkins samt seiner Schiffe. Trauer erfüllte England, der Tod eines so angesehenen Kaufmanns und Schiffsführers war schwer zu verschmerzen. Königin Elisabeth zollte John Hawkins große Achtung ob seiner seemännischen und geschäftlichen Leistungen.

Fünf Tage später – der Verlust tapferer Männer und teurer Schiffe war noch nicht verkraftet – sichtete der Ausguck am Landvorsprung an der Küste Cornwalls ein englisches Schiff, das arg mitgenommen aussah, wenig Fahrt machte und der Küste kaum näher zu kommen schien.

Der Wächter eilte nach Plymouth, um Rettungsschiffe zu alarmieren. Schließlich wurde eine MINION in erbärmlichem Zustand mit einem körperlich völlig erschöpften Kapitän Hawkins geborgen.

Was war geschehen?

Als Hawkins am Tag nach der Schlacht feststellen musste, dass er von Drake im Stich gelassen worden war, überkam ihn große Verbitterung. Er fühlte sich von seinem Neffen verraten. Rasch überdachte er seine prekäre Situation: Auf der JESUS hatten spanische Geiseln und angekettete Sklaven den Tod gefunden. Gold und Silber hatte er zu einem Großteil umladen können, stattdessen aber Proviant zurücklassen müssen.

Am folgenden Tag wurde die MINION durch einen schweren Nordwestwind an die mexikanische Küste genagelt. Es bestand höchste Gefahr, dass sie auf Grund lief.

Endlich drehte der Wind. Die MINION segelte ostwärts, ohne Proviant, mit wenig Trinkwasser, mit viel zu vielen Menschen an Bord. Der Smutje ließ Rinderhäute auskochen.

»Da ist ja kein Fleisch in der Suppe!«, maulte das Schiffsvolk. »Ich kann euch mal meine Faust ins Maul stopfen!«, blaffte der Koch.

Als Hawkins am 8. Oktober an der Küste Mexikos anlegen ließ, entschieden sich einhundert Mann, an Land zu bleiben statt auf der MINION zu verhungern.

Schwer angeschlagen wurde der Atlantik überquert; wer noch am Leben war, konnte sich vor Schwäche kaum auf den Beinen halten.

»Wir hatten unser Schiff bisweilen nicht mehr unter Kontrolle,« berichtete Hawkins, der zu den fünfzehn Überlebenden an Bord zählte.

Und das Resultat der Westindienexpedition? Trotz der erbeuteten vier Pferdeladungen Gold und Silber wurden die Verluste, die durch die verloren gegangenen Schiffe entstanden waren, nicht gedeckt, ganz abgesehen von den vielen Menschenleben, die die Reise gefordert hatte.

Erstmals hatten sich Engländer und Spanier in Neu-Spanien einen Kampf geliefert. Waren die Engländer in dieser Auseinandersetzung auch unterlegen, so zeigte sich hier doch die Verwundbarkeit der Spanier im karibischen Raum.

Für Drake war das eine wichtige Erkenntnis. Und er sah darin den eigentlichen Gewinn der Expedition. Den Kolonialisten schwor er für ihre Hinterlist ewige Rache. »Tod den katholischen Spaniern für den Verrat von San Juan de Ulua!«, war seine Losung.

Merkwürdig war jedoch das Verhalten John Hawkins' bei der ersten Begegnung mit Drake nach der Reise. Mit keinem Wort machte er seinem Neffen Vorhaltungen. Er stellte ihn weder zur Rede, noch verlangte er eine Erklärung für dessen unerlaubtes Entfernen von der MINION, bei dem der Onkel im Stich gelassen worden war.

Sicher ist nur, dass die beiden Männer bis zu ihrem Lebensende immer wieder zusammenarbeiten und noch manche abenteuerliche Schlacht schlagen sollten.

Doch erst einmal verfolgte Drake eigene Pläne.

3

1 Die GOLDEN HINDE II im Hafenbecken von London.

2 Blick übers Deck auf das hohe Achterkastell.

3 Unter vollen Segeln pflügt die GOLDEN HINDE II ruhiges Nordsee-Wasser.

4

4 Einst Drakes herrschaftliches Anwesen: Buckland Abbey unweit von Plymouth.

5 Francis Drake auf einem Marmorsockel in Tavistock.

6 Unter der Bronzestatue vier Szenen aus Drakes Leben: Hier schiebt der Seeheld die Bowlingkugel, während am Horizont der Feind naht.

7 Die JESUS VON LÜBECK, John Hawkins' Flaggschiff. Ein Aquarell aus dem 16. Jahrhundert.

8 Das alte Buckland Abbey. Straßenszene innerhalb der Mauern. Kupferstich von 1830.

5

6

7

8

9

9 König Philipp II. von Spanien. Sein Vorhaben, England zu unterwerfen und die protestantischen Ketzer zu vernichten, scheiterte!

10 Elisabeth I. von England. Das sogenannte Hermelin-Portrait malte Nicholas Hilliard 1585.

11 Sir John Hawkins, Kaufmann, Kapitän und Sklavenhändler. Ein Gemälde von Derek Bayes.

6.

1570 – 1573
Erkundungen und
Raubzüge an der
Ostküste Mittelamerikas

Auf der Expedition mit Hawkins hatte Drake gelernt, dass dem mächtigen Spanien in der Neuen Welt nur mit überraschenden, wohlgeplanten Aktionen erfolgreich beizukommen war. Er musste sich Detailkenntnisse der Region aneignen, um eines Tages den großen Coup landen zu können.

Diesen Plan vor Augen, unternahm Francis Drake in den Jahren 1570 bis 1571 mehrere mit Geduld und Zielstrebigkeit vorbereitete Erkundungsfahrten an die Ostküste Mittel- und Südamerikas. Von versteckten Mangrovenbuchten aus kundschaftete der Kapitän einen achthundert Kilometer langen Küstenstreifen zwischen Cartagena im Osten und Nombre de Dios im Westen aus. Dabei prägte er sich auch Nebensächlichkeiten ein, fertigte Skizzen an und machte Aufzeichnungen zu den Goldtransporten von Panama-Stadt an die Karibikküste. Sehr zustatten kam Drake seine sich allmählich entwickelnde Freundschaft zu den Cimarrones, entlaufenen Negersklaven, die wie er die Spanier über alles hassten. Die Afrikaner halfen ihm bereitwillig. Bessere Verbündete konnte sich der Engländer für sein Vorhaben nicht wünschen. Sie kannten jeden Baum, jede Siedlung, die Urwaldpfade, die die Spanier benutzten. Von den Schwarzen erfuhr Drake die Stärke der Garnisonen und Wichtiges zur Hafenstadt Nombre de Dios, wo die Schatzkarawanen eintrafen. Der Erfolg kennt keinen Stillstand. Anfang 1572 fühlte sich Francis Drake gewappnet, eine Raubexpedition gegen die Spanier vorzunehmen, die endlich das Unrecht von San Juan de Ulua vergelten sollte.

»Wer mit mir auf Abenteuer geht, wird sein Geld sechs- und siebenfach zurückbekommen!«, prahlte Drake am Kai von Plymouth. Man schrieb den 24. Mai 1572. Schaulustige und die wohlhabenden Familien der Stadt – unter ihnen auch die Hawkins – waren gekommen, um Francis viel Glück und eine gute Reise zu wünschen.

Hinter dem Captain dümpelte die PASHA, ein Siebzig-Tonnen-Schiff, das er selbst befehligen würde, während sein Bruder John auf der kleinen, knapp fünfundzwanzig Tonnen schweren SWAN als Schiffsführer eingeteilt war.

Drake hatte sich absichtlich für kleine, unauffällige Schiffe entschieden. Die SWAN hatte sich bereits auf einer vorangegangenen Reise bewährt. Auf den beiden Seglern bildeten drei grazile Pinassen die wichtigste Fracht. Die Zwanzig-Tonnen-Boote waren in Einzelteilen verstaut worden. An Ort und Stelle ließen sie sich rasch montieren und in flachen Gewässern hervorragend manövrieren. Dreiundsiebzig Seeleute hatten sich mit Proviant für ein Jahr eingedeckt und dazu mit Munition, Musketen, Pistolen, Piken, Entermessern und Säbeln bis an die Zähne bewaffnet. Ein weiterer Bruder Drakes, Joseph, segelte als Mitglied der Mannschaft.

Mit den letzten Hochrufen bestieg Francis am Abend jenes Pfingstsonntags sein Schiff, um Ruhm und Reichtum – oder einem Desaster entgegenzusteuern.

Günstige Winde brachten die beiden Schiffe in fünfundzwanzig Tagen an die Gestade der Neuen Welt. An einem versteckten Ort, den Drake einst Port Pheasant nannte, wurde vor Anker gegangen. Flugs ließ er die Pinassen zusammenbauen, um sich im Konvoi nach Isle of Pines zu begeben, einer dicht bewachsenen Insel. Im Schutz einer Mangrovenbucht verbarg er PASHA und SWAN, ließ ein kleines Kommando als Bewachung zurück und machte sich mit den Pinassen und dem Großteil seiner Männer in Richtung Nombre de Dios auf. Drakes Ziel waren die königlichen Schatzhäuser der Stadt.

*

Morgendämmerung. Noch lag der Ort im Schlaf. Am Strand hielt ein einsamer Posten Wache. Schläfrig lehnte er an einem Kanonenrohr. Irgendetwas knackte hinter ihm.

»Leise, ihr Idioten!«, zischte Drake.

Der Wachtposten hob den Kopf und lauschte.

»Que gente?«, rief er in die Dämmerung.

Ein Schatten huschte hinter die nächste Palme. Der Spanier bekam es mit der Angst und flüchtete in die Stadt, wo er die Bewohner mit wildem Geschrei weckte.

Drake stürmte aus dem Uferdickicht, riss die Kanonen um, rannte mit einem Teil seiner Männer weiter, während in der Stadt schon die Sturmglocken läuteten und die Bevölkerung schlaftrunken auf den Marktplatz eilte.

Der Kapitän hatte seinen Trupp geteilt. Mit seinem Bruder John schlich sich die Hälfte der Männer von Land her in die Stadt, während Francis sich vom Hafen aus herangepirscht hatte und jetzt unter wildem Getöse aus Trompetenstößen und Trommelwirbeln in Richtung Zentrum marschierte.

Entsetzensschreie gellten durch die Gassen. Nombre de Dios war in Aufruhr.

»Achtung – Feuer!«, kommandierte Drake. Ein Satz Brandpfeile löste sich von den Bogensehnen der Engländer.

Kurz vor dem Marktplatz versperrten beherzte spanische Soldaten den Weg. Eine scharfe Salve peitschte den Engländern um die Ohren. Einer der Trompeter stürzte getroffen zu Boden, Drake erwischte ein Schuss am Oberschenkel.

Diese Kugel sollte Francis ein Leben lang begleiten, sie wurde ihm nie aus dem Bein operiert. Die Wunde ignorierend, feuerte er seine Leute mit derben Flüchen und Verwünschungen an.

Jetzt machte sich vom anderen Ende der Stadt Bruder John mit ähnlichem Spektakel bemerkbar. Die Bedrohung auch noch im Rücken, das war zu viel!

Spanier, Soldaten wie Bürger, hatten die Vorstellung, einer tausend Mann starken Invasion ausgeliefert zu sein. Schreiend flüchteten sie durch Nebenstraßen aus ihrem Ort.

Drake war bis zum Haus des Gouverneurs vorgedrungen. Die Türen wurden aufgestoßen. Hastig durchsuchten die Engländer die verlassenen Räume. Im Kellergewölbe fiel ein Lichtschein auf sauber aufgeschichtete Silberbarren. Gerade wollten die Männer mit Siegesgeheul über das Silber herfallen, da stoppte Drake die Plünderung. »Liegen lassen! Das belastet nur. Wir müssen an das Gold im Schatzhaus des Königs. Runter zum Hafen!«

Die Freibeuter gehorchten, nahmen die Waffen auf und stürmten in Richtung Hafen. Drake humpelte hinterher, plötzlich taumelte er und fiel stöhnend zu Boden.

Thomas Moone, der Schiffszimmermann, hatte die Blutspur bemerkt und Drake stürzen sehen.

»Verdammt, der Captain – er ist verwundet!«

Alle scharten sich um ihn. Francis kämpfte mit der Bewusstlosigkeit.

»Steht nicht … herum … Jungs. – John, führ' … die Männer zum Schatzhaus … schnell!«, stöhnte Drake. »Noch hat meine Stunde nicht geschlagen … wozu Sorgen … machen?«

In diesem Fall gehorchte keiner der Crew. Moone legte einen Notverband an und gab dem Kapitän einen ordentlichen Schluck Schnaps. Zwei Mann trugen ihn zurück zu den Pinassen. Silber und andere Beute blieben unangetastet.

Bei den Booten beschwor Drake seine Leute immer noch, sich die Schätze zu holen, er käme schon allein zurecht. Doch dazu war niemand bereit.

Die Engländer zogen sich in ihr Versteck zurück, wo Drake in Ruhe seine Verletzung pflegen konnte. Trotz des missglückten Überfalls war die Stimmung gut. Das lag an Drakes unverbesserlichem Optimismus. Nie hing er vergangenem Missgeschick nach. Im Gegenteil, kaum begann die Wunde zu heilen, schmiedete er neue Pläne.

Nombre de Dios noch einmal anzugreifen, schlug er sich aus dem Sinn. Sicher hatten die Spanier längst Verstärkung angefordert, das Überraschungsmoment bestand nicht mehr.

Er beschloss, einige Galeonen zu kapern, um sich mit Proviant und allerlei Brauchbarem aus dem Leib der spanischen Schiffe zu bereichern.

Nahe Cartagenas fiel ihm ein zweihundertvierzig Tonnen großes Schiff aus Sevilla in die Hände. Mangels Seeleuten zur Bemannung der Prise trennte er sich schweren Herzens von der kleinen SWAN, indem er sie anbohren ließ und als lodernde Fackel dem Untergang weihte. Die spanische Mannschaft setzte er unversehrt an Land ab.

Auf all seinen Raubzügen blieb Fairness oberstes Gebot. Trotz sei-

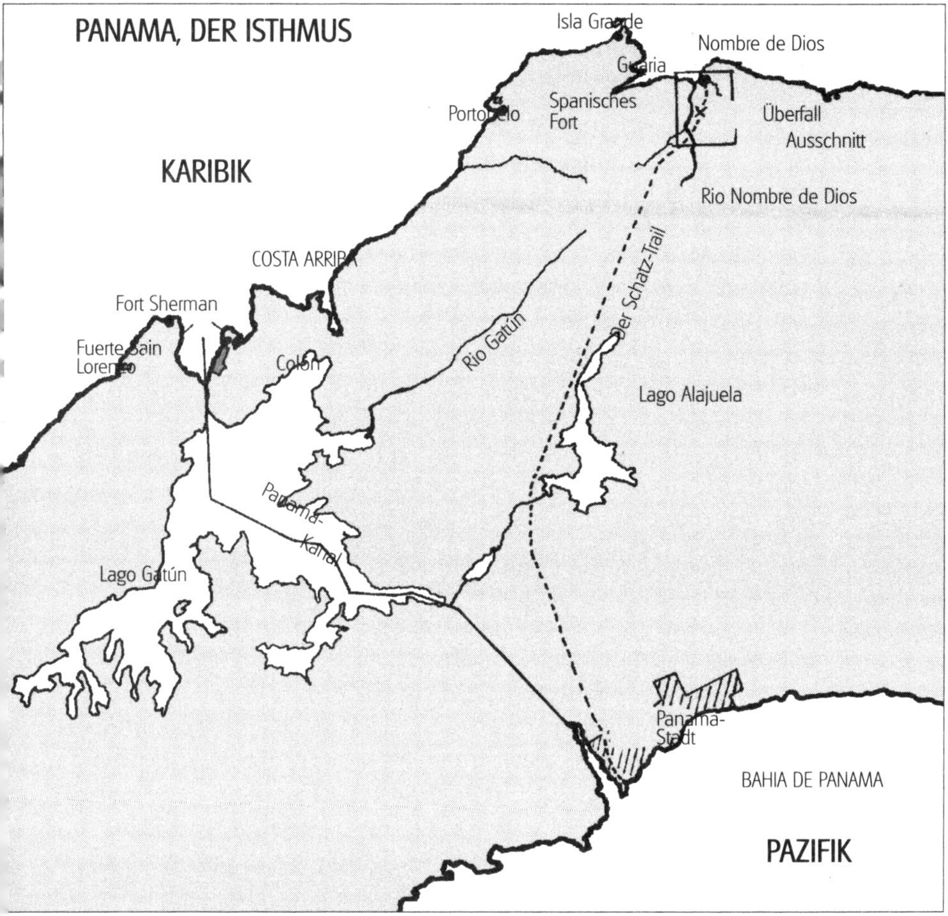

nes Hasses ließ sich Drake nie zu Folterungen oder anderen Gräueltaten hinreißen. Es gab spanische Kapitäne, die aufatmeten, dass sie Drake in die Hände fielen und nicht französischen Piraten. Letztere schickten die Spanier auf grausame Weise ins Jenseits.

Anfang November 1572 versuchte John Drake, während sein Bruder auf Erkundungsfahrt war, eine spanische Schaluppe zu kapern. Der Überfall wurde halbherzig und dilettantisch durchgeführt, John bereits beim Entern tödlich getroffen. Von dem Schock demoralisiert, brachen seine Kameraden den Angriff ab.

Francis stand kurz darauf noch Schlimmeres bevor: Eine Gelbfieber-Epidemie raffte innerhalb weniger Tage zwanzig seiner besten Männer dahin. Unter den Opfern befand sich sein zweiter Bruder Joseph und der Schiffsarzt. Als die Seuche abklang, war seine Mannschaft von dreiundsiebzig auf einundvierzig Mann geschrumpft. Doch Drake gab nicht auf. Er glaubte fest an seine Chance. Und die lieferte ihm Pedro.

Der Cimarron lebte mit Verbündeten im Urwald, unweit von Nombre de Dios. Pedro war ein westafrikanischer Neger von mächtiger Statur, dazu noch mutig, klug und besonnen. Die übrigen Cimarrones hatte ihn zu ihrem Anführer bestimmt.

Er berichtete Drake, dass die spanische Flotte bei Nombre de Dios vor Anker lag, um auf die Schatzkarawane aus Panama-Stadt zu warten. Kommandeur Flores de Valdes habe alle Vorkehrungen für die Übernahme getroffen. Nach kurzer Verhandlung erklärte sich Pedro bereit, dem Kapitän bei seinem Vorhaben zu helfen.

Von Pedro, dreißig Cimarrones und achtzehn Engländern begleitet, brach Drake Anfang Februar auf. Sein Plan war der Überfall auf die Karawane, die in der Stadt Panama für den Treck durch den Dschungel zusammengestellt wurde. Auf dieses Abenteuer hatte Drake monatelang gewartet!

In gieriger Hoffnung kämpfte sich der Trupp durch Regenwald und über Bergpfade. Marschiert wurde vom frühen Morgen bis zum Mittag. Nach einer Rast ging es nachmittags bis in die Nacht hinein weiter. Anfangs litten die Seeleute unter dem ungewohnten Eilmarsch in der Tropenhitze. Seltsame Urwaldlaute ließen sie ängstlich zusammenzucken.

Allmählich gewöhnten sich die Männer jedoch an die neue Umgebung. Sie erfuhren, dass der dichte Wald nicht nur Bedrohung, sondern auch eine gewisse Geborgenheit bot. Auch mit dem Modergeruch konnte man sich abfinden.

Klaglos ertrugen sie die Strapaze, hatte ihnen der Kapitän nicht Schätze in Hülle und Fülle versprochen? Gold beflügelte ihre Schritte und trieb sie voran. Drake überdachte seine Marschordnung. Hatte er alle Eventualitäten berücksichtigt? Sechs Cimarrones waren als Späher vorausgeschickt worden. Ihnen folgte eine Gruppe von zehn ehemaligen Sklaven. Im Abstand von fünfzig Metern ging Drake mit

Panama-Stadt. Vom Monument schaut Vasco Nuñez de Balboa, der Entdecker des Stillen Ozeans, über das Meer.

Thomas Moone, dem Koch John Oxenham, Robert Wright, dem Matrosen Robert Pike und vierzehn weiteren Engländern. Sie trugen lediglich ihre Waffen. Die Lasten wurden von einer Nachhut aus zwölf Cimarrones geschleppt.

Am fünften Tag wurde die Kuppe eines Bergmassivs erreicht, das den Isthmus halbiert. An dieser Stelle stand ein mächtiger, alles überragender Baum, dessen Stamm mit Stufen versehen war. In der Krone befand sich eine Plattform. Pedro forderte Drake auf, mit ihm auf den Baum zu klettern. Oben bot sich ein überwältigender Ausblick, den der Kapitän Zeit seines Lebens nie mehr vergessen sollte. Im Westen wogte der tiefblaue Pazifik, und gegenüber glitzerte, wie ein riesiger grüner Spiegel, das karibische Meer im Sonnenlicht.

Das Südmeer! Kein Engländer hatte es jemals befahren. Nur den Spaniern war das Labyrinth der Magellanstraße bekannt, durch das ein Schiff auf diese Seite gelangen konnte. Und die Feinde hüteten das Wissen wie ein Staatsgeheimnis.

Wieder unten angekommen, war Drake einem starken Gefühl von Patriotismus und Religiösität erlegen. Er verneigte sich gen Westen und beschwor den Allmächtigen: »Lass mich einmal mit einem englischen Schiff jenes Meer befahren!« Nun schickte er seine Mannschaft in die Baumkrone, damit auch sie das Südmeer zu sehen bekam. John Oxenham, gleichermaßen beeindruckt, versprach: »Mein Kapitän, sollten Sie je das Meer befahren – ich bin dabei!«

Vier Tage später hatte der Trupp Panamas Randbezirke erreicht. Es wurde ein provisorisches Lager aufgeschlagen. Im Hafen konnte man die Schiffe zählen, die Häuser waren zum Greifen nah. Drake brauchte exakte Informationen. Er schickte einen gut Spanisch sprechenden Cimarron als Sklaven verkleidet in die Stadt. Der sollte auskundschaften, wann und in welcher Stärke die Maultier-Karawane aufbrechen würde.

Drake pirschte sich unterdessen noch näher an die wichtige Stadt heran und prägte sich den Verlauf der schachbrettartig angelegten Hauptstraßen ein. Später überlieferten einige Spanier, der Kapitän selbst hätte sich mehrere Tage verkleidet in Panama aufgehalten, um Näheres über den Schatztransport zu erfahren.

Mit besten Nachrichten meldete sich der Späher nach wenigen Stunden zurück. Der Schatzmeister von Lima beabsichtigte, nach Spanien zurückzukehren. Noch in der Nacht würde er sich mit einer Karawane von vierzehn Mauleseln auf den Weg machen. Davon würden acht mit Gold, einer mit Juwelen und fünf mit Silber beladen sein.

Noch vor Einbruch der Dunkelheit ließ Drake den Trupp mehrere Meilen zurück in den Urwald marschieren. Dann befahl er volle Deckung beiderseits eines Trampelpfades, den die Spanier benutzen mussten.

Rasch wurden die Waffen überprüft. Die Cimarrones hielten Bögen und vergiftete Pfeile griffbereit. Vor fiebriger Spannung klopfte den Engländern das Herz am Halse. Drake hatte vollkommene Ruhe befohlen. Der Angriff habe erst auf sein Pfeifsignal hin zu erfolgen – keine Sekunde früher. Von Pedro hatte Drake erfahren, dass die schwer beladenen Tragtiere im Gänsemarsch, mit Leinen verbunden, dahertrotteten. Damit blieb der Schatz immer beieinander. Auf den Melder war besonders zu achten. Er ritt vorweg und warnte den Tross bei Gefahr. Ungeduldig harrten die Freibeuter in der Deckung. Das Warten machte sie nervös. Warum geschah nichts? Waren die Informationen falsch? Waren sie am Ende selbst in einen Hinterhalt geraten? Nur das Randalieren von Ochsenfröschen war zu vernehmen oder der Schrei eines Nachtvogels.

Was war das? Leises Klingeln von Maultierglocken? Die Karawane näherte sich. Neugierig steckte Robert Pike seinen Kopf aus der

Deckung. Der grobschlächtige Matrose aus Kent hatte auf der letzten Rast Branntwein wie Wasser hinuntergekippt. Der Alkohol tat seine Wirkung und machte Pike unvorsichtig. Stehend spähte er den Pfad entlang, ausgerechnet in dem Moment, als der Melder vorbeitrabte.

Ein Cimarron riss Pike in die Deckung zurück. Rechtzeitig? Oder hatte der Spanier doch etwas gemerkt? Es geschah nichts. Nach einer Weile erschien der Reiter wieder. Sicher hatte er gemeldet, dass die Luft rein sei, denn das Glockengeläut der Maultiere wurde immer vernehmlicher. Jetzt sah Drake die Tiere an sich vorbei trotten. Geduldig wartete er, bis auch der letzte Packesel in der Falle saß.

Sein Pfiff gellte durch die Nacht. Wie ein Mann sprangen die Freibeuter aus dem Unterholz, stürzten sich auf die Beute, rissen die Packtaschen auf – was sie fanden war niederschmettend: Proviant und Maultierfutter, nichts weiter!

Keine Spur von dem Schatzmeister aus Lima, keine Unze Gold. Schlotternd vor Angst stammelte ein Treiber, dass der Melder einen Räuber am Wegsaum entdeckt habe, sich jedoch nichts habe anmerken lassen. Der Schatzmeister habe angeordnet, die Proviantmulis weiterzuschicken, während er sich mit der kostbaren Fracht zurück nach Panama-Stadt begab.

»Das haben wir dem verdammten Pike zu verdanken, dem Trunkenbold!«, schrie Oxenham und schlug ihn nieder. Es war zum Verzweifeln! Wutschäumend und deprimiert zugleich waren die Engländer, sie warfen ihre Waffen ins Gras. Den unglücklichen Pike hätten sie auf der Stelle gelyncht, wenn Drake nicht beschwichtigend eingeschritten wäre. Der Treiber bestätigte, was der Captain vermutete: Aus Panama-Stadt würde den Freibeutern eine Abteilung Soldaten auf die Fersen geheftet werden. Eilig sammelte Drake seine Männer, versprach, dass dies beileibe nicht die letzte Chance gewesen sei, an das Gold der Spanier zu gelangen, und trieb den Haufen im Eilmarsch zurück nach Nombre de Dios. Auf dem Fluchtweg lag das Örtchen Venta Cruz.

Drake ließ Dampf ab, plünderte den Ort, ohne nennenswerte Beute zu machen. Robert Pike wollte seinen Fehler wettmachen, tollkühn griff er die Bewohner an, wurde dabei so schwer verletzt, dass er bald darauf starb.

Drake hetzte an die Küste, um erst einmal in dem Versteck, wo auch die Pinassen lagen, die Männer auf neue Taten einzuschwören. Der Fehlschlag steckte tief in ihren Knochen.

Die Spanier hatten Drakes plötzliche Überfälle in Angst und Schrecken versetzt. Man stellte sich den Engländer wie ein grässliches Fabelwesen vor, das unvermutet Feuer speiend aus dem Nichts auftauchte, Schiffe kaperte, Städte plünderte oder Karawanen überfiel. So plötzlich, wie der Drache erschien, so plötzlich verschwand er wieder. Nichts und niemand war vor ihm sicher. Er schlug zu, überall, zu jeder Stunde, gleichgültig ob bei Tag oder bei Nacht. »El Dragón« – »der Drache« war nun der Schreckensruf der Spanier und Francis Drakes zweiter Name geworden.

Die Freibeuter begaben sich wieder aufs Meer. In den nächsten fünf Wochen wurden ein halbes Dutzend Galeonen und Schaluppen gekapert. Das brachte ein paar Golddukaten, volle Kochtöpfe mit fetten Schweinen und leckeren Truthähnen. Auch an gutem spanischen Wein bestand kein Mangel. Nur die Beute, die man sich wünschte, blieb aus.

Die Kaperfahrten in der Karibik hielten seine Leute in Gang und lenkten die Spanier ab. In Wirklichkeit verfolgte Drake ein ganz anderes Ziel. Dem kam er näher, als er auf Guillaume Le Testu stieß, Kaperkapitän eines Achtzig-Tonnen-Schiffes. Testu war französischer Hugenotte, damit Protestant und Feind der Spanier. Auf der Suche nach beuteträchtigen Schiffen war den siebzig Piraten das Trinkwasser ausgegangen. Drake half den Franzosen und verabredete mit Testu eine Zusammenarbeit unter seinem Kommando.

Im Versteck der Engländer wurde Testu mit den Plänen vertraut gemacht. Es war eine kühne Aktion. Eine, die alle Kopf und Kragen kosten oder sie steinreich machen konnte. Der Kapitän hatte bisher nie darüber gesprochen, da er einen schlagkräftigen Partner und bessere Informationen brauchte.

Es war Ende März, und Drake spürte, dass die Wachsamkeit der Spanier zu Land nachgelassen hatte. Genau die richtige Zeit, den Schatzzug nochmals anzugreifen. Diesmal vor Nombre de Dios, am Ende des Karawanenweges. Die Spanier, so spekulierte Drake, würden sich sicher fühlen, sobald sie Wald und Gebirge unbehelligt hinter sich gebracht hatten.

Es war die Kunde eingegangen, dass für den Transport des Schatzes fast zweihundert Maultiere beladen worden seien. Für die Bewachung müsse mit einer Kompanie schwer bewaffneter Soldaten gerechnet werden.

Drake befasste sich mit der Planung einer der verwegensten Taten seiner Karriere. Noch galt es, den Leuten die Skepsis zu nehmen. Die Flamme der Begeisterung musste zum Lodern gebracht werden. Aber darauf verstand sich der Kapitän – mit kühlem Kopf und heißem Herzen. Mitreißen war seine Stärke. Er ließ das Gold vor den Augen der Männer glänzen, die Edelsteine leuchten. »Traumhaft reich wird euch England wiedersehen ...«

»Oder tot«, warf Robert Wright ein. Keiner lachte. Das Verlangen der Übrigen war längst entfacht, die Mannschaft stand hinter ihm, und Wright schloss sich an.

Drake nahm Kontakt zu Pedro und seinen Cimarrones auf. Er brauchte sie als Träger, Fährtensucher und Späher. Ohne die ehemaligen Sklaven war die Orientierung im Urwald nicht möglich. Wenngleich die Teilnahme der Franzosen an dem Unternehmen bei den Cimarrones auf wenig Verständnis fiel.

Auch unter Drakes Seeleuten gab es Stimmen, die den Kapitän warnten, mit Testu gemeinsame Sache zu machen. Sie hielten ihn für ehrlos. Doch Drake lachte und schlug die Zweifel in den Wind.

Vor der verwunschen gelegenen Isle of Pines ließ Drake seine Schiffe ankern. Mit einem fünfundfünfzig Mann starken Trupp – fünfunddreißig Engländern und Franzosen und zwanzig Cimarrones – setzte er mit zwei Pinassen an die Küste westlich von Nombre de Dios über.

In einem Gewaltmarsch durchquerten die Freibeuter ein Urwaldgebiet und schlichen nachts an den Ort heran, der kurz vor der Übernahme der wertvollen Ladung stand, infolgedessen nicht zur Ruhe kam.

Bevor sich Drake auf gewohnte Weise neben dem Trampelpfad verschanzte, wollte er sich einen Überblick verschaffen.

Kommandos und das eifrige Sägen und Hämmern der Zimmerleute waren zu vernehmen. Der Frachtraum der Schatzgaleonen wurde angesichts der zu erwartenden Gold- und Silbermengen vergrößert.

Der Stadtkommandant war aufgeregt wie nie zuvor. Was da durch den Urwald herangeschleppt wurde, sollte die Mengen an Edelmetallen, Edelsteinen, Schmuck vorangegangener Lieferungen bei weitem übertreffen. Hoffentlich ging alles gut!

Wie konnte er ahnen, dass El Dragón wenige Meilen vor seiner Stadt auf der Lauer lag! In der Schwüle der Nacht wischte sich Drake den Schweiß von der Stirn. Auch er hatte Sorgen. Wird diesmal alles klappen? War auf Franzosen, auf Cimarrones und auf seine eigenen Leute Verlass? Oder gab es wieder irgendeine Überraschung?

Als der Tag anbrach, hörte er endlich das ersehnte Glöckchenläuten. Alles verlief reibungslos. Die Wegelagerer blieben in der Deckung, bis der Pfiff zum Angriff erscholl. El Dragón schlug so plötzlich, so hart zu, dass die Gegenwehr der spanischen Soldaten im Keim erstickte.

In einem kurzen Gefecht starb ein Cimarron, der Hugenotte Testu wurde verletzt. Das waren die einzigen Ausfälle bei den Freibeutern.

Drakes Spießgesellen hatten eine ungeheure Beute gemacht, mehr, als sie schleppen konnten. Mit den müden, störrischen Mulis war eine rasche Flucht unmöglich. Was tun? Drake entschied, einen Teil des Goldes und der Edelsteine mitzunehmen, den Rest mit dem Silber zu vergraben und zu verstecken. Eine weise Entscheidung! Wer nicht hörte, sollte grausam bestraft werden.

Der verwundete Testu wurde verbunden. An einen Baum gelehnt, ließ man ihn mit zwei Franzosen als Wache zurück. Während die Engländer einen raschen Rückmarsch zu den Pinassen antraten, torkelte ein Teil der Franzosen unter der Last von Goldkisten durch den Wald.

In Nombre de Dios läuteten wieder einmal die Sturmglocken, als die geflüchteten Soldaten eintrafen. Nach kurzer Beratung wurden die Räuber zu Land und zu Wasser von Capitano Berrio und seiner Kompanie aufs Grimmigste verfolgt.

7.

Im Februar 1999
Nombre de Dios

Was war nach dem Überfall jenes Tages des Jahres 1573 an der Küste Panamas geschehen? Gab es einen verschollenen Schatz, und wo wäre dieser zu finden?

Unsicher setzte ich meinen Fuß auf den grauen Strand. Die Beine waren gut eine Woche Seegang gewöhnt. Eine wasserdichte Tonne geschultert, behängt mit schwerer Ausrüstung, schlug ich fast der Länge nach hin. Welch ein öder Ort, dessen Einheitsfarbe das triste Grau des schmutzigen, vom Abfall übersäten Sandstrands war.

Hinter mir schwojte die GIPSY, ein Trimaran, um ihren Anker. Vor mir die windschiefen, halb zerfallenen Hütten, an morsches Hauswandmauerwerk gelehnt, als suchten sie verzweifelt Halt. Der Trimaran aus Ponce auf Puerto Rico würde in der nächsten Stunde Segel setzen, um weiter nach Colón zu cruisen.

Ich würde hier bleiben, am Rande der Moskitoküste, dort, wo Schotterpisten und Urwaldpfade im Nirgendwo enden. Die Suche nach Drakes verschollenem Schatz hatte ich mir in den Kopf gesetzt. Das war auch der Grund für den Törn mit Skipper Rodrigo: Ich wollte im Kielwasser der DEFIANCE, Drakes Galeone auf seiner letzten Reise, durch die Karibik zu segeln.

Dieser Ort besaß keinen Hafen. Wer den Wasserweg wählte, wurde wie Treibgut an den Strand gespült. Die GIPSY hatte mich im hüfttiefen Wasser von Bord gehen lassen. Nicht die komfortable Art, sich von Passagieren zu trennen!

»... nach vorn geht mein Blick, zurück darf kein Seemann schau'n», hatte schon Hans Albers geraten. Also blinzelte ich in die

Die GIPSY wird klargemacht für den Schlag durch die Karibik.

Nachmittagssonne, ließ den Ort auf mich wirken, den eine dumpfe Düsternis aus Lethargie und Fäulnis umgab. Durch verrottete Fensterkreuze lugten neugierige Augenpaare schwarzer, krausköpfiger Menschen. Cimarrones, dachte ich unwillkürlich.

Ein angetrunkener Mann kam mir entgegen.

»Bienvenido en Nombre de Dios!«

War das ernst gemeint?

»Was sucht ein Gringo in diesem Ort?« Dem zahnlosen Mund fiel das Sprechen schwer.

»Einen Hauch rühmlicher Geschichte.«

Er glotzte mich an, als sei da gerade ein Irrer aus dem Wasser gestiegen – und schwankte von dannen.

Eine Behelfsbrücke führte in den eigentlichen Ort, der hinter einer Lagune lag. Palmenumsäumte Lagunen sind der Inbegriff paradiesischer Schönheit. Diese Lagune war ein stinkender Abfallkanal, in dem sich die Ratten schamlos bei Tageslicht zeigten.

In der Kloake zog ein Fischer sein Netz ein. Irgendwo wird er seinen Fang als köstliche Meeresfrüchte anpreisen. Pestilenzialischer Gestank umgab mich. Er quoll aus der schwarz-roten Erde des Todes unter stahlblauem Himmel. Abstoßend! Wovon lebten die Menschen hier? Alkohol? Liebe? Liebe in Nombre de Dios? Wie schrecklich, da vergehen alle Gefühle! Die Menschen lebten in der Pest, und ich schaute ihnen zu...

Vor mir lag die Kirche – ein massiver Bau, dessen schmutzige Fassade flächig abgebröckelt war. Davor stand ein weißer Betonklotz, der noch nicht alt sein konnte. Auf einer Messingtafel waren Galeonen zu erkennen und darunter stand: Nombre de Dios, 1492-1992, die Entdeckung Amerikas vor fünfhundert Jahren.

Auch einer dieser unzähligen Hinweise rund ums Karibische Meer!

Bepackt wie ein Maultier bog ich nun nach links, in die mit Schlaglöchern übersäte Hauptstraße. Sie führte an einem Marktplatz vorbei. Dort war etwas Leben. Menschengruppen hatten sich gebildet, es wurde gestikuliert und diskutiert. Irgendwo wurden Trommeln geschlagen.

Die stinkende Lagune von Nombre de Dios in Panama.

Ich sah Gestalten mit Furcht erregenden Masken. Die Musik wurde lauter, fast bedrohlich. Jugendliche tanzten auf mich zu, maskiert, angetrunken, mit Fasstrommeln zwischen den Beinen. Ich wollte ausweichen, als ahnte ich, dass etwas passieren würde – und schon hatte ich den Inhalt eines Wassereimers im Gesicht.

Was für ein herzlicher Empfang!

Lachend und johlend tobte die Gang davon. Plötzlich stand der Zahnlose von vorhin an meiner Seite. Er hatte noch jemanden mitgebracht, der ausgesprochen unfreundlich dreinschaute. Außerdem trug der Mann eine Uniform.

Ich war noch damit beschäftigt, mein Gesicht abzutrocknen, als der Zahnlose seine Hand öffnete und kleine weiße Pfeifenköpfe zeigte.

»Antike Tabakspfeifen der Spanier, aus dem 16. Jahrhundert. Und die«, er kramte aus der Hosentasche einen etwas größeren, angefressenen Pfeifenkopf hervor, »den hat El Dragón auf der Flucht verloren.«

Als ich laut auflachte, gluckste er seltsam mit. Jetzt mischte sich der Uniformierte ein. »Pasaporte!«

»Bin gerade auf dem Weg zu Ihrer Polizeistation«, sagte ich rasch und gab ihm meinen Reisepass. Den hielt er sich unter die Nase. Als

Karneval in Panama. Auf den Straßen wird ausgelassen gefeiert.

er sah, was darin lag, drehte er sich zur Seite und ließ die Fünfzig-Dollar-Note geschickt in die Hand, dann in die Tasche gleiten.

»Wo ist der Einreisestempel?«, fragte er einen Ton freundlicher.

»Den will ich mir jetzt holen. Hier das Einreiseformular.« Damit hielt ich ihm das obligate Formblatt hin, das ich bereits auf Puerto Rico sauber ausgefüllt hatte. Das schien ihm zu gefallen.

»Begleiten Sie mich ins Kommissariat«, sagte er.

Wasser tropfte mir immer noch aus Haaren und Kleidung.

»Tut mir leid für die Dusche«, meinte der Uniformierte, »im Karneval werden alle Fremden so begrüßt.«

Richtig! Heute war Rosenmontag, das erklärte so manches.

Auf der Wache war einiges los. Die Polizisten, ziemlich salopp gekleidet, beschwichtigten Streithähne, mein Fall interessierte sie nicht. Doch das änderte sich, als einer den umwickelten Bügel des Metalldetektors entdeckte, der wie der Schaft einer Maschinenpistole aus dem Rucksack ragte.

Der Einreisestempel kostete nochmals fünfzig Dollar. Und dafür, dass ich ohne Genehmigung mit einem Metallsuchgerät durch den Wald marschieren wollte, mussten nochmals zweihundert Dollar fließen. Die Alternative war, dass man mir das Gerät abnahm, mich vorläufig festsetzte und Meldung nach Colón machte. Je nach Einschätzung des Falls würde man mich wegen unerlaubter Schatzsuche einsperren oder mir eine hohe Geldstrafe aufbrummen und mich obendrein ausweisen.

Es könnte aber auch Panama-Stadt informiert werden und damit die Angelegenheit höchst unangenehm ausgehen. Um die Entscheidung abzuwarten, hätte ich hier in einer der Zellen zu schmachten.

Der Offizier hatte eine Tür aufgestoßen. Ich konnte mir einen optischen Eindruck von Nombre de Dios' Zellen verschaffen. Heiliger Strohsack, dort nicht hineinzukommen war das Geld wert! Ich hatte den Eindruck, die Löcher stammten aus der Zeit der Konquistadoren.

Einmal misstrauisch geworden, durchsuchten zwei Polizisten Stück für Stück mein Gepäck. GPS, Kamera, ein Teleobjektiv und die vielen Filme machten sie besonders stutzig. Der Offizier verschwand mit einem Beamten und der »Beute« im Nebenraum. Nach einer Weile erschienen sie wieder.

Ich rechnete mit dem Schlimmsten: Zahlung weiterer Dollars,

Beschuldigung der Spionage. Doch nichts dergleichen! Der Offizier gab die Gegenstände zurück und grinste in sich hinein. Merkwürdig, dachte ich. Den Grund für das ungewöhnliche Verhalten erfuhr ich drei Tage später.

Man wollte wissen, wo ich mich aufzuhalten gedachte und was für einen Schatz ich suchte. Ich erzählte ihnen von dem Überfall vor 426 Jahren, von Francis Drake und der Schatzkarawane. Die Polizisten guckten sich entgeistert an. Ihre Geschichtskenntnisse erlaubten ihnen nicht, meiner wundersamen Story zu folgen.

Vielleicht war es am einfachsten, den Gringo aus Übersee für verrückt zu erklären. Es stellt sich nur die Frage nach dem Gefährlichkeitsgrad. Man ließ mich laufen.

Am Ende des Ortes, glücklicherweise noch in Strandnähe, besaß ein gemütlicher, unglaublich fetter Schwarzer einen Compound mit mehreren Zimmern, die er vermietete, sollte sich einmal jemand nach Nombre de Dios verirren. Ich hatte mich verirrt und zahlte dreißig Dollar pro Nacht im Voraus. Dafür stand ein Loch mit Pritsche zur Verfügung, das lebhaft an die Zelle auf der Wache erinnerte. Die Gemeinschaftstoilette war, man möge den Ausdruck verzeihen, regelrecht zugeschissen. An der Gemeinschaftsdusche und dem Waschbecken waren die Hähne abgebrochen.

»Die Zisterne führt zurzeit sowieso kein Wasser«, erklärte der Wirt bereitwillig. Doch er könne mir ein gutes Abendessen mit fangfrischem Fisch empfehlen. Ich lehnte dankend ab, noch hatte ich den Duft der Lagune in der Nase.

»Schade«, sagte der Schwarze, »unsere Fische schmecken excellente! – Übrigens kann es heute Nacht laut werden. Sie wissen ja, Karneval und die Trommeln.«

»Kakerlaken?«

»Was?«

»Gibt's viele Cucarachas?«

»Hält sich in Grenzen.«

Ich warf mein Gepäck in eine Ecke, schlüpfte aus den nassen Klamotten und ließ mich auf die Pritsche fallen.

Augenblicklich rann der Schweiß vom Körper. Ich fühlte mich wie zerschlagen. Moskitos umschwirrten mich, als sei ich ein faulender Kadaver.

Ich starrte an die Decke, verfiel ins Grübeln. Nombre de Dios – Im Namen Gottes – was für ein Ort! Warum in alles in der Welt hatte ich mich hier aussetzen lassen? Was war aus dem größten Umschlagplatz der Neuweltschätze geworden? – Ein Fünfhundert-Seelen-Sumpf am Ende der Zivilisation!

Ohne großes Aufsehen wollte ich außerhalb des Ortes nach Drakes Spuren und der Beute suchen. Es wäre ein historisches Ereignis, gelänge es, auch nur ein Gold- oder Silberstück jener Zeit zu finden. Oder, welch Sensation, eine Goldskulptur, ein Schmuckstück der Inkakultur! Keineswegs hatten die Spanier alle geraubten Stücke vor dem Schiffstransport eingeschmolzen.

Ich fingerte die Skizze von John Webster aus meinem Brustbeutel. Breitete sie aus, hielt sie hoch und verfolgte mit den Augen den Lauf des Rio Nombre de Dios. Östlich des Flusses führte eine gestrichelte Linie durch Wald und Farmland. Das war der Mulipfad! Etwas nördlich davon hatte Webster die Farm des José Carlos eingetragen.

In aller Stille sollte dort die Suche beginnen. Stattdessen war jetzt die Polizei informiert. Es war zum Heulen!

Ich beschloss, ans Wasser zu gehen, um mich im Meer zu erfrischen.

Das Gehen durch den Strandmüll, bestehend aus Blechdosen, Glasscherben und Plastikbehältern, glich einem Eiertanz.

Als das Pochen der Trommeln vom Dorf her aggressiver wurde, schwamm ich ans Ufer. Im Westen glitt die Sonne ins Meer, wie eine flammende Orange.

An der Tür meiner Bude lehnte eine Frau, etwa Ende dreißig. Sie sah apart aus, und es schien, als warte sie auf jemanden. Sie trug ein geblümtes Kleid. Ihre Haare hatte sie straff nach hinten gekämmt und zu einem Pferdeschwanz zusammengebunden. Als sie mich sah, lächelte sie verlegen. Auch das noch!

»Buenas noches, Señor! Ich heiße Felipa Lázano.« Sie gab mir ihre seidenweiche Hand.

»Encantado!« Ich sagte ihr meinen Namen und spürte gleich, dass sie nicht auf besondere Dienste aus war.

»Ich bin Lehrerin hier und habe vernommen, dass Sie sich für unsere Geschichte interessieren. Darf ich Ihnen einen Vorschlag machen?«

»Gern, worum geht es?«

»Meine Klasse würde gern etwas über Europa wissen. Sozusagen aus erster Hand. Sie sind Deutscher?«

»Ja, und was kann ich für Sie tun?«

»Sie erzählen meiner Klasse etwas über Ihr Land, und ich kann Ihnen sicher Nützliches zur spanischen Vergangenheit von Nombre de Dios beisteuern. Es wäre wirklich nett, wenn Sie uns den Gefallen täten und übermorgen in die Klasse kämen. Wir haben selten Besuch aus Europa.«

»Übermorgen?«

»Morgen ist schulfrei – Karneval. Aber unterhalten können wir uns natürlich.«

Damit verschwand Frau Lehrerin in der Dunkelheit.

In der Nacht dröhnten die Trommeln wie ein ununterbrochener Gong. Die Moskitos stürzten sich wollüstig auf einen Körper, den sie nicht alle Tage traktieren und aussaugen konnten.

Ziemlich gerädert trank ich Kaffee auf der Veranda des Wirtes, als die freundliche Felipa erschien. Sie hatte die Karnevalsstimmung nicht erfasst. Im Gegenteil, sie machte einen aufgeräumten Eindruck, setzte sich und legte ein ramponiertes Buch auf den Tisch. Ohne Umschweife fragte sie, ob ich die Ausgabe kenne. Ich verneinte. Sie schob sie herüber.

Ich machte große Augen. Vor mir lag »Sir Francis Drake Revided«, die Übersetzung eines Buches vom Namensvetter Drakes, einem Neffen und Sohn seines jüngeren Bruders. Das Original wurde 1626 veröffentlicht.

»Das ist ein Gemeinschaftswerk von Teilnehmern an Drakes Reisen, das von Philip Nichols, einem Prediger, aufgeschrieben wurde. Francis Drake soll das Manuskript persönlich überprüft, erweitert und verbessert haben. Verfasst wurde die Abhandlung wahrscheinlich 1592, das heißt, nicht ganz vier Jahre vor seinem Tod.«

Frau Lehrerin versetzte mich in Erstaunen!

»Woher wissen Sie, dass ich mich für Drake interessiere?«

»Señor Urraca, der Polizeioffizier, sprach darüber und war ganz konsterniert.«

»Dann wissen Sie auch, was mich hierher geführt hat?«

»Natürlich!«

»Und? Was halten Sie davon?«

»Sollte es Ihnen nur darum gehen, Schätze zu finden, dann wären Sie besser zu Hause geblieben.«

»Warum?«

»Mit ziemlicher Sicherheit gibt es nichts mehr zu finden!«

Dann erzählte Felipa, warum die Aussichten so schlecht seien.

*

Mit grimmiger Wut im Bauch nahmen die Spanier nach dem Überfall die Verfolgung auf. Zu Wasser stellten sieben Kriegsgaleonen, die den Goldräubern den Fluchtweg abschneiden sollten, Drake nach. Ein Trupp schwer bewaffneter Soldaten wurde zu der Stelle in Marsch gesetzt, an der der Überfall stattgefunden hatte.

Die Spanier entdeckten den verletzten Testu, einen seiner Wächter und einen schier von Goldbarren zugeschütteten Franzosen, der angetrunken und unter der Last seines Schatzes zusammengebrochen war. Unter Folter verrieten die drei Freibeuter die Verstecke der Beute.

Der zweite Wächter des Hugenotten Testu konnte sich retten, weil er das Gold aus seinen Taschen wegwarf, sich sogar eines Kästchens mit Smaragden entledigte und um sein nacktes Leben durch den Wald rannte.

Unterdessen zogen die Spanier gut eintausend Mann zusammen, um den Urwald fünf Kilometer vor Nombre de Dios systematisch nach der restlichen Beute abzusuchen, ja bisweilen umzugraben.

Das Schicksal meinte es gut mit den Engländern. Ein Sturm trieb die spanischen Kriegsschiffe nach Nombre de Dios zurück. Drake gelangte zu seinen beiden Pinassen, die er mit dem Gold und den Edelsteinen belud. Da stürzte der überlebende Wächter aus dem Dickicht und berichtete, dass Testu nicht mehr zu retten und die Restbeute längst in Feindeshand sei.

Wieder einmal bewies Drake seine ungeheure Kaltblütigkeit. Keine vierzehn Tage nach dem Überfall stellte er in seinem Versteck einen Stoßtrupp aus Engländern und Cimarrones zusammen, der sich an den Ort des Überfalls zurückschleichen sollte, um nachzusehen, ob die Spanier tatsächlich alle Verstecke gefunden hatten.

Die Leitung des Himmelfahrtskommandos wurde John Oxenham und Thomas Sherwell übertragen. Auf keinen Fall, so entschied die Mannschaft, dürfe ihr Kapitän persönlich dabei sein.

Drake bangte eine halbe Woche um seine Männer. Am Abend des vierten Tages erschien der Trupp gesund und ohne Verluste. Tatsächlich hatte man noch dreizehn Barren Silber und kleine Goldbarren finden können. Oxenham bestätigte, dass die Spanier im Umkreis von einer Meile den Boden durchwühlt hatten. Von Testu, den Drake hatte retten lassen wollen, fehlte jede Spur.

In bester Stimmung und mit Schätzen reich beladen erreichte man die Galeone, mit der Francis Drake möglichst rasch die Heimreise antreten wollte. Die Franzosen hatten sich mit ihrem Anteil schon verabschiedet. Auch die Cimarrones wurden für ihre Hilfe gebührend belohnt. Pedro, der treue Anführer der ehemaligen Sklaven, hatte einen Wunsch frei. Er erbat sich einen herrlich ziselierten türkischen Krummsäbel, den einst der Kapitän als Andenken von Guillaume de Testu geschenkt bekommen hatte. Eine besondere Waffe mit Geschichte: Sie hatte einst Heinrich II., dem verstorbenen König von Frankreich, gehört. Drake liebte den Säbel sehr. Doch generös, wie er bisweilen sein konnte, überreichte er ihn Pedro mit aufrichtigen Worten des Dankes.

Die Cimarrones stiegen von Bord. Die Engländer setzten Segel. Drake ließ einen Schlag nach Süden machen, an Cartagena vorbei, um sich bei den verblüfften Spaniern mit Salut zu verabschieden. El Dragón versprach ein Wiedersehen.

Als sein Schiff am 9. August 1573, einem Sonntag, in Plymouth einlief, hielt der Pfarrer gerade seine Predigt. Die Kunde von Drakes Rückkehr hatte sich wie ein Lauffeuer verbreitet; die Gemeinde rannte aus der Kirche, um ihren Abenteurer zu begrüßen.

Über Nacht war aus dem unbekannten Schiffsführer ein Nationalheld geworden, der es fertig gebracht hatte, der starken Hand Philipps in der Neuen Welt einige Finger abzuhacken. Dazu war er mit einem Schatz nach Hause gekommen, an dem Elisabeth ihre Freude haben konnte und der ihn und die dreißig überlebenden Seeleuten bis ans Ende ihrer Tage reich machte.

Dem tatendurstigen Francis genügte es nicht, ausreichend Geld zu haben. Er wollte als Akteur auf die Weltbühne, um sich vom Volk beklatschen zu lassen. Er war sicher, dass Elisabeth Großes mit ihm vorhatte... Welch eine Enttäuschung kränkte sein Ego, als er feststellte, dass die Königin sich seiner zu entledigen gedachte. Die politische Lage hatte sich gewandelt. Auf Piraterie stand die Todesstrafe. Nicht ausgeschlossen, dass der Scharfrichter im Tower schon das Beil für Drakes Hals wetzte...

*

»... die Spanier haben den Urwaldboden gründlich durchwühlt. Außerdem ließ Drake suchen – gut«, unterbrach ich Felipa, die über jene Zeit referierte wie eine Geschichtsdozentin. »Aber ist damit bewiesen, dass es keine weiteren Spuren geben kann?«

»So gut wie«, sagte sie.

»Drake hatte sich zu den Verstecken keine Aufzeichnungen gemacht. Immerhin sollen rund fünfzehn Tonnen planlos versteckt und vergraben worden sein. Zumindest von einem Franzosen ist bekannt, dass er Gold und Edelsteine wegwarf, um schneller flüchten zu können.«

»Drakes Bericht für die Königin erschien 1626 als Buch«, dabei tippte sie auf den Band, der vor uns lag, »ich kann mir vorstellen, dass die Geschichte so manchen Glücksritter hergelockt hat. Und: ein Teil des Urwalds ist heute Farm- und Buschland. Dreihundert Meter vom Tatort entfernt liegt die Farm von José Carlos. Seien Sie versichert, auch der hat das Gebiet abgesucht. – Spätestens, als vor einigen Jahren Engländer erschienen, die ihm neugierige Fragen stellten.«

»Und, wurde etwas gefunden?«

»Nein – das heißt doch, zwei kleine Goldbarren links des Rio Nombre de Dios. An einer Stelle, die Drake nie betreten haben dürfte. Sie liegt fast zwei Kilometer nördlich des Ereignisses. Entdeckt wurde das Gold 1993 von einem Kolumbianer.«

»José Carlos fand nie etwas?«, hakte ich nach.

Sie dachte einen Moment nach. »Bin mir nicht ganz sicher. Er machte einmal gewisse Andeutungen. Näheres ist nicht bekannt. Vielleicht wollte er sich auch nur interessant machen.«

Plötzlich erinnerte ich mich der Worte John Websters: »... ein feiner Kerl, doch ich glaube, er weiß mehr, als er preisgab.«

»Immerhin, ganz aussichtslos scheint mir die Suche nicht!«, sagte ich.

»Vielleicht finden Sie die Perle im Ozean«, meinte sie lächelnd.

Ich hatte die Dorfstraße im Blick. Ein ausgelassener Pulk Maskierter erinnerte an Fastnachtsdienstag. Felipa Lázano war, was Karneval betraf, keine Aficionada. Sie schlug vor, mir etwas von dem Ort zu zeigen. Auf dem Rundgang erfuhr ich interessante Details.

Am Ortseingang befindet sich eine Tafel mit der Aufschrift:

Willkommen in Nombre de Dios
Gründer: Diego de Nicuesa
Gründung: 8. März 1509
Schirmherr: Torrbio de Mogravejo
Erzbistum: 1538-1606

Als ich den Hinweis gelesen hatte, sagte Felipa: »Das ist nicht ganz richtig. Der alte Ort lag dort drüben, fünfhundert Meter westlich von hier, am Fluss. Von den siebzig Häusern sollen vierzig durchgehend bewohnt gewesen sein. Die dreißig saisonalen Herbergen waren für Geschäftemacher, Kaufleute und Sklavenhändler, Beamte und Soldaten vorgesehen, die beim Eintreffen der Schatzflotte heranströmten. Neben einigen Häusern von Reichen waren das Gebäude des Gouverneurs, das Schatzhaus und natürlich die Kirche aus Stein gemauert. Die Stadt wurde durch Kanonen gesichert. Eine Stadtmauer gab es nicht.«

Wir schlenderten in Richtung Fluss. Ein mit Buschwerk überwucherter Hügel war als Erinnerung an den geschichtlichen Ort übrig geblieben.

»Auf dem höchsten Punkt hat ein Fort gestanden, das allerdings nie vollendet wurde.«

»Eine Stadt zum Erdhügel geschrumpft, welch traurige Entwicklung!«

»1976 fand James Tumlin eine Kanone mit einem Metalldetektor zwei Meter unter der Erde«, sagte Felipa.

»Bald nach Francis Drakes Überfall wurde Nombre de Dios von den Spaniern aufgegeben. Der Ort schien ihnen zu unsicher. Portobelo nahm seinen Platz ein. Der Dschungel holte sich, was ihm einst genommen worden war. Als William Dampier 1682 in die Bucht segelte, erinnerte nichts an eine einstige Hafenstadt. Bis 1807 lebte kein Mensch in der Bucht. Erst 1970 siedelten sich die ersten Farmer und Fischer östlich des alten Standorts an.«

»Dann leben Sie ja auch noch nicht lange hier«, sagte ich.

»Seit zwölf Jahren. Ich komme aus Colón. Die Wurzeln meiner Vorfahren befinden sich in Afrika. Ich habe Geschichte studiert, um unsere düstere Vergangenheit etwas auszuleuchten.«

»Und wie ging es weiter?«

»Ein Teil des überwucherten Stadtteils wurde gerodet, für einen Landeplatz zusammengeschoben und durch den Bau einer Schotterstraße verunstaltet. Den Landeplatz gibt es nicht mehr, und die Chance, die Stadt mithilfe spanischer Archäologen freizulegen, wurde vertan. Eine Bergwerksgesellschaft, die nach Mangan suchte, versetzte der Stadtgeschichte den Todesstoß. Bulldozer fraßen sich in das Gelände und pflügten die Erde um. Ich fand Reste von Keramiken, Karaffen und Geschirr, alles aus dem 16. Jahrhundert, wie sich herausstellte.«

»Das muss 1993 gewesen sein. John Webster aus London erzählte mir davon.«

»Richtig, John und ein Kollege waren damals hier, sie suchten nach Spuren auf dem Mulipfad.«

Wieder im neuen Nombre de Dios zurück, erzählte Felipa: »Die Lagune vor dem Strand wurde künstlich geschaffen. Eines Tages erschien die Panamakanal-Kommission und führte einen groß angelegten Baggerversuch durch. Als sie wieder abrückten, blieb uns außer Gerümpel, Schrott und Müll der Kanal.«

Die Sonne brütete vom Himmel. Über dem Ort lag lähmende Hitze. Ich war froh, als wir den Marktplatz erreichten, um uns am Kiosk eine Cola zu kaufen.

Über Nombre de Dios hatte ich von hier aus einen guten Überblick. Schräg gegenüber von uns befand sich ein Supermarkt, ihm schlossen sich Kolonialwarenläden, Kioske und eine Bar an. Am auffälligsten waren die riesigen Werbeschilder für »Atlas«- und »Panama«-Bier. Abgrundhässliche und leidlich gepflegte Häuser aus Stein oder Wellblech wechselten einander ab.

»Dort drüben, am Strandweg, ist die Schule – morgen um neun Uhr, ich rechne mit Ihnen«, damit verließ sie mich.

Ich begab mich zu meinem »Hotel« und döste auf der Veranda in der Hängematte. Endlich entlud sich die drückende Hitze in einem ungeheuren Gewitterguss.

*

Mein Auftritt in der Schule dauerte drei Stunden. Tausend Fragen prasselten auf mich ein. Mich beeindruckte der Wissensdurst der Kinder. Felipa merkte wohl, dass es an der Zeit war, mich zu entlassen. Als ich der Schule dann einen Betrag für eine neue Wandtafel überließ, war die Begeisterung ohrenbetäubend. Vorher hatte ich auf dem »Waschbrett« versucht, eine Skizze von Europa anzufertigen, um zu erklären, wo ich herkomme. Künftig wird das klarer darstellbar sein.

Der Mittag war wolkenverhangen. Den ersten Orientierungsmarsch unternahm ich ohne Gepäck, hatte lediglich eine Feldflasche umgehängt und meine Skizze im Brustbeutel. Ich war gespannt, festzustellen, ob eine Orientierung damit im Wald überhaupt möglich war.

Das neue Nombre de Dios verließ ich in westlicher Richtung, bog nach zweihundert Metern nach Süden, in den Wald. Ich befand mich auf einem feuchten Dschungelpfad, dem berühmten Camino. Der Regen des Vortages hing als feuchter Dunst im Blattwerk. Stellenweise war der rotbraune Lateritboden ein grundloser Brei. Das Gelände stieg an, damit wurde der Untergrund trockener und fester. Auf einer Hochebene angekommen, drehte ich mich um. Zwischen den Baumwipfeln lugten das Meer, die Bucht und Häuser des Ortes hervor. Hatte der Schatzzug diesen Punkt erreicht, konnte er mit Zuversicht durch den Wald hinab zur nahen Küste ziehen.

Vor mir wandte sich der Camino hart südlich, Buschland folgte auf dichtes Waldgelände. Zwei ältere Männer mit Macheten begegneten mir. Wir riefen uns »holá« zu und gingen unserer Wege. An einer Weggabelung wurde ich unsicher. Zur Skizze nahm ich den Kompass zu Hilfe und wählte die linke Gabel durch ein besonders undurchdringliches Waldstück.

Über eine Stunde folgte ich nun dem historischen Trail, hatte fast vier Kilometer zurückgelegt, bis zur Farm war es der Skizze nach nochmal so weit.

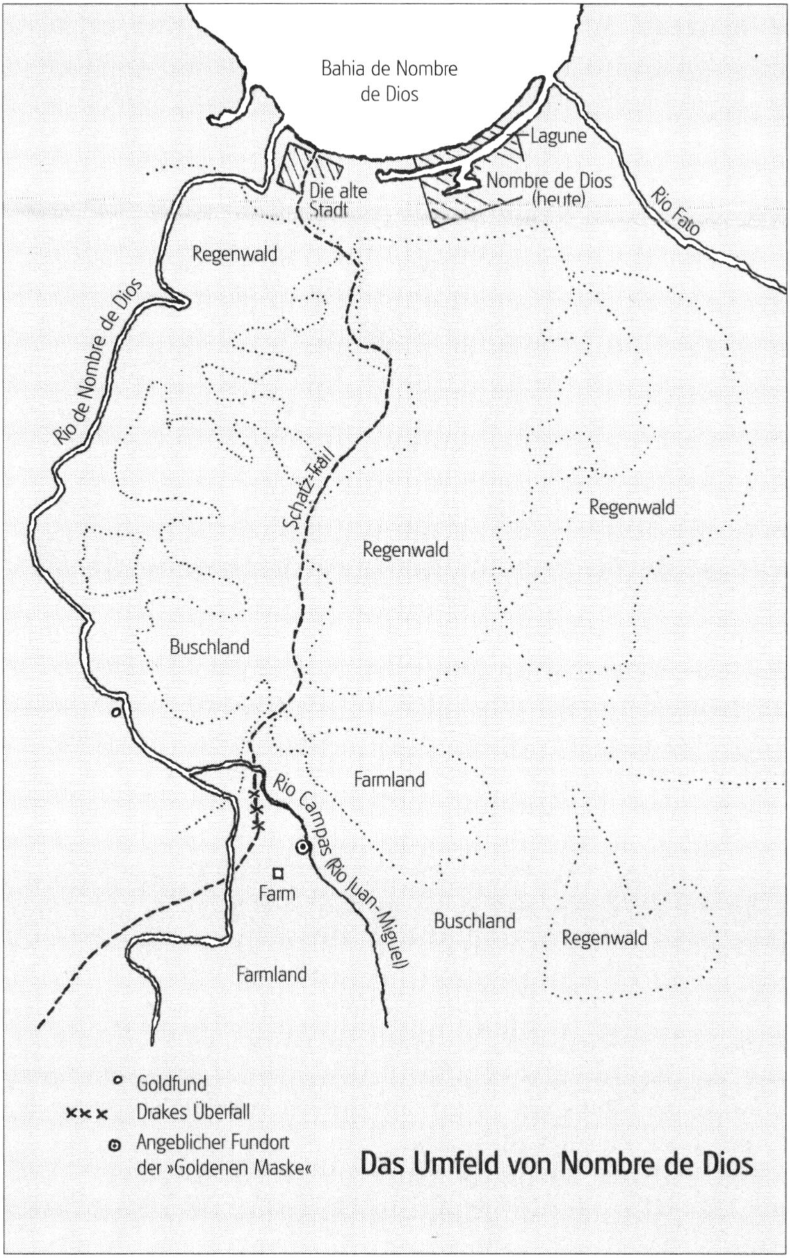

Das Umfeld von Nombre de Dios

Am Rande des Schatzpfades tummeln sich farbenprächtige Kolibris.

Neugierde und Entdeckerdrang beflügelten meine Schritte. Ich stellte mir vor, wer diesen Pfad geschritten war: Pedro Arias de Ávila, der erste Gouverneur von Tierra Firma, Francisco Pizarro, der Eroberer Perus, die vielen Maultierkarawanen, beladen mit Schätzen von unvorstellbarem Wert – sechzig Jahre lang! Francis Drake auf der Jagd nach diesen Schätzen, dann Generaloberst Thomas Baskerville auf Drakes letzter Reise, mit dem Auftrag, Panama dem Erdboden gleichzumachen – es mochten viele Abenteurer, Wissenschaftler und Schatzsucher gefolgt sein: 1976 der amerikanische Historiker Edwin Webber, die Briten Michael Turner und John Webster 1993 und 1994, die Drake-Forscherin Sue Jackson und viele, viele mehr.

Außer einem Kolumbianer, der mit einem Detektor auf Gold westlich des Rio Nombre de Dios stieß, hatte niemand etwas gefunden. Oder doch? Vielleicht Schatzräuber, die ihre Beute heimlich teuer verkaufen? Was spielte José Carlos für eine Rolle?

Jagdfieber hatte mich gepackt. Ich musste den verschollenen Schatz heben, Spuren finden, die Drake auf diesem Trail vor 426 Jahren hinterlassen hatte, das Geheimnis lüften, das José Carlos zu hüten schien.

Im offenen Gelände stachen Sonne und Hitze wie Lanzen hernieder. Meine Gedanken zur Schatzsuche wurden immer wilder, immer fiebriger. Bergauf war ich zu schnell gegangen. Ich musste eine Pause einlegen, ordentlich trinken. Das tat gut.

Am Nachmittag durchschritt ich am Rande des Dschungels offenes Farmland. Rechts war der Wald gerodet worden, links stand er wie eine Wand. Ich konnte weit ins Land hineinsehen, Farmhäuser erkennen. Vieh, eine Zebuart, weidete auf eingezäunten Wiesen.

Später verdrängten Dickicht und hoher Baumbestand das Kulturland. Ich stand an einer Wegkreuzung, bog nach links ab, um einen Bach zu durchwaten, den Rio Juan-Miguel, einst hieß er Rio Campas.

Ein prüfender Blick auf die Skizze, ich war am Ziel. Dies war »mein Revier«. Der Karawanenweg verlief in südwestlicher Richtung, um irgendwann an den Rio Nombre de Dios zu stoßen. Auf einer Strecke von einhundert Metern zwischen mir und der Flussniederung hatte Francis Drake mit Engländern, Franzosen und Cimarrones im Hinterhalt gelegen. Auf seinen Pfiff waren sie aus der Deckung gesprungen, um über die ahnungslosen Spanier herzufallen. Ein gut gewählter Ort für einen Überfall!

Drake kannte diesen Trailabschnitt nicht. In der Auswahl der geeignetsten Stelle musste er sich auf Pedros Rat verlassen. Zu seiner Zeit war das Gelände dichter und unübersichtlicher gewesen. Ich blickte den Pfad entlang, stellte mir den kurzen, heftigen Kampf vor, den Lärm von Musketen, das Aneinanderschlagen klirrender Waffen, die Schreie der Sterbenden, die Flucht der Spanier, sah die raffenden Freibeuter. Was geschah, als der Spuk vorüber war, die Räuber sich die Taschen voll Gold gesteckt hatten? Drake hatte angeordnet, die Hälfte der Beute – rund fünfzehn Tonnen – zu vergraben.

Ich ließ die Augen über das Gelände schweifen. Wo mochten die Verstecke sein, wo der Schatz auf den Finder warten? Unter Baumwurzeln, der Erhebung dort, am Waldsaum, im Uferschlamm des Flüsschens?

Das Flussbett des Rio Campas hatte John Webster auf eine Länge von zwei Kilometern abgesucht – ergebnislos! Rostige Nägel, eine Blechschüssel, drei Löffel waren die Ausbeute.

Links in der Senke lag die Farm von José Carlos. Drei Gebäude, mit Wellblech und Palmwedeln gedeckt. Verbarg sich dort die Lösung?

Die Sonne nippte an den Baumkronen, ich gab mir einen Ruck, trat den Heimweg an. In den Tropen wird es rasch dunkel. Leicht können Pfade wie diese dann zum Verhängnis werden.

Morgen sollte die Suche beginnen. Und irgendwann wird sich die Stunde des Erfolgs – oder der Niederlage einstellen.

Die Nacht gehörte den Kakerlaken, den Stechmücken und dem Regengott. Regen prasselte wie Maschinengewehrfeuer auf das Blechdach.

Am nächsten Morgen dampfte der Urwald. Ich hatte meine wasserdichte Tonne geschultert, stapfte den Camino entlang, als im letzten Drittel plötzlich ein Mann aus dem Wald trat. Er war dunkelhäutig, hatte ein rundes Gesicht, das von einem alten Panamahut halb verdeckt wurde. Am Handgelenk baumelte eine Machete. Ein merkwürdiges Gefühl beschlich mich. Ich stellte die Tonne ab und fragte:

»José Carlos?«

»Si, si, Señor.«

Sein Gesicht grinste breit und irgendwie erstaunt. Es strahlte Vertrauen aus. Mein erster Gedanke war: viel zu sympathisch für einen Mann, der ein Geheimnis hat oder gar einen Schatz verwahrt. Ich erzählte von meinen Absichten, nannte einige Namen. An John Webster konnte er sich gut erinnern. Er bezeichnete ihn als »un inglés fino«, der sogar einige Tage bei ihm gewohnt hatte.

Ohne Umschweife forderte er mich auf, ihm zu folgen. Lucia, seine Frau, würde sich über Besuch freuen, meinte er.

Das Wohnhaus war ein gemütliches Gebäude aus Holz, die schummerigen Räume erstaunlich kühl. José und seine leutselige Frau zeigten mir stolz ihr Anwesen: das Haupthaus mit Schuppen, Unterständen und einem Stall. Die beiden lebten zurzeit allein, die vier erwachsenen Kinder hatte es vor einigen Jahren nach Portobelo gezogen, wo sie verheiratet waren. Das einsame, harte Leben am Rande des Urwalds war nichts für die Jugend. Aber von Zeit zu Zeit wäre das Haus voll, dann tobten die Enkelkinder auf der Farm herum.

Familie Carlos besaß etwas Vieh, einige Schweine, einen kleinen Hühnerhof und Bohnenfelder. Als Selbstversorger ohne große Ansprüche, mit einem kleinen Überschuss beim Verkauf von Fleisch, Hülsenfrüchten und Eiern, kam man zurecht. Auf der Veranda schenkte Lucia herrlichen Orangensaft in bauchige Gläser. Ich begann, den Detektor zu montieren. José sah interessiert zu. Nach einer Weile sagte er, dass die Engländer mit Geräten gesucht hätten, die etwas anders aussahen. Das war leicht möglich. Nach langem Abwägen hatte ich mich für einen CS-9000 HPX der Firma Scope entschieden. Der Vorteil liegt in seiner Tiefenwirkung und der guten Zerlegbarkeit. Das Gerät verfügt über Doppelantennen und ein automatisches Motion-System mit zwei Schwenkgeschwindigkeiten. Die Stromversorgung sichern sechs 1,5-V-Mignonzellen. Einschließlich Batterien wiegt das Gerät zwei Kilogramm.

Natürlich hängt die Eindringtiefe einer Metallsonde von mehreren Faktoren ab, zum Beispiel von der Leitfähigkeit des Gegenstandes, der Mineralisierung und dem Feuchtigskeitsgrad des Bodens, von der Größe der Metallfläche. Übliche Geräte mit dem flachen runden Suchkopf orten Metallflächen von fünfzig mal fünfzig Zentimetern bis maximal 160 Zentimeter Tiefe. Mit einem CS-1220 hatte ich zuvor am Ostseestrand Erfahrungen gesammelt, auch so manches Metallstück ans Tageslicht befördert. Ich staunte immer wieder über die Tiefe, in die Gegenstände versinken, die über längere Zeiträume in der Erde schlummern. Für mich kam schließlich nur ein Detektor infrage, der möglichst tief ortet. Bereiche unter der Oberfläche wollte ich vernachlässigen. So stieß ich auf den CS-9000, der in drei Metern Tiefe noch zuverlässig arbeitet.

»Wo wurde gesucht?«, fragte ich.

»Überall«, meinte José, »am längsten im Rio Juan-Miguel.« Das bestätigte meine Information.

Webster war dem Hinweis nachgegangen, der besagt, dass Drake hastig Silber vergraben ließ »im Sand und Geröll eines Flusses, der nicht sehr tief war.« Im Rio Campas also, den José Rio Juan-Miguel nannte.

Ich ging davon aus, dass sich das Bachbett im Laufe der Zeit verändert hatte, und beschloss, meine Suche auf das Gelände rechts und links des Camino, nördlich der Farm, zu konzentrieren, unweit des Rio Nombre de Dios, dort, wo das Farmland an den Dschungel heranreichte. Da ich mich nicht heimlich an die Arbeit machen, sondern José einbeziehen wollte, um sein Wissen zu nutzen, hoffentlich auch Vertrauen aufzubauen, erläuterte ich ihm den Plan. Er wiegte nachdenklich seinen Kopf, sagte aber nichts.

Gemeinsam folgten wir dem Waldrand nach Norden, überquerten einen Trampelpfad und gelangten auf den Camino. Dort brachte ich den Detektor in Position und schritt den Pfad in Richtung Südwesten ab. José folgte mit einem Spaten.

Es dauerte eine Weile, bis der Diskriminator justiert war, eine Vorrichtung, mit der unerwünschte Objekte wie rostiges Eisen, Nägel, Kronenkorken herausgefiltert werden. Der Pilotton stimmte noch nicht. Dabei handelt es sich um einen leisen Dauerton. Wird Metall geortet, schwillt dieser Ton an und bleibt konstant, wenn die Antenne oder der Suchkopf über dem Fund verweilt.

Um Objekte anzuzeigen, muss die Sonde zügig geschwenkt werden. Das Gerät war nun justiert und arbeitete einwandfrei. Ich schritt bedächtig den Pfad entlang, machte kehrt, zog die Bahn im Abstand von zwei Metern zurück. So suchte ich die linke, dann die rechte Pfadseite ab. Nichts, nur der ewige Dauerton. Geduldig blieb José an meiner Seite. Eine neue Bahn wurde abgesucht, noch eine und wieder eine. Was er wohl dachte? Hatte er nicht viele Schatzsucher erlebt, kommen und gehen sehen, seit seine Farm hier steht? Und das sind fast dreißig Jahre, da lebte sein Vater noch. Der Vater! Wie intensiv hatte der gesucht? Oder war ihm der geschichtliche Hintergrund des Pfades unbekannt gewesen?

Wie elektrisiert blieb ich stehen. Der Ton war plötzlich angeschwollen. Ich schwenkte die Antenne zurück. Kein Zweifel, im Boden musste sich etwas befinden. Aufgeregt zeigte ich auf die Stelle. José stieß den Spaten hinein – und verharrte. Ich hatte ihm erzählt, dass das Gerät drei Meter in die Tiefe reicht. Der Gedanke, so tief graben zu müssen, bremste seine Grablust.

Wir kamen überein, die Stelle zu markieren, weiter zu suchen und das Graben auf morgen zu verschieben.

Also schritt ich noch zwei Stunden meine Bahnen – bis zum späten Nachmittag, immer der gleiche Ton. Mir summten die Ohren, der Kopf dröhnte. Mit einem Saft und einem Sandwich ließen wir die Suchaktion auf Josés Veranda ausklingen.

Müde trat ich den Rückweg an. Am Ortsrand von Nombre de Dios erschien einer von Urracas Hilfssheriffs. Erst freundlich, dann bestimmt verlangte er fünfzig Dollar. Er wisse, dass ich im Wald etwas suche, und das sei verboten. Ich wollte weder Ärger noch Komplikationen und gab ihm das Geld. Das war ein Fehler. Ich wusste es, als der die Scheine einsteckte.

Auf den letzten Metern zu meinem »Hotel« kam ich mir wie eine Kuh vor, die jetzt eifrig gemolken wurde. Der Preis für die Geräte, die mir Polizeioffizier Urraca so bereitwillig zurückgegeben hatte?

Nachts hatte ich einen scheußlichen Traum: José war mit seiner Frau an die markierte Stelle geschlichen. Beide gruben im Schein einer Petroleumlampe. Ich sah sie schwitzen und fluchen. In zwei Metern Tiefe stießen sie auf eine verrottete Holzkiste. Gierig leerten sie den Inhalt: mehrere Lagen Barren puren Goldes und Goldskulpturen, die von den Inkas stammten. Ich sah die hämische Freude in den Gesichtern von José und Lucia. Den Schatz luden sie auf einen Eselskarren, dann verschwanden sie…

Auf dem Marktplatz traf ich Felipa. Sie war auf dem Weg zur Schule. Als ich sie ansprach, schien sie erstaunlich kurz angebunden. Ich berichtete von dem Vorfall gestern Abend mit dem Polizisten.

»Bezahlen Sie, was verlangt wird! Was Sie da im Wald treiben, ist nicht erlaubt. Betrachten Sie es als Schutzgeld.«

Ich war mir keiner Schuld bewusst. Erst später erfuhr ich, dass José einer Gesellschaft aus Panama-Stadt exklusiv das Recht verkauft hatte, auf seinem Gelände zu suchen. In ein, zwei Monaten sollte damit begonnen werden.

»Hier wird wohl jeder abkassiert«, entschlüpfte es mir.

»Nur von denen, die etwas haben. – Gringos haben was!«, sagte Felipa.

Sie wandte sich zum Gehen und orakelte noch: »Ich hab' kein gutes Gefühl bei der Sache. Verschwenden Sie nicht so viel Energie. Schatzsuche in Panama kann gefährlich sein!«

Nachdenklich machte ich mich auf den Weg zur Farm.

José wartete bereits. Mit Spaten bewaffnet, gruben wir an der markierten Stelle. In einem Meter Tiefe stießen wir auf einen eisernen Gegenstand und legten eine Schüssel frei. Der Detektor zeigte, dass es die gewesen war. Ich suchte weiter. José versorgte zwischendurch das Vieh. Gegen Mittag erschien er wieder. Kurz vor Sonnenuntergang gruben wir das eiserne Ende einer Deichsel aus.

Mir graute vor dem Rückweg, deshalb fragte ich José, ob ich drei, vier Nächte auf der Farm schlafen könne, gegen Bezahlung natürlich. Er war sofort einverstanden, meinte, er hätte mir ohnehin Unterkunft anbieten wollen.

Wir verbrachten einen schönen, langen Abend auf der Veranda bei Frosch- und Grillenkonzerten. Auch Zikadenzirpen und Papageiengekreische war zu vernehmen. Auf dem Hof stolzierten zwei Truthahngeier. Wir tranken Cuba Libre und sprachen über seine Scholle, die das Ziel so mancher Schatzsucher war.

Wie nebenbei erzählte José, dass er mich eigentlich nicht suchen lassen dürfte, da er Leuten aus Panama-Stadt die Erlaubnis verkauft hätte. Nun verstand ich Felipa.

Ich wusste nicht, ob ich mich für den Vertragsbruch bei Carlos bedanken oder ihm böse sein sollte. Stattdessen erzählte ich von meinem Törn durch die Karibik, von Stationen, die ich gesehen hatte und die ich noch besuchen wollte, immer im Kielwasser Francis Drakes. Schilderte meinen sehnlichsten Wunsch, Spuren aus jener Zeit zu finden. Machte ihm die Kosten verständlich, den Aufwand klar, den ich getrieben hatte, um hierher zu gelangen, um auch in diesem Gebiet Spuren aus jener Zeit zu finden!

»Haben Sie jemals nach dem Schatz gesucht?«, fragte ich rundheraus.

»Nicht wirklich«, sagte er, »anfangs wusste ich nichts über den Karawanenpfad. Als die ersten Fremden kamen, wurde ich natürlich neugierig.«

»Und?«

Er kicherte in sich hinein. Ich fixierte ihn. Sein gemütliches Gesicht lächelte wie das einer Sphinx. Er schwieg und goss Rum nach.

Vier volle Tage suchte ich noch. José begleitete mich fast ständig. Ich glaube, auch er wünschte sich, dass ich etwas fände. Doch ich fand nichts! Außer wertlosem Schrott nichts von Bedeutung. Ich hatte den Camino auf eine Länge von einem Kilometer und einer Tiefe von fünfhundert Metern abgesucht. Hatte die Uferregionen des Rio Campas abgeschritten. Erfolglos!

Ich war niedergeschlagen und ließ es José merken. Meine Hoffnungen waren geplatzt wie Seifenblasen. Gab es wirklich keinen Schatz, oder hatte ich an den falschen Stellen gesucht? Ich konnte und wollte nicht begreifen, dass alles umsonst war.

Wenn ich nur einen kleinen Hinweis entdeckt hätte, als Verbindung zwischen diesem und dem 16. Jahrhundert! Eine Spur, die der

Gegenwart beweisen würde, hier lag er, der verschollene Schatz des Francis Drake.

Enttäuschung und Traurigkeit machten sich breit. Und es war, als teilten José und Lucia meine Traurigkeit.

Ich verstaute meine Siebensachen in der Tonne, bezahlte die Herberge, dann umarmten wir uns. Ich war im Begriff, die Tonne auf die Schulter zu werfen, als José im Haus verschwand. Kurz darauf erschien er wieder. Etwas lag in seiner Hand.

Ich traute meinen Augen nicht, als er mir drei kleine Skulpturen zeigte. Schmuckstücke der Muiscas, einem Indianervolk, das bereits im 13. Jahrhundert Goldschmuck im Wachsausschmelzverfahren hergestellt hatte.

Die Muisca-Priester waren die politischen und religiösen Führer im Kazike-Reich. Nur in Goldstaub gehüllt, glitten die Priesterfürsten auf einem Floß über einen Kratersee, um in das Wasser einer Lagune einzutauchen. Durch dieses Ritual erhielten sie den göttlichen Segen für ihr Amt. Die Weihestätte war der Sitz des Goldgottes. Die Kunde von den goldbestaubten Priestern, die einem Goldgott huldigten, ließ die goldgierigen Spanier nicht ruhen, nach dem Vergoldeten – »El Dorado« – zu suchen. Sie fanden und plünderten es. Die mythenreichen Kunstschätze, Schmuckstücke, Goldgegenstände wurden eingeschmolzen – bis auf einige, wenige Ausnahmen.

Hielt der Bauer José Carlos da seltene Stücke in seinen Händen? Filigrane Schätze jener Zeit? Ich war aufgewühlt, ohne es mir anmerken zu lassen.

»Oro«, sagte er.

Ich durfte das größte Stück anfassen. Es war der »Vogelmensch«. Das Teil blitzte in der Sonne, es war schwer wie Blei.

»Wo haben Sie das her?«, fragte ich, immer noch mit der Aufregung kämpfend.

»Da, aus dem Fluss.«

Er steckte den Schatz in die Hosentasche und ging mit mir den Rio Campas abwärts. Wo der Camino durch den Fluss führte, blieb er stehen, kramte die Stücke aus der Tasche und legte sie behutsam ins Flussbett.

»Hier, vor acht Jahren, ganz zufällig. Es war nach einer langen, heftigen Regenperiode.«

Der Farmer präsentiert seinen Schatzfund: Drei Stücke der Muisca-Indianer Kolumbiens. Verschollene Beutestücke von Drakes Überfall auf die Schatzkarawane?

An dieser Stelle hatten die Engländer 1994 gesucht, auch andere Schatzgräber ihre Chance gewittert. Ich war mit meinem Gerät vor zwei Tagen hier entlanggegangen.

»Später habe ich alles abgegraben«, sagte José, »hier liegt nichts mehr!«

»Warum erzählen Sie mir das?«

»Das Geheimnis muss heraus, ich habe es lang genug gehütet. Aber hüten auch Sie es, ich möchte in Ruhe gelassen werden.«

»Die Leute aus Panama, bringen die keine Unruhe?«

»Sie werden nach ein paar Tagen abziehen, weil sie nichts finden.«

Sorgsam inspizierte ich die Stücke, nahm auch die Lupe des Schweizer Messers zur Hilfe. An einer Stelle kratzte ich an der Metallfläche.

»Oro«, sagte José.

Wieder vor der Farm, fragte ich, ob er mir ein Stück verkaufen könne. Er schien darauf gewartet zu haben.

Schweren Herzens, doch er glaubte, bei mir wäre ein solches Kunstwerk in guten Händen. Ich entschied mich für die kleine Maske mit den Ohrringen und war gespannt, was er dafür haben wollte.

»Fünfhundert Dollar«, sagte er, erstaunlich bestimmt.

Viel zu viel oder glatt geschenkt, überlegte ich. Er bekam das Geld.

Während ich dies niederschreibe, liegt das fein gearbeitete Schmuckstück vor mir. Ein wirklich schöner Gegenstand! Nachdenklich nehme ich ihn in die Hand. Er glänzt verführerisch. Die Magie des Goldes?

»Oro!«, hatte José gesagt.

»Gold? Aus der Zeit der Konquista?«

Längst weiß ich, was in meiner Hand ruht. Doch – ich habe José versprochen zu schweigen. Die Muisca-Maske soll unser Geheimnis bleiben. Ein Arkanum um Drakes verschollenen Schatz.

*

Vor den Toren von Nombre de Dios wurde ich von zwei Polizisten gestellt. Ich hatte mit der Belästigung gerechnet, das Schmuckstück längst in der Unterhose verstaut. Die beiden trugen Gewehre, an den Hüften baumelten Revolver. Frei heraus verlangten sie einhundert Dollar pro Nase. Nach einigem Hin und Her wurde ich wütend.

Plötzlich wollten sie kein Geld, sondern durchwühlten meine Tonne. Sie grabschten sich den Metalldetektor und eine Hand voll Filme. Damit zogen sie ab. Mein Protest ließ sie kalt.

Von Nombre de Dios hatte ich die Nase gestrichen voll. Meine Beschwerde bei Polizeioffizier Urraca gipfelte darin, dass er aufs Neue mit Geld ruhig gestellt werden musste. Ich sollte froh sein, nicht hinter Schloss und Riegel zu sitzen. Den Detektor hätte man mir gleich bei der Ankunft abnehmen müssen. Felipa hatte um die Probleme von Anfang an gewusst, hatte sie mich nicht gewarnt?

Etwas spröde verabschiedeten wir uns am Strand. Immerhin hatte sie mir ein Fischerboot organisiert, das mich zur Isla Grande und weiter nach Portobelo bringen würde.

»Isla Grande wird Ihnen gefallen, auch Portobelo, aber meiden Sie Colón«, rief sie mir nach. »Nombre de Dios – streichen Sie den Ort aus dem Gedächtnis, er ist der Vergessenheit preisgegeben!«

»Niemals! Adiós, Felipa!«

Isla Grande wird von Fischern bewohnt, die am Wochenende Gäste aus Panama-Stadt beherbergen. Ein traumhaftes Eiland, dessen Nordseite eine schroffe Felsküste aufweist, während die gegenüberliegende Hälfte den Fischerort und einen mit hohen Kokospalmen durchsetzten Sandstrand präsentiert.

Wie ein emsiger Bienenschwarm verkehrten unzählige bunte Boote zwischen Isla Grande und La Guaira. Wer mit dem Auto kommt, muss den Wagen auf dem Festland abstellen. Das Übersetzen erfolgt in kleinen offenen Motorbooten.

Karibikzauber: Palmen und schöne Buchten.

Das klare Wasser lädt zum Schwimmen, Schnorcheln und Tauchen, der weiße Strand zum süßen Nichtstun ein. Christoph Columbus kannte den Küstenabschnitt, Francis Drake ebenfalls.

Im Rauschen der mächtigen Brandung vergesse ich den Ärger und das Ungemach der letzten Tage. Die Nordostspitze der Insel ist nicht ungefährlich.

»Vor einigen Tagen ertranken hier zwei GIs«, erzählte ein Amerikaner, Angestellter der Panamakanal-Kommission.

»Tourist?«, fragte er.

»Nicht direkt, und Sie?«

»Spann 'n paar Tage aus.«

»Mit der Familie?«

»Nein, nein, hab' da vorn drei meiner Kinder herumspringen. Die Familie lebt in New York.« Er grinste. Die Kinder, alle um drei, vier Jahre alt, hatten die Farbe von Milchschokolade.

Ich wohnte im Club Turgueza. Dort saß man auf einer Terrasse über dem Wasser, trank Ananassaft oder Cuba Libre.

Vor dem unendlichen, farbdurchströmten Himmel zogen Fregattvögel ihre Bahn. Einen Stock tiefer segelten Pelikane. Entdeckten die Vögel einen Fisch, stürzten sie sich pfeilschnell kopfüber in die See, den Schnabel wie eine Lanze ausgerichtet. Im Blickfeld hatte ich Christo Negro, den schwarzen Christus, Ziel der Oktoberprozession an der Karibikküste. Seine Verehrung beruht auf einer Legende: Während einer schweren Choleraepidemie schwamm in der Bahia de Portobelo eine Holzkiste. Die Fischer bargen sie und fanden eine schwarze Christus-Figur darin. Die Figur wurde in der Kirche aufgestellt, noch am selben Tag fand die Epidemie ihr Ende.

In der Dämmerung ging ich zur Bucht, wo jetzt die Fischerboote ihren Liegeplatz hatten. Ein Maler saß bei Kerzenschein unter einem Baum, blickte über die See, dann auf seine Leinwand, die an einer Staffellage hing. Er betupfte den Pinsel mit Farbe, vollführte einen kühnen Strich, prüfte ihn – er malte die Bucht im Mondlicht.

Ich setzte mich dazu, sah die Fischer ihre Öllampen anzünden. Kein Lüftchen regte sich, keine Stimme rief. Über allem der Mond. Ein Bild großer Melancholie. Ein Schwarm Reiher flog durch den Raum. Irgendwo spielte jemand auf einer Flöte. Tiefer tropischer Frieden lag über der Insel. Ein Mädchen schritt durch den Sand. Karibische

Schönheit, eine Melange der Kontinente: Amerika, Afrika, Asien, Europa.

»Schon lange hier?«, erkundigte sich der Maler, indem er kurz aufschaute.

»Heute angekommen, war einige Tage in Nombre de Dios.«

»So – ein grässliches Nest!«

Er fuhr sich mit der linken Hand durch seinen blonden Haarschopf. Er war höchstens dreißig, seine Kleidung bunt bekleckst, durchgescheuert, ausgefranst, an den Knien und Ellenbogen zerrissen. Aus den Turnschuhen schauten die Zehen heraus.

Mein Gott, dachte ich, ein van Gogh! Er reichte seine Hand herüber und sagte: »Manuel.«

Ein Gespräch floss zäh dahin. Ich erfuhr, dass er Spanier war, aus der Nähe von Barcelona stammte, einst Kunst studiert hatte. Seine Eltern waren arme Fischer, die sich das Studium ihres Sohnes vom Munde absparten. An der Costa Brava, im Schatten von Dali, malte Manuel erfolglos. Ihn drängte es hinaus in eine exotische Welt, zu intensivem Licht. In der Karibik lernte er die Armut kennen, am eigenen Leibe. Um nicht zu verhungern, half er schwarzen Fischern beim Fischefangen. Das brachte ihn an der Küste entlang, an Palengue vorbei, durch den Golf von San Blas bis zu den versteckten Buchten von Port Plenty und Port Pheasant (»Fasanenhafen«). Drake nannte ihn so, weil ihm im Urwald Schwärme von Wildvögeln begegneten.

Fischer der Isla Grande (Panama).

Fische fangen und malen war seine Welt, bis ihn die Karibik zur Isla Grande schwemmte. Malen und hungern, das traurige Los eines Aussteigers, von denen es viele gibt in der Karibik. Ich ging in die nächste Bar und besorgte zwei Flaschen Bier und etwas zu essen. Er bedankte sich und fragte, was ich in der Karibik suche.

»Drake«, sagte ich.

»Der ist über vierhundert Jahre tot, da gibt es nichts zu finden.«

»Spuren.«

»Herrje! Spuren, hinterlässt ein Pirat Spuren?«

»Drake war nicht nur Pirat.«

»Hören Sie sich um. Er war ein Pirat der miesesten Sorte. Im Namen welcher Gerechtigkeit werden die Tausende von Opfern vergessen?«

»Opfer?«

»Sklaven!«

»Er war ein Seeheld, der den Spaniern die Leviten las.«

»Pah, ein hinterhältiger Räuber, der vor Portobelo krepierte, nichts weiter!«

»Gute Nacht, Manuel«, sagte ich.

*

Portobelo erreichte ich drei Tage später.

Die malerische Meeresbucht entdeckte Kolumbus. Seines Reizes wegen taufte er sie »Schöner Hafen.« Der Ort an dem Wasserarm verdankt seine Existenz dem Ruin Nombre de Dios'. Die Spanier verlegten ihren Hafen aus strategischen Gründen in die Bahia de Portobelo. 1597 entstand San Felipe de Portobelo, benannt nach König Philipp. Bis ins 18. Jahrhundert hatte Portobelo die Schlüsselfunktion in der Verteidigung der gesamten Küstenregion und im Handel mit den spanischen Kolonien.

Wenn einmal im Jahr die spanische Kriegs- und Handelsflotte vor Anker ging, stand das Hafenstädtchen zwei Monate Kopf. Da wurde gefeilscht, getauscht, gehandelt, gefeiert, Perlen, Gold und Silber auf die Schiffe geladen. Nach dem Hochbetrieb, wenn die Großsegler den Hafen verlassen hatten, versank der Ort mit einhundertdreißig Häusern, einem Krankenhaus, einer Kirche in einen zehn Monate währenden Dornröschenschlaf. Heute ragen entlang der Bucht die mächtigen Ruinen der Verteidigungsanlagen empor. Fünfzig schwere Kanonenrohre sind wie damals drohend aufs Meer gerichtet.

Wegen der Bedeutung des Hafens bauten die Spanier imposante Festungsanlagen. Die Bucht umrahmen abschreckende Forts, um Begierde und Übermut von Piraten und anderen Feinden zu zügeln.

Im 18. Jahrhundert erfuhr Portobelo seinen Niedergang. Mit der Einstellung des Handels geriet der Hafen in Vergessenheit, verwahrloste und verfiel – bis zum heutigen Tag. La Aduana, gleichzeitig Handelshaus, Depot und Hotel für die damaligen Beamten, verlangt nach einer gründlichen Restaurierung. Die Missionsstation ist kurz vor dem Zusammenbruch, lediglich die Iglesia de San Felipe wirkt einigermaßen gepflegt. 1596 lag eine englische Flotte vor Portobelo. An Bord der Schiffe grassierte die Ruhr. Den Oberbefehl über den Verband hatte Sir Francis Drake, er lag im Delirium und starb am 28. Januar.

Colón erschien mir wie ein riesiger Slum. Man hatte mich vor der Armut, der Kriminalität, dem Sodom und Gomorrha gewarnt. Ich wollte den Kanal sehen, das technische Wunderwerk, ich sah Abgründe menschlichen Zusammenlebens. Kein schöner Ausklang für meine Reise auf den Spuren Drakes durch Panama.

Ich wohnte im »New Washington«, übrigens das einzige sichere Hotel der Stadt. Zum Französischen Kanal beabsichtigte ich zu gehen, um einen Blick über den Hafen Cristóbal zu werfen.

Avenida del Frente, Ecke Calle 8 drängten mich zwei stämmige Schwarze in einen Hinterhof. Der ältere, Typ Mike Tyson, hielt sein Messer bedenklich nahe an meine Gurgel.

»Moneda!«, zischte der andere.

Ich hatte nicht viel Geld dabei und gab ihm alles. Das reichte den Burschen nicht. Sie rissen mir die Jacke vom Körper und die Uhr vom Arm. In der Seitentasche der Safarihose fanden sie eine kleine Spraydose.

»Was ist das?«

»Deodorant, gut für die Haut.«

Der Kleinere hielt dem »Tyson« die Spraydose unter die Nase, grinste dreckig und drückte ab... »Tyson« brüllte tierisch auf und schlug den Kleineren blind zu Boden. Ich machte einen Satz auf die

Colón an Panamas Karibikküste ist ein großes Elendsviertel.

Straße und rannte die Calle 8 hinunter in Richtung Hotel. Das Gebrüll »Tysons« habe ich noch heute im Ohr. Sein Komplize hatte ihm eine Ladung roten Pfeffer ins Gesicht gesprüht – mir quasi die Arbeit abgenommen.

Mein Bedarf an Panama war gedeckt. Hoffentlich war Argentinien gastlicher. Mein Ziel: Saint Julián mit der Insel der Meuterer – Drakes Ort der Rache oder Gerechtigkeit.

8.

1573–1578
England
Auf der Weltumsegelung
bis Saint Julián

Elisabeth I. verhandelte mit Philipp II. Es ging um den Vertrag von Bristol, darin sollte geregelt werden, dass jegliche kriegerische Handlungen zwischen den Ländern zu unterlassen seien.

Drakes Taten, beim Volk Begeisterungsstürme auslösend, brachten die Königin in arge Verlegenheit. Einerseits bewunderte sie den Erfolg des kühnen Kapitäns, andererseits ging es um ihre Glaubwürdigkeit, die sie einem gefährlich-mächtigen Weltreich gegenüber zu dokumentieren hatte.

Bei dem Gedanken, Drake den verhassten Spaniern zu opfern, war ihr nicht wohl. Leider war dieser Drake kein Diplomat, der in heiklen politischen Situationen das nötige Feingefühl entwickelte. Im Gegenteil, er war ein anmaßender Prahlhans, dem der Erfolg zu Kopf stieg. Außer dem Tower musste es noch eine andere Lösung geben. Die listenreiche Elisabeth fand eine!

Drake wurde zu einer geheimen Audienz bestellt. Ganz unprotokollarisch setzte sie ihrem Seehelden die Pistole auf die Brust: Francis Drake hatte zu verschwinden, sie schrieb ihm auch vor, wohin: nach Irland. Für einen Seemann, der Wind, Wellen und das weite Meer braucht, kam der Befehl einer Verbannung gleich. Es gab keine Alternative, für den Märtyrertod fühlte sich Drake mit dreißig Jahren zu jung. Doch es gab auch tröstende Worte. Unter dem königstreuen Earl of Essex könne er seinen Abenteuerdrang austoben und die aufmüpfigen Iren bekämpfen.

Drake begriff, dass seine Königin Ruhe an der spanischen Front brauchte. Während er im fernen Mittelamerika die Küsten unsicher gemacht hatte, hatten die Spanier in London eine Verschwörung geplant. Das Ridolfi-Attentat zur Ermordung Elisabeths schlug zwar fehl, bewies jedoch, in welch gefährlicher Situation England sich befand.

Francis Drake diente zwei Jahre in Ulster als Offizier unter dem Earl. Keine ereignisreiche Zeit, wenn da nicht ein Mann namens Thomas Doughty in sein Leben getreten wäre. Doughty, etwa in Drakes Alter, war ein Höfling und versah seinen Irlanddienst als königlicher Offizier. Er war eloquent, schreibgewandt, hatte gute Manieren und ausgezeichnete Beziehungen, außerdem verstand er sich aufs Ränkeschmieden. Die Intrige war sein Lebenselixier!

Der ungehobelte Macher aus dem Volk und der geistreiche Charmeur im Dunstkreis des Hofes, ein ungewöhnliches Paar, das sich zu ergänzen schien und das eine herzliche Freundschaft verband.

In London war der Friedensvertrag zur Worthülse geworden. Der Papst hatte Elisabeth erst exkommuniziert, dann entthront – ein unfreundlicher Akt ohne Wirkung. Gefährlicher waren die von den Spaniern angezettelten Umsturzversuche zugunsten der katholischen Maria Stuart von Schottland.

Actio – reactio: auf der politischen Bühne erzeugt Druck Gegendruck. Die englische Bevölkerung war von einem gefährlichen Hass gegen Katholiken und Spanier erfasst worden.

Ihre Höflinge hatten sich in zwei Lager gespalten. Die Falken verlangten die offene Konfrontation mit Spanien, die Tauben waren für Verständigung.

John Hawkins wurde zum Schatzmeister der Flotte ernannt und begann in aller Stille mit dem Bau hochseetüchtiger Kriegsschiffe.

In diesem Spannungsfeld trieb Elisabeth eine undurchschaubare Schaukelstuhlpolitik.

Dem aufmerksamen Drake war nicht entgangen, was sich in London tat. Er witterte Morgenluft. Jetzt zahlte sich seine Freundschaft zu Thomas Doughty aus.

Der Höfling, auch Sekretär eines der Minister Ihrer Majestät, verschaffte dem Kapitän Zutritt bei Hofe. Drake bekam die Chance, seiner Königin einen ehrgeizigen und genialen Plan zu erläutern. Er wollte die Spitze Südamerikas umsegeln und Panama vom Pazifik her angreifen, um mit Schätzen zurückzukommen, die alles Bisherige übertreffen sollten. Drake ersuchte um Erlaubnis, Geld und Schiffe.

Mit versteinerter Mine hörte sich die Königin den Vortrag an. Ihr Gesicht war weiß, wie frisch gekalkt. Niemand wusste, was sie dachte. Ihre Unberechenbarkeit versetzte die nächste Umgebung bisweilen in Angst und Schrecken. Drake bemerkte, dass ihre riesige, goldfarbene Halskrause unter dem Kinn leicht bebte. Karminrot leuchteten ihre schmalen Lippen. Ihm schien, als zöge sie einen Mundwinkel herab. Ein gutes Zeichen? Eine Schneekönigin, der sich einen Eissplitter ins Herz gebohrt hatte, durchfuhr es den Kapitän.

»Danke, Mister Drake, er möge abtreten!«, sagte sie kalt, hart, stoisch.

»Aye, aye, Majestät.« Damit war der Seemann entlassen. Banges Warten begann.

Der Königin war das Vorhaben nicht neu. Bereits Sir Richard Grenville hatte ihrem Lord Burghley den Vorschlag unterbreitet, eine Expedition um Südamerika zu entsenden. Als Kommandeur schlug sich Grenville selbst vor. Dabei handelte es sich um eine rein strategisch-wissenschaftliche Mission.

Drake dagegen bot die Aussicht auf enorme Gewinne. Und sein Name bürgte für Erfolg. Für Grenville sprach Seriosität, das gute Verhältnis zu Lord Burghley, der Konsens mit Spanien. Aber an einen solchen glaubte sie schon lange nicht mehr.

Hinter den Kulissen entbrannte ein Macht- und ein grandioses Versteckspiel. Denn Lord Burghley, Schatzmeister, Chefberater und manches mehr, kurzum, der mächtigste Mann neben der Monarchin, sollte von dem Vorhaben des Piraten nichts wissen. Burghley vertrat als »Taube« die Politik der Verständigung gegenüber Spanien – aus Sorge vor einer Invasion. Das Einzige, was er für sinnvoll erachtete, war die Suche nach der Nordwestpassage vom Atlantik her. Und damit war Martin Frobisher beauftragt worden. Im Kampf um das Kommando »Expedition südliche Hemisphäre« wurden Drake und Grenville zu erbitterten Rivalen.

Sir Richard fühlte sich betrogen. Er war überzeugt, dass Drake der Königin seinen Plan vorgestellt hatte. Es kam zum Zerwürfnis.

Der Kaperkapitän hatte im Gerangel um die Gunst die bessere Lobby. Staatssekretär Sir Francis Walsingham und Sir Christopher Hatton favorisierten den Helden von Plymouth und machten ihren Einfluss geltend. Natürlich gehörte auch Freund Doughty zum Kreis seiner Wegbereiter.

Elisabeth gab ihren Segen. Drakes Auftrag wurde um die Entdeckung der Nordwestpassage vom Pazifik her ergänzt. Dann galt es für die Königin, sich geschickt aus der Affäre zu ziehen, aber dennoch – sollte das Unternehmen erfolgreich sein – am Gewinn zu partizipieren. Aus ihrer Privatschatulle stellte sie Drake eine große Summe, eintausend Kronen, zur Verfügung, gleichzeitig vergatterte sie ihn, darüber absolutes Stillschweigen zu bewahren.

In Plymouth liefen die Vorbereitungen unter höchster Geheimhaltung. Zwar blieb den Spaniern, auch Lord Burghley mit seinen Anhängern, nicht verborgen, dass Drake eine neue Reise plante, doch niemand bis auf einen kleinen Kreis Eingeweihter kannte die wahre Route.

Offiziell hieß es: Handelsexpedition ins Mittelmeer mit dem Ziel Alexandrien. Englische Lederwaren sollten gegen ägyptische Baumwolle und indische Gewürze getauscht werden.

Drakes Flotte war zum Auslaufen bereit. Sie bestand aus der PELICAN mit einhundert Tonnen und achtzehn Kanonen, der ELIZABETH (achtzig Tonnen, sechzehn Kanonen) und der MARYGOLD (dreißig Tonnen, sechzehn Kanonen). Zwei Begleitschiffe für Proviant und Schießpulver sollten später aufgegeben werden. Das waren die SWAN mit fünfzig Tonnen, von John Chester kommandiert, und die kleine CHRISTOPHER mit fünfzehn Tonnen unter Skipper Thomas Moone, Drakes ehemaligem Schiffszimmermann. Auf der PELICAN segelte Drake als Oberkommandierender, sein jüngster Bruder Thomas und John Drake, ein vierzehnjähriger Vetter. Auf der ELIZABETH fuhr Kapitän John Winter. Auf der MARYGOLD hatte John Thomas das Kommando.

164 Mann waren an der Mission beteiligt. Zum Leidwesen der Seeleute sollten auch ein Dutzend Gentlemen-Abenteurer an Bord kommen, Höflinge, die das Ansehen ihres Status' genossen, von der Seefahrt jedoch keine Ahnung hatten. Zu deren Sprecher machte Drake Thomas Doughty.

Ohne Aufgabe würden die Höflinge auf der langen Fahrt gelangweilt herumsitzen, sich selbst und den Fahrensleuten auf die Nerven gehen. Da schlummerte Potenzial für ungeahnte Konflikte. Ob sich Drake dessen bewusst war?

Ein eisiger Novemberwind fegte durch den Hafen von Plymouth. Die Luft roch nach Schnee. Ungeduldig knetete Drake seine kalten Hände. Die verzogenen Günstlinge waren immer noch nicht alle eingetroffen. Nichts hasste er mehr als Unpünktlichkeit!

Endlich! Thomas Doughtys Kutsche rollte vor. Elegant gekleidet, mit einem entwaffnenden Lächeln auf den Lippen, sprang er auf die Straße und eilte auf die PELICAN. Drake kam nicht umhin, das Lächeln – wenn auch süßsauer – zu erwidern.

»Francis, sei gegrüßt, ich bin doch hoffentlich nicht unpünktlich. Aber du weißt ja, die Verpflichtungen. Hatte noch in London zu tun.«

»Natürlich Thomas, ich freue mich, dass du da bist!«, sagte Drake.

Doughty hatte tatsächlich in London zu tun gehabt. Er hatte sich heimlich mit Lord Burghley getroffen, um dem die letzten Informationen zur Reise zu geben.

Alle Passagiere waren an Bord, die Mannschaft wartete auf den Befehl des Kapitäns.

»Legt ab, Jungs, es wird höchste Zeit«, rief Drake jovial. Man schrieb den 15. November 1577. In spanischen Annalen ist nachzulesen, dass in jener Nacht ein Komet über der Karibik gesichtet wurde, der unheilvoll am Firmament verglomm.

*

Noch in europäischen Gewässern machte sich Thomas Doughty äußerst unbeliebt. Ein Decksjunge eilte mit einem Wassereimer um die Ecke und stieß mit dem Höfling zusammen. Dabei goss ihm der Junge aus Versehen etwas Wasser über die Lackschuhe. Außer sich vor Wut verprügelte er den Knaben mit dem Spazierstock. Der Vorfall wurde gemeldet, und Drake fand verbindliche Worte, indem er seinen Freund bat, künftig Bestrafungen jeglicher Art dem Kapitän zu überlassen.

Thomas gefiel die Maßregelung nicht. Drakes Befehlsgewalt bezöge sich auf die Mannschaft, nicht auf die übrigen Gentlemen,

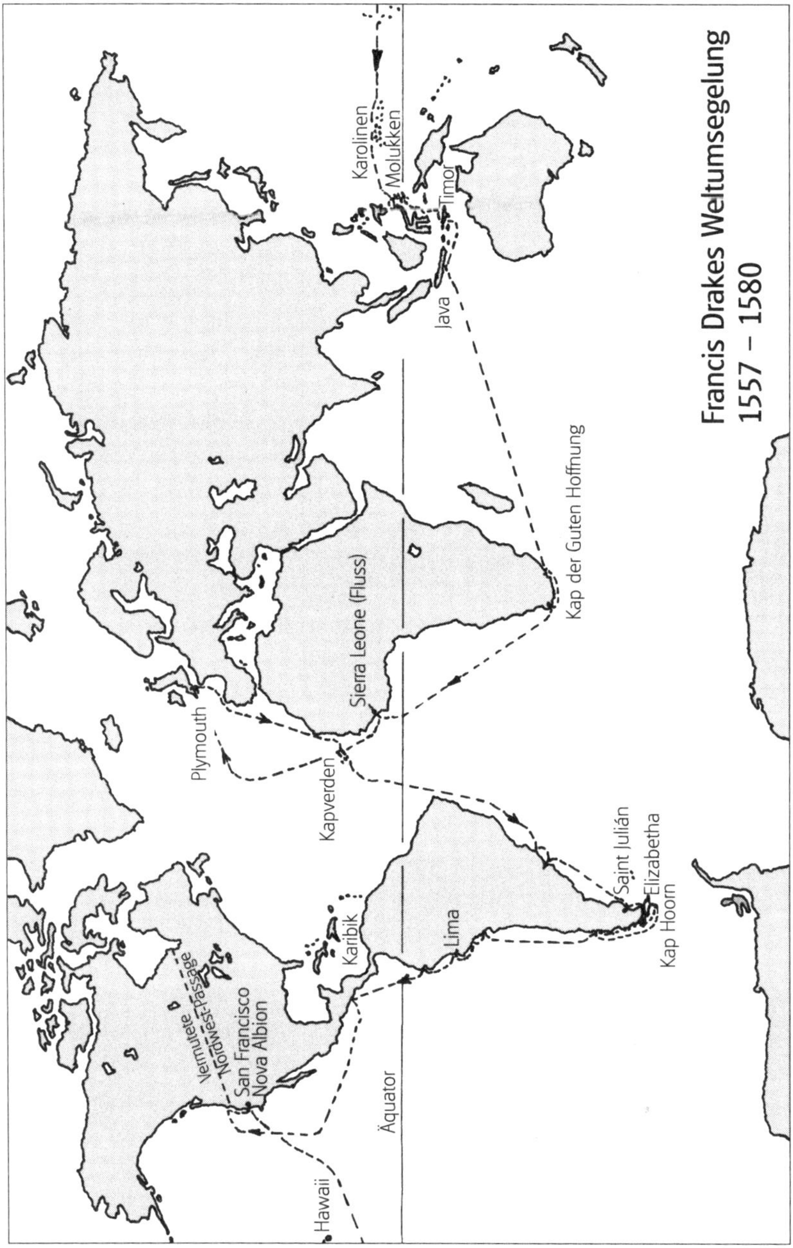

Francis Drakes Weltumsegelung
1557 – 1580

ließ er den Kapitän von oben herab wissen. Stöckchenschwingend entfernte er sich, ohne zu wissen, dass er seinen Freund an einer äußerst empfindlichen Stelle erwischt hatte.

Es war an der Zeit, Offiziere und Mannschaften über den wahren Grund der Reise aufzuklären. Drake ließ auf dem Flaggschiff antreten. Kapitän Winter brauste wütend auf, als er vernahm, dass es durch unbekanntes Seegebiet um Südamerika gehen sollte, er fühlte sich hinters Licht geführt.

Thomas Moone, zwar auch überrascht, betrachtete sich jedoch geehrt, auf einer solch großartigen Expedition dabei sein zu können.

Doughty schwieg und grinste in sich hinein. Er war der Einzige, der die Mission kannte.

»Im Auftrag der Königin und für England werden wir die Magellanstraße suchen, sie durchfahren und die Spanier im Pazifik angreifen. Mit reicher Beute wird auf dem schnellsten Weg nach Hause gesegelt«, verkündete Francis.

»Um die Welt oder zurück durch die Magellanstraße?«, wollte Moone wissen.

»Wir werden den direkten Weg suchen, die Nordwestpassage!«

Beeindrucktes Schweigen.

Selbst John Winter hatte sich beruhigt. Irgendwie spürte jeder die ungeheure Bedeutung des Auftrages – so er denn erfolgreich verlief.

Doughty meldete sich zu Wort. »Wir wollen nichts überstürzen, Francis, und wenn es soweit ist, gemeinsam die Entscheidung treffen. Vielleicht…«

Empört fuhr Drake dazwischen: »Gemeinsam? Du hast wohl immer noch nicht begriffen, wer das Kommando führt!«

»Aber Francis, wer wird sich gleich so echauffieren? Vielleicht lauten die Befehle eines Tages ganz anders?«

Doughtys Worte klangen in Drakes Ohren wie eine Kampfansage. Doch er biss sich auf die Lippen und schwieg. Er begriff Thomas Verhalten, seine Illoyalität nicht. War da Verrat im Spiel? Ich werde es herausbekommen, dachte Drake, ging in seine Kajüte, und konzentrierte sich auf Wichtigeres: Wie finde ich ohne Roteiros die Magellanstraße und wie im Pazifik die sagenumwobene Nordwestpassage in den Atlantik?

Roteiros waren sehr detaillierte Logbücher der Spanier und Portugiesen mit Zeichnungen von Küstenverläufen, die eine Orientierung in unbekannten, gefährlichen Gewässern zuließen. Die Weitergabe solcher Aufzeichnungen wurde mit bestialischen Strafen geahndet. In englischen Händen befand sich kein einziges Exemplar.

Drake hoffte, dass ihm durch Kaperung spanischer oder portugiesischer Galeonen ein Roteiro ins Netz ging.

Bei der Entdeckung der Nordwestpassage war er auf sich allein gestellt. Im Grunde beruhte die Annahme des Vorhandenseins einer solchen Durchfahrt auf Spekulationen eines Sir Humphrey Gilbert, eines bekannten Engländers, der sich bereits seit vielen Jahren mit Geografie und Navigation beschäftigte.

Drakes Gedanken kreisten um das alte Verwirrspiel: Sir Richard Grenville aus Devon erachtete die Passage für strategisch bedeutend und arbeitete bereits 1574 ein Konzept zur Entdeckung aus. Lord Burghley, der mit Spanien Frieden schließen wollte, fand Gefallen an der Nordatlantikerkundung, schickte aber diesen Frobisher auf die Reise. Der Erfolg blieb aus.

Vorsorglich hatte der ehrgeizige Grenville auch einen Plan zur Erkundung der Magellan-Straße vorbereitet und hoffte, damit beauftragt zu werden. Mit Lord Burghley hatte er aber auf das falsche Pferd gesetzt. Grenvilles Vorhaben wurde etwas modifiziert, ergänzt, besonders jedoch um die Inaussichtstellung satter Gewinne erweitert, dann an oberster Stelle vorgetragen. Und die auf spanische Schätze spekulierende Königin wollte das Angenehme mit dem Nützlichen verbinden, zog schließlich Drake ins Vertrauen, hinterging ihren Lord und manövrierte Grenville aus.

Drake saß in seinem Sessel und starrte aus dem Fenster aufs Meer hinaus. Er wusste um die Machenschaften sehr genau. Insgeheim gratulierte er sich, dass er Grenville ausgebootet und den alten, senilen Pazifisten Burghley mithilfe der cleveren wie raffgierigen Elisabeth hinters Licht geführt hatte. Aber er hatte den Lord unterschätzt. Er wusste nicht, dass der alte Fuchs zu den am besten informierten Männern Englands gehörte. Ein fein gesponnenes Netz aus Agenten, Spitzeln und Spionen machte ihm zugänglich, was er an Informationen für seine Politik brauchte.

Drakes Instinkt witterte die Gefahr, eine Gefahr aus der unmittelbaren Umgebung. Noch konnte er sie nicht orten, doch er musste auf der Hut sein.

Unweit der Kapverdischen Inseln wurde ein portugiesischer Kauffahrer, die Karavelle SANTA MARIA, gekapert. Die Prise bestand aus Wein, Samt und Seide. Das kostbarste jedoch war ein schmächtiger Mann mit einem imposanten Schnurrbart. Er hieß Nuño da Silva und war ein erfahrener Lotse, der die brasilianische Küste und das Südmeer kannte. Drake gewann ihn als Lotsen für die PELICAN. Thomas Doughty übertrug er das Kommando für die SANTA MARIA. Das ging nicht lange gut.

Nach althergebrachter Regel wurde eine Beute offen unter der Crew aufgeteilt. Wehe dem, der dagegen verstieß!

Von dem Prisenkommando, das mit Doughty auf der Karavelle segelte, kam Drake zu Ohren, dass der Höfling Schmuckstücke der Portugiesen unterschlage. Zur Rede gestellt, beschuldigte Doughty Drakes jüngeren Bruder des Diebstahls. Da platzte dem Kapitän der Kragen. Augenblicklich enthob er den Höfling seines Amtes und verbannte ihn auf die SWAN. Auf der Prise übernahm Thomas Drake die Verantwortung.

Unendlich langsam kämpfte sich die Flotte nach Südwesten weiter und ritt einen Sturm ab, der alles übertraf, was Drake bisher an schwerem Wetter erlebt hatte. Die Schiffe verloren sich aus den Augen. Nach zeitraubender Suche musste Drake einsehen, dass das Segeln im Konvoi unmöglich war.

Endlose fünfundsechzig Tage später sichtete der Ausguck der SWAN Land: die brasilianische Küste! An Bord war das Stimmungstief überwunden. Der Verband hatte sich wieder gefunden und Drake stellte einen Landgang in Aussicht, sobald sich ein geeigneter Liegeplatz bot.

Es dauerte nochmals zwei Wochen, bis man einen Naturhafen im Mündungsgebiet des Rio de la Plata fand, auf Reede ging, Trinkwasser bunkerte. Bei dieser Gelegenheit fingen die Männer Robben. Mit dem Frischfleisch ließ sich der öde Speisezettel trefflich bereichern.

Unterdessen streute Doughty die Saat der Zwietracht. Mit Bestechung, falschen Versprechungen und List versuchte er in aller Heimlichkeit, Offiziere und Matrosen von Drake zu trennen, zumindest seine Autorität zu untergraben. Er behauptete, von höchster Stelle beauftragt worden zu sein, dieses wahnsinnige Unternehmen zu verhindern. Es wäre eine nationale Katastrophe für England und diene lediglich dazu, Drakes krankhaften Ehrgeiz zu befriedigen...

Ende April kam der Befehl zum Auslaufen. Das Etappenziel hieß Patagonien, ein raues, unwirtliches, vom Wind gezaustes Gebiet in Argentinien.

Am 20. Juni 1578 wurde Port Saint Julián erreicht. Ein denkwürdiger Ort, ein Hafen des Todes. An dieser Stelle hatte Kommandeur Fernão de Magalhães – Magellan – achtundfünfzig Jahre zuvor zwei Meuterer hängen lassen.

Als Drake erschien, trotzte der Galgen noch immer dem heulenden Wind. Und unter dem Gerüstfragment lagen gar Menschengebeine. Einem spanischen Schiff gelang die erste Weltumsegelung, nicht jedoch dem großen portugiesischen Seefahrer. Magellan wurde auf der Rückreise auf den Philippinen ermordet.

Port Saint Julián sollte auch Drakes Prüfstein werden.

Der Captain ließ ein Beiboot längsseits fieren. Mit einigen Männern wollte er die inselreiche Bucht erkunden, Trinkwasser suchen und, wenn möglich, Kontakt zu Eingeborenen aufnehmen.

Menschliche Spuren gab es allenthalben, auch waren zuvor schon Bekanntschaften mit der Urbevölkerung gemacht worden. Magellan hatte sie wegen ihrer Größe und Stärke »Pentaguren« genannt.

Drake steuerte das Beiboot in die Bucht hinein. An einem steinigen, flachen Ufersaum ließ er das Boot aufs Trockene ziehen.

Plötzlich standen sie vor ihnen, zwei »Wilde« in ledernen Lendenschurzen, die Engländer um Haupteslänge überragend. Ihre dunkle Haut war mit weißer und schwarzer Farbe bemalt, das lange Haar mit Federn seitlich hoch gesteckt. Sie sahen wild und ungestüm aus – wie sich die Christen Europas Heiden eben vorstellten.

Dank Drakes schauspielerischem Talent schwanden Scheu und Skepsis rasch. Neugierig betrachteten sie sich die Waffen der Engländer. Sie verglichen ihre Pfeile und Bögen mit denen der Engländer. Geschützmeister Greg Oliver gab eine Kostprobe im Bogenschießen. Er zielte auf einen dünnen Baumstamm, der dreißig Meter vor ihm stand – und traf.

Die Eingeborenen gaben gutturale Laute der Anerkennung von sich. Sie spannten ebenfalls ihre Bogensehnen. Ihre Pfeile schwirrten am Stamm vorbei.

Drake ließ eine Truhe mit Geschenken herantragen und teilte Glasperlen, Bänder und Messer aus. Er war von dem freundschaftlichen Verhalten der Pentaguren angetan.

Ein dritter trat aus dem Busch, augenscheinlich der Anführer. Mit einem Mal war die Atmosphäre vergiftet. Wütendes Palaver hob an. Die Engländer zogen es vor, sich dezent zurückzuziehen. Kaum hatte man den Eingeborenen den Rücken zugekehrt, schoss der hinzugekommene, aggressive Indianer einen Pfeil ab, wobei er einen spitzen Schrei ausstieß. Robert Winter, der pockennarbige Schmied, taumelte, der Pfeil hatte sich in seine Hüfte gebohrt.

Auf den Schrei hin stürmten nun mehrere Krieger aus dem Hinterhalt. Winter traf ein zweiter Pfeil in die Brust, er sank zu Boden. Greg Oliver verfluchte seine Muskete, die Ladehemmung hatte, versuchte noch einmal zu schießen – drei Pfeile spickten seinen Körper, er stürzte tot in den Sand.

Nun packte Drake die Wut, mit einer Schrotladung aus nächster Nähe schickte er den Anführer in die ewigen Jagdgründe. Das raubte den »Wilden« den Mut, sie wichen in die Büsche zurück. Drake ließ die Verwundeten, Robert Winter und zwei weitere Männer, danach den Toten, bergen. Niedergeschlagen ruderte der Trupp zu den Schiffen zurück.

Der Schmied Winter erlag zwei Tage später seinen Verletzungen. Nach der Beerdigung besprach sich Drake mit seinen Offizieren. Ihm gefiel die Stimmung unter seinen Leuten gar nicht.

»Über Saint Julián lastet der Fluch der Meuterei«, bekam er zur Antwort.

»Wir sollten die Bucht so schnell wie möglich verlassen«, raunte Thomas.

»Gut möglich«, brummte Drake, »aber wir müssen die Schiffe überholen. Die Magellanstraße ist nicht mehr fern.«

Betretenes Schweigen. Das Ausbessern der Schiffe nahm Zeit in Anspruch, mindestens sechs Wochen. Was konnte sich in der Zwischenzeit nicht alles ereignen?

»Behaltet Doughty im Auge«, riet der Generalkapitän und entließ seine Schiffsführer.

Die Arbeiten kamen flott voran. Die Prise SANTA MARIA wurde abgewrackt und ausgeschlachtet, für die Weiterfahrt wäre sie ohnehin unbrauchbar gewesen. Allmählich konnte Drake Vorkehrungen für den gefährlichsten Teil der Expedition treffen.

Just in dieser Zeit bekam er den Hinweis, Doughty treffe sich mit Höflingen, um die Absetzung Drakes zu beraten.

Kurz vorher war durchgesickert, dass Doughty dem Skipper der SWAN einhundert Pfund zahlen wolle, wenn dieser sich auf seine Seite schlüge.

Da war Gefahr im Verzuge! Drake lauerte Doughty mit Getreuen auf, wurde Zeuge der Verschwörung und verhaftete den völlig überraschten Höfling auf der MARYGOLD.

Probleme frontal anzugehen und radikal zu bekämpfen gehörte zu Drakes Charakterzügen. Er ließ seine Mannschaft an Land antreten, bestellte den einstigen Freund und begann seine Ansprache: »Thomas Doughty, du hast versucht, mein Ansehen herabzusetzen, du behinderst und gefährdest meine Anweisungen durch verschwörerische Aktivitäten. Kannst du deine Unschuld beweisen, werden wir weiter Freunde sein. Kannst du es nicht, hast du dein Leben verwirkt!«

Der Höfling bestritt die Anschuldigungen, ohne Beweise für seine Unschuld zu liefern. Drake machte ihm den Prozess. Dabei legte er auf eine faire Verhandlung wert. Unter den vierzig Geschworenen befanden sich auch Freunde Doughtys.

»Nur einem Gericht der königlichen Majestät bin ich Rechenschaft schuldig«, protestierte der Höfling.

»Ganz und gar nicht«, widersprach Drake. »In wichtigen Fällen, und Meuterei ist ein solcher Fall, ist es als Generalkapitän meine Pflicht, ein Gericht einzuberufen, ein Urteil herbeizuführen und das Urteil zu vollstrecken.«

Einzeln wurden die Zeugen vernommen. Ein jeder gab die aufwieglerischen Worte Doughtys wieder. Das war Anstiftung zur Meuterei!

»Was der Verräter auf dem Kerbholz haben mag, Gott bringt es ans Licht!«, donnerte Drake, der allmählich das groß angelegte Komplott durchschaute. Doughty hatte hinter seinem und der Königin Rücken Lord Burghley über die Reise informiert – trotz seiner Verpflichtung zur Verschwiegenheit. Das war Hochverrat, auf den die Todesstrafe stand.

Die Schlinge um Doughtys Hals zog sich würgend eng, als Zimmermann Edward Bright unter Eid aussagte, er habe Doughty bereits in Plymouth von Verschwörung reden hören, doch bis zu diesem Tage an das Ungeheuerliche nicht glauben können.

Der Prozess wurde zügig vorangetrieben. Schließlich stellte Drake den Geschworenen die Frage: »Haltet ihr Thomas Doughty im Sinne der Anklage für schuldig?«

Der Sprecher der Jury, John Winter, erhob sich und verkündete mit fester Stimme: »Schuldig im Sinne der Anklage!«

Drakes Augen blitzten triumphierend, der gefährliche Widersacher war endgültig ausgeschaltet.

Der Generalkapitän gab kund: »Im Namen Ihrer Majestät Königin Elisabeth I. von England verurteile ich den Angeklagten zum Tode durch die Axt des Scharfrichters!«

Doughty wurde leichenblass, schwankte wie ein Halm im Wind, hatte sich jedoch schnell wieder in der Gewalt.

Drake verhängte selten Todesstrafen, nicht einmal gegen die verhassten spanischen Feinde, doch in diesem Fall sah er das Unternehmen zum Scheitern verurteilt, selbst wenn Doughty angekettet in der Arrestzelle schmachtete. Für so gefährlich stufte er ihn ein.

In die beklemmende Stille hinein bat der Höfling um die Gnade, nicht hingerichtet, stattdessen an der Küste ausgesetzt zu werden.

Das Gesuch wurde abgelehnt.

Zwei Tage später wurde die Hinrichtung anberaumt. Wie üblich, ließ Drake dem Verurteilten gewisse Annehmlichkeiten zuteil werden. Gemeinsam empfingen sie die heilige Kommunion, dann lud er den Delinquenten zu einem erlesenen Essen ein, das am Kapitänstisch eingenommen wurde. Nach dem Mahl schritten die beiden Männer den Strand entlang bis zur Hinrichtungsstätte. Neben dem Hackklotz befand sich das gerade ausgehobene Grab. Thomas Doughty musste neben dem Hackklotz niederknien. Seine Lippen murmelten ein Gebet. Vor den Augen der stumm angetretenen Mannschaft legte der Verurteilte den Kopf auf den Richtblock. Der Scharfrichter entblößte seinen Nacken. Trommelwirbel setzte ein. Drake gab das Zeichen. Ein letzter Atemzug, dann sauste die Axt nieder.

Ein rascher Tod. Doughty trug ihn wie ein Gentleman. Sein Kopf war in den Sand gerollt. Die Mannschaft durchfuhr ein Schauder.

Klagend heulte der Wind. Drake schritt zum Richtblock, ergriff den abgetrennten Kopf an den Haaren und hielt ihn für jedermann sichtbar hoch.

»Das ist das Ende von Verrätern!«, rief er mit mahnender Stimme.

So wurde das Schicksal eines strahlenden Höflings besiegelt im Schatten des Galgens der Meuterer. Ein Mann geriet zwischen die Mahlsteine der Interessen und wurde zerrieben.

Saint Julián, welch schauriger Ort an Patagoniens Küste!

9.

März 1999
Saint Julián,
Patagonien

Draußen fauchte der Sturm. Sturm ist das Wahrzeichen Patagoniens. In kaum einem anderen Winkel der Erde bläst er so konstant.

Andächtige Ruhe herrschte in der Höhle. Immer wieder betrachtete ich die Zeichen, Figuren, Kompositionen in Rot, Braun, Schwarz und Weiß am rauen Felsgestein. Abstrakt, wie von Monet gemalt, aber auch gegenständlich, naiver Kunst ähnlich. Hände, Punktmuster, kühn geschwungene Linien – sie wollen eine Botschaft vermitteln. Etwas aus mystischen Anfängen indianischer Kultur erzählen. Uns bleibt nur das Raten und Spekulieren.

Ich stand in einer der einundvierzig Höhlen in Cañadón. Sie sind von der Estancia La Maria aus zu erreichen und befinden sich unweit von Puerto Saint Julián. Was an den Malereien fasziniert, ist ihr Alter und ihre Schöpfer: das C-14-Verfahren datiert sie auf zwölftausend Jahre, erschaffen von Tehuelche Indianern, jenem Eingeborenenvolk, das heute praktisch ausgestorben ist. Dezimiert durch drei Kriege gegen die Mapuche-Indianer, die im 18. Jahrhundert aus Chile bis an die Atlantikküste vordrangen, wurden sie in den »Wüstenfeldzügen« genannten Ausrottungskampagnen der Weißen endgültig vernichtet. Übrig blieb ein assimiliertes Mischvolk – die Araukaner.

Als erster Europäer erlebte Magellan die Tehuelche-Indianer. Ihr Name stammt aus der Sprache der Mapuche-Indios und bedeutet »tapfere (chewel) Leute (che)«.

Von Magellans Chronisten Antonio Pigafetta stammt die Beschreibung: »... so groß, dass unsere Köpfe kaum bis zu ihrer Taille reichten. Schön von Gestalt, die breiten Gesichter mit roter Farbe bemalt, das Haar weiß gepudert.«

Francis Drake war der zweite bedeutende Weiße, der ihrer ansichtig wurde. In »The World Encompassed« (Die Weltumsegelung), 1628 erschienen, hielt der Marineprediger Francis Fletcher die Begegnung mit den Tehuelche fest: »... sie unterscheiden sich grundsätzlich von dem gewohnten Menschenbild, sowohl in Gestalt, Größe und Körperstärke wie auch durch ihre abstoßenden Stimmen. Sie sind jedoch nicht so riesig, wie es berichtet worden ist, es gibt Engländer, die ebenso groß sind wie die größten Tehuelche, die wir sehen konnten. Vielleicht hatten die Spanier nicht gedacht, dass je ein Engländer dort hinkommen und sie widerlegen würde und dass sie deshalb umso frecher lügen konnten. Gewiss ist, dass die Grausamkeiten, die die Spanier dort begangen haben, sie (die Tehuelche-Indianer) in ihrem Verhalten ungeheuerlicher gemacht haben, als sie von Natur aus sind. Denn der Verlust ihrer Freunde ... nährt einen alten Groll. Der Schrecken jedoch, den wir ihnen eingejagt hatten, (Drakes Musketenschuss auf den Anführer) dämpfte ihre Angriffslust. Sie ließen es zu, dass wir während des ganzen Zeitraums von zwei Monaten nach diesem Geschehen im Naturhafen Saint Juliáns das taten, was wir wollten, ohne von ihnen irgendwie belästigt zu werden.«

Beeindruckt sahen sich die nachfolgenden Weltumsegler von den Trittspuren, die die »Großfüßler« im Sand hinterließen. In Pigafettas italienischer Aufzeichnung taucht erstmalig »patagoni« auf, ein Begriff, der dieser Region des Südkontinents den Namen gab. Die Bezeichnungen »terra gigantum« und »patagonum« hatte der italienische Kartograph bereits 1554 geprägt, wahrscheinlich angeregt durch die frühen spanischen Berichte aus dem wundersamen Land.

Tatsache ist, dass die Tehuelche im Vergleich zu den übrigen Indianervölkern Mittel- und Südamerikas erstaunlich groß waren. Viele unter ihnen maßen 1,80 Meter.

Rätselraten bereitete den Europäern ihre Existenzgrundlage, das den Weißen unbekannte Guanako. Das Tier jagten sie, aßen das Fleisch und fertigten aus Haut, Fell und Knochen Zelte, warme

Umhänge, Schuhe, Werkzeuge. Die erste Guanako-Beschreibung von Pigafetta liest sich, als handele es sich um ein Fabelwesen: »Kopf und Ohren wie ein Maulesel, den Körper eines Kamels mit Hirschläufen und Pferdeschwanz.«

Als die Schafzuchtgebiete der Weißen sich nach Süden ausdehnten, kam es zu offenen Kämpfen zwischen den Mapuche- und den verdrängten, schwer dezimierten Tehuelche-Indianern gegen die weißen Farmer.

Besonders die Tehuelche führten einen erbitterten Überlebenskampf. Es heißt, dass sie die Schafe in die Schutzgräben trieben, die um die Farmhäuser gezogen worden waren, um so über die lebende

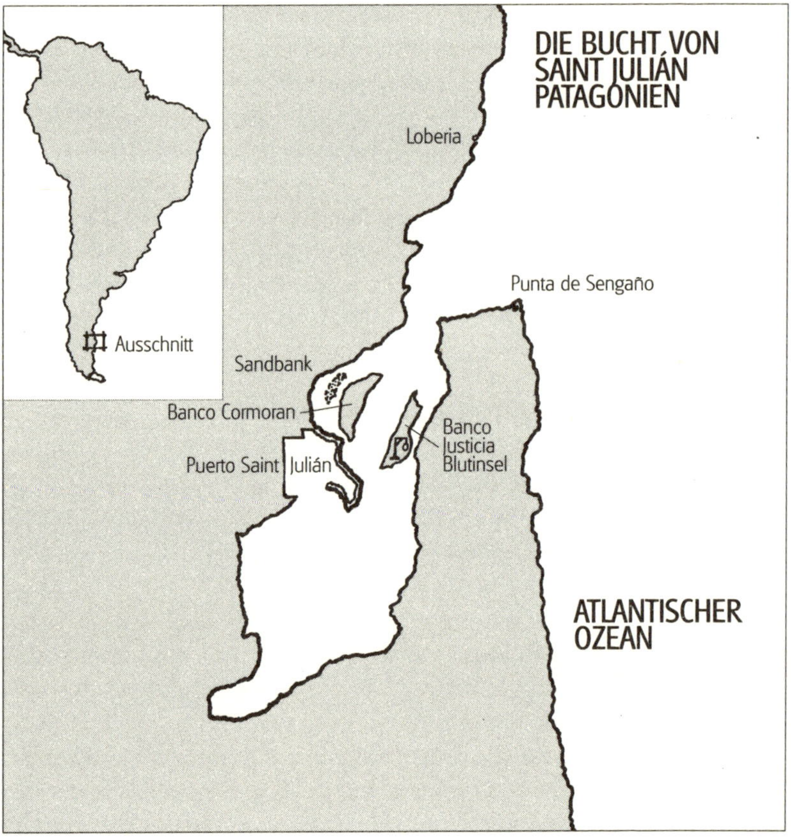

Saint Julián, der Küstenort Patagoniens, an dem man vor Traurigkeit und Einsamkeit sterben könnte.

Brücke ihre Angriffe zu reiten. Die Estancieros setzten Prämien für abgeschlagene Indianerköpfe aus.

»Indianer durch Schafe ersetzen«, hieß die Losung in zwei Feldzügen gegen die »Barbaren«. Erfüllt wurde sie nach einem Gesetz von 1878. Der Caudillo General Roca befehligte eine Menschenjagd, bei der es keine Gefangenen gab. 1885 endete der Genozid mit der Unterwerfung des berühmten Kaziken Sayhueque von Neuquén. Der letzte Tehuelche-Kazike starb 1965 – Zeitungsmeldungen zufolge an Unterkühlung im Rohbau des Sozialministeriums.

*

In den Nachmittagsstunden huschten die wenigen Fußgänger in merkwürdiger Schräglage durch die Straßen von Puerto Saint Julián. Das machte der Wind, gegen den sie sich stemmten oder der sie drückte wie einen geneigten Baum.

Wind schob mich die Hauptstraße San Martin hinunter. Sie führte schnurgerade dem Wasser zu. Vor mir lagen Holzkähne, wie eilig aufs Ufer gezerrt. Rechts davon eine Tafel mit dem Wappen des Ortes: Meereswellen, darüber eine Möwe, die Sonne, das Kreuz, es fehlte der pausbäckige Gott des Windes. Mein Blick schweifte zu den aufgegebenen Häusern. Einsamkeit und Wind hatten die Bewohner vertrieben. Blechteile schlugen in konstanter Eindringlichkeit aneinander. Der schaurige Lärm verschmolz mit dem Gekreisch der Möwen zu einem Requiem auf einen trostlosen Ort.

Die 4800-Seelen-Ortschaft liegt am Westrand einer von grauem Schotter- und Felsstrand umrahmten Bucht, der Bahia de Saint Julián. Ich erkannte die Banco Cormorán, daneben die Banco Justicia, zwei graue, karge Geröllinseln, die wie Leiber von Wachhunden den südlichen Teil der Bucht abriegeln.

Da lag sie also, die »Insel der Gerechtigkeit«, Magellans und Drakes Wirkungsstätte. Auch Drakes Stätte der Gerechtigkeit? Eine Vogelwarte war zu erkennen. Bewohnt wird das Eiland von Möwen, Kormoranen, Pinguinen, bisweilen von Robben – nicht von Menschen.

Die Natur ist gut vertreten an diesem Küstenabschnitt Patagoniens, der Mensch geduldet. An den Abrasionskanten der Steilküste und den vorgelagerten Felsterrassen versammelt sich die Fauna der Weltmeere: See-Elefanten, Wale, Seehunde, Pelzrobben, Pinguine, unzählige Arten von Wasservögeln. Die größte Attraktion findet sich an den Gestaden der Halbinsel Valdés ein: alljährlich siebenhunderttausend Magellanpinguine und Schulen von insgesamt siebenhundert Glattwalen.

Die kleine Konservenfabrik in Saint Julián verarbeitet Muscheln und Garnelen, für den Reichtum der Küste an Meerestieren ist sie keine Gefahr.

Ich wandte mich ab von Küste und Meer, huschte in eine Seitenstraße, die Ameghino, hinein. Kopfgroße Grasbüschel rollten, vom Wind getrieben, vor mir her. Dann riss ich die Tür eines Holzhauses auf – endlich ein windgeschützter Ort! Ich stand im Heimatmuseum.

An einem kleinen, rohen Holztisch saß ein großer Mann mit langen schwarzen Haaren, einem breiten Gesicht, dunkler Hautfarbe und scharfer Nase. Er kassierte einen lächerlich geringen Eintrittspreis. Ein Blick durch die Räume sagte mir, dass hier eine Menge interessanter Ausstellungsstücke zusammengetragen wurden: Werkzeuge, Gefäße, Kleidung, Schmuck und vieles andere der Tehuelche-Indianer. Gerade studierte ich einige vergilbte Schwarzweiß-Fotos an der Wand. Da stand der Mann von der Kasse neben mir. Er war größer als ich und stämmig.

»Falls Sie Fragen haben, Señor, die beantworte ich Ihnen gern.«

»Die Bilder mit den Menschen vor den Hütten, ist das Ihr Volk?«

»Das war mein Volk, ich bin Tehuelche«, sagte der Indianer nicht ohne Stolz. »Ich heiße Fernando, eigentlich Mahotetuque.«

Nachdenklich schaute ich den Mann an. Ein verschlossenes, melancholisches Gesicht, es mochte auch Bitterkeit im Ausdruck liegen. Und mit einem Mal empfand ich große Traurigkeit – Traurigkeit und Zorn über das Vernichtungswerk des Menschen an anderen Menschen.

Die Groteske war von unglaublicher Eindringlichkeit: Fernando, der letzte Tehuelche, in einem Museum! Verlegen reichte ich ihm die Hand.

In einem anderen Raum standen wir vor einer Bildkarte, die Saint Julián mit der Bucht zeigte. Auf der Banco Justicia hatte der Zeichner Richtscheit mit Axt abgebildet.

»Wie gelangt man dahin?«, fragte ich und deutete auf die Insel.

»Gar nicht, das ist ein Vogelschutzgebiet. Außerdem gibt's da nichts zu sehen.« – »Keine Spuren von Francis Drakes Wirken?«

»Wirken?«, fragte Fernando verächtlich. »Das ist der Tatort eines Mörders!«

»Eines Mörders? Weil er einen Tehuelche erschossen hat?«

Der Indianer zuckte mit den Schultern. »Sicher auch. – Er ließ seinen Freund aus Herrschsucht und Rache töten.«

Fernando erklärte seine Ansicht. Sie ist von den Spaniern, dann von den Argentiniern so verbreitet und gelehrt worden. Und das Erstaunliche daran ist: es handelt sich um eine englische Quelle, die von John Cooke stammt. Cooke fuhr unter dem Kommando von Winter auf der ELIZABETH. Da John Winter sich nach England absetzte, endet der Bericht in der Magellanstraße.

Zum Disput um die portugiesische Prise heißt es darin: »... Nachdem sich Kapitän Drake an den erbeuteten Schätzen satt gesehen hatte, übergab er diese der Obhut seines guten Freundes Thomas Doughty. Es ergab sich so, dass Drake einen Bruder hatte (nicht gerade der Allerklügste unter der Christenheit), den er zusammen mit anderen auf die Prise schickte. Dieser Thomas Drake, dem der Sinn mehr nach Beute als nach Ehre und Ansehen stand, war der Erste und Einzige, der den Befehl seines Bruders nicht befolgte: Er erbrach nicht nur die Truhe, sondern bemächtigte sich auch ihres Inhalts.

Thomas Drake musste sein Vergehen zugeben und bat Doughty, es nicht dem Befehlshaber zu sagen. Doughty sagte, dass er die Angelegenheit nicht für sich behalten könne.

Als der Befehlshaber an Bord der Prise kam, berichtete Doughty ihm über die Affäre. Der Befehlshaber geriet sofort in Wut und fluchte fürchterlich. Drake tat so, als sei er sicher, dass Doughty weitergehende Absichten damit verbinde und dass er ihm an die Ehre wolle.

Von dieser Zeit an schien Groll und Hass zwischen den beiden von Tag zu Tag zu wachsen...«

Weiter erfährt der erstaunte Drake-Anhänger in John Cookes »Narrative« (Bericht), der erstmals 1855 veröffentlicht wurde und im Britischen Museum liegt: »... Es kam so, dass Doughty sich sehr unterwürfig zeigen musste, und nicht nur er selbst, sondern auch seine Freunde...«

Drakes Verhalten gegenüber Doughty in der Bucht von Saint Julián hört sich wie die groß angelegte Demontage eines Nationalhelden an: »... Auf dieser Insel in Port St. Julián geschahen viele Dinge, von denen ich meine, dass Gott nicht will, dass sie im Verborgenen bleiben, besonders, da sie auf einen Mord hinausliefen.

Dort fand Drakes verhüllter Hass ein Ende durch ein höchst tyrannisches Blutvergießen. Denn Drake war niemals ruhig, solange Doughty lebte, ein Mann, der ihn an Klugheit und Rechtschaffenheit so weit übertraf wie Drake alle anderen an Tyrannei...«

In Cookes Augen wurde Doughty unter fadenscheinigen Gründen der Prozess gemacht, in dem Drake mittels einer bestochenen oder unter Druck gesetzten Jury ein Urteil seiner Vorstellung erwirkte.

»... Drake übergab die Anklageschrift, wie ich sie nennen will, Kapitän John Winter. Dann sagte Leonard Vicary zu Drake: ›Befehlshaber, das ist keine Gerechtigkeit, die ihr übt.‹ Drake antwortete: ›Ich habe es nicht mit euch geriebenen Anwälten zu tun und das Gesetz kümmert mich nicht, aber ich weiß, was ich tun werde.‹ – ›Nun‹, sagte Herr Vicary, der einer der Geschworenen war, ›ich weiß nicht, ob wir über Leben und Tod entscheiden können.‹ – ›Ihr habt nicht über Leben und Tod zu entscheiden, lasst mich allein das tun‹, erwiderte Drake.

Die Geschworenen kamen zu dem Schluss, dass bis auf einen Punkt der Anklage alle übrigen der Wahrheit entsprachen. Die Beschuldigung Edward Brights wurde bezweifelt. Daraufhin Drake: ›Ich kann beschwören, dass das, was Bright sagt, völlig der Wahrheit entspricht.‹

12

12 *Strand- und Palmenidylle an der Karibikküste von Puerto Rico.*

13 *Sir Francis Drake, nach neuen Erkenntnissen der Entdecker von Kap Hoorn.*
Ein Gemälde von M. Gheeraerts.

13

14

15

16

14 In einem weniger dicht besetzten Trimaran ging´s an die Küste Panamas.

15 Nombre de Dios: In der herrlichen Bucht ein hässlicher Strand.

16 Der Schatzpfad führt heute durch Farmland und Regenwald.

17 Nombre de Dios, wie Francis Drake es vorfand.

18 Nahe Nombre de Dios: Auf Schatzsuche geht´s bepackt über den alten Mulitrail.

19 Rio Campas, auch Rio Juan-Miguel genannt. In dieser Umgebung überfiel Drake 1573 die spanische Schatzkarawane.

17

18

19

20

20 *Der »Christo Negro«, ein Wallfahrtsort vor Isla Grande (Panama).*

21 *Maler Manuel bannt die abendliche Karibikbucht auf seine Leinwand (Isla Grande).*

22 *Die alte, schwer bestückte Stadtmauer von Portobelo in Panama.*

23 *Die Maske der Muisca-Indianer Kolumbiens. Ein verschollenes Beutestück Francis Drakes?*

21

23

22

Die so erworbene Einstimmigkeit genügte Drake, um nach einer flammenden Rede über Leben oder Tod Doughtys abstimmen zu lassen.

›... Wenn ich meines guten Namens und Rufs beraubt wäre, was würdet ihr tun? Ihr wäret gezwungen, gegenseitig euer Blut zu trinken und euch wieder auf die Heimreise zu begeben, und wäret nicht in der Lage, den Weg dorthin zu finden. Überlegt, was für eine großartige Reise wir zu machen im Begriff stehen. Mit diesem Unternehmen wird der Niedrigste dieser Flotte ein Herr werden. Deshalb, meine Herren, mögen diejenigen, die denken, dieser Mann habe den Tod verdient, mit mir die Hand heben.‹

Daraufhin erhoben Verschiedene, die Doughty sein früheres Glück neideten, ihre Hand, andere wiederum wagten aus Furcht vor Drakes Härte nicht, ihre Hand, ihrer eigentlichen Überzeugung folgend, unten zu lassen, wieder andere erhoben Hand und Herz zu Gott und flehten ihn an, er möge sie von diesem grausamen Tyrannen befreien.

Drake nahm nach der Abstimmung wieder den Richterstuhl ein und verkündete, dass Doughty ein Kind des Todes sei, und versprach ihm zugleich, er würde ihn zu einem Kind Gottes machen...

Kapitän Drake bot ihm an, die Todesart zu wählen, die er wünschte. Doughty erwiderte, da er ein Herr sei, wolle er enthauptet werden. Ich hörte tatsächlich, dass Kapitän Drake ihm anbot, ihn, wenn er wolle, mit einer Kanone zu erschießen, und Drake selbst würde es tun, damit er (Doughty) durch die Hand eines Gentlemans stürbe...

Nachdem Doughty und Drake das Abendmahl empfangen hatten, fand ein Festmahl statt. Nach dem Mahl sagte Doughty, er sei bereit. Der Höfling wurde zur Hinrichtungsstätte geführt, wo er sich genauso tapfer zeigte wie die ganze Zeit zuvor.

Schließlich wandte er sich mit einem Scherz an den Befehlshaber und sagte zu ihm: ›Nun wahrlich, ich kann wie Sir Thomas Nore sagen, dass derjenige, der meinen Kopf abschlägt, sich wenig Ehre einhandeln wird, mein Hals ist nämlich so kurz.‹

Nun drehte er sich um und bat alle, ihm zu vergeben, besonders Thomas Cuttle und Hugh Smith. Doughty schwor, dass weder Smith noch ein anderer Mann jemals mit ihm irgendwelche verräterischen Handlungen gegen den Befehlshaber unternommen hätte.

Dann umarmte Doughty den Befehlshaber, verabschiedete sich von der Mannschaft und legte sein Haupt auf den Block.

Nachdem es abgeschlagen worden war, ließ Drake es hasserfüllt emporheben und der ganzen Mannschaft zeigen und sagte: ›Seht, das ist das Ende von Verrätern!‹« *

Ein infames Pamphlet gegen Francis Drake oder die Wahrheit?

Verfasste John Cooke den auffallend genauen Bericht in Absprache mit Kapitän John Winter, der sich mit der ELIZABETH ohne Befehl absetzte? Wollte Winter für den Fall vorbauen, dass der Befehlshaber ihn später in England wegen Fahnenflucht anzeigte?

Spielt das eine Rolle?

Sicher war, dass Drake, sollte er jemals sein Heimatland wiedersehen, die fragwürdigen Umstände, unter denen der Höfling sein Leben lassen musste, zu erklären hatte. Nicht nur Lord Burghley, auch die Königin würde bohrende Fragen stellen!

Dem Indianer Fernando gab ich zu bedenken, dass es auch einen positiven Bericht zu Drake als Ankläger gibt.

»Die zeitgenössischen Dokumente sind gegensätzlich und widerspruchsvoll, wie seine Taten.«

»Drake war machtbesessen und erbarmungslos. Neben sich duldete er niemanden. Er war ein durchtriebener Schatzjäger, ein Ungeheuer an Egoismus und Unaufrichtigkeit...«

»Er jagte noch brutaleren Ausbeutern die Güter ab«, antwortete ich.

»Für die Tehuelche verkörpert Drake die Seele des weißen Mannes. – Die Insel da draußen ist die der Ungerechtigkeit!«

Ich gab mir keine Mühe, ihn umzustimmen; die Spanier, dann die Argentinier hatten vierhundert Jahre Zeit, die Engländer zu verteufeln.

Ich musste weiter, wieder hinaus in den Sturm, Drake folgen – durch die Magellanstraße, ans Kap Hoorn.

---

* Hampden, John (Hrsg.): Sir Francis Drake. Pirat im Dienst der Queen. Edition Erdmann im K. Thienemanns Verlag, Stuttgart 1997, S. 299-320.

10.

1578
Die Magellanstraße
und das Kap

Sichtlich befriedigt, sich des Unruhestifters ein für alle Mal entledigt zu haben, hielt Drake die Zeit für eine klarstellende Rede für gekommen.

Bevor die Schiffe zur Bewältigung der nächsten Etappe in See stachen, versammelte sich die Mannschaft zum letzten Mal an der Bahia de Saint Julián, um einer Ansprache ihres Generalkapitäns zu lauschen.

»Wir dürfen einen Mann nicht leichtfertig aburteilen, diesen Meutereien und der Zwietracht, die unter uns aufgekommen sind, muss jedoch abgeholfen werden. Lasst uns unsere Zusammengehörigkeit beweisen. Wenn welche unter euch sind, die nach Hause möchten, dann lasst es mich wissen. Sie mögen sich aber in Acht nehmen und tatsächlich nach Hause fahren, denn wenn sie mir über den Weg kommen, werde ich sie mit Sicherheit versenken.«

Drake machte eine Pause, schaute herausfordernd in die Runde. Niemand wollte umkehren.

»Nun denn, seid ihr alle guten Willens gekommen oder nicht?«

»Aye, aye – Generalkapitän!«, riefen heisere Kehlen im Chor.

»Aus welcher Hand empfangt ihr eure Heuer?«

»Aus der euren – Generalkapitän!«

Nun ließ Drake die einzelnen Schiffsführer vortreten und verkündete: »Ein jeder Offizier sei hiermit all seiner Ämter enthoben!«

Erstauntes Schweigen. Was führte der unberechenbare Kommandant noch im Schilde?

»Wenn diese Reise kein Erfolg wird, wären wir nicht nur dem Spott und dem schmachvollen Hohn unserer Feinde ausgesetzt, sondern wir wären auch für alle Zeiten ein großer Schandfleck für unser Land. Mit dem Wunsch, dass alle miteinander gut auskommen, fordere ich euch auf, die normale Arbeit aufzunehmen.« *

Damit befahl er die eben degradierten Offiziere in ihre alten Ränge zurück und bewies eindrucksvoll, wer der unangefochtene Befehlshaber war.

Die Krise hatte ihr Ende.

Die Expeditionsflotte, nunmehr aus drei Schiffen bestehend, setzte ihre Reise am 17. August 1578 fort. Kurs: Magellanstraße – die drei Tage später erreicht wurde.

Einem mahnenden Finger Gottes gleich, reckte sich der Felsen des Capo Virgin aus tosender See gen Himmel. Schroffes, schwarzes Felsgestein bewachte die Einfahrt der Wasserstraße wie ein Cherub, mit dem Unterschied, dass kein Paradies, sondern der Eingang in den Hades bewacht wurde.

Capo Virgin ein Kerberos? Drake fühlte das göttlich-mystische des Augenblicks, hielt in Höhe des Kaps einen Gottesdienst ab, dann änderte er den Namen seines Flaggschiffs in GOLDEN HINDE. Eine Huldigung an seinen Freund und Gönner Christopher Hatton. Sir Christopher führte in seinem Wappen eine goldene Hirschkuh.

Frohen Mutes segelte die HINDE in die unbekannte Wasserstraße – bereits am ersten Tag peitschte Sturm schäumende See gegen ächzende Bordwände. Die GOLDEN HINDE wurde gefährlich nah an hohe Felsklippen gedrückt. Im Labyrinth des engen Fahrwassers schien es gleich mehrmals so, als schmetterten Sturm und Strömung die Galeone an schwarze Wände.

Oft fuhr Drake im Beiboot voraus, um die Strecke auszukundschaften. Eisige Winde fegten ihn fast aus dem Boot, und bisweilen führte ein hoffnungsvoller Wasserarm, wie die Canal Whiteside, in eine Sackgasse.

Fallwinde, Strömung und eine von Felsen begrenzte Enge machen die Magellanstraße auch heute noch zu einer der gefährlichsten Wasserwege unseres Planeten.

---

* Bericht des Neffen Francis Drakes: The World Encompassed, Nicholas Bourne, London, 1628

Drake brauchte für die 150 Seemeilen durch Feuerland sechzehn Tage.

Kaum hatte sein Schiff den Bug ins Südmeer gebohrt, da tobten die Elemente mit unvorstellbarer Kraft. Magellan nannte den vor ihm liegenden Ozean, diese größte aller Wasserflächen, »Pacifico«, den stillen Ozean – welch ein Hohn!

Der Spanier Vasco Nuñez de Balboa hatte ihn als Erster erblickt, 1513, nach einem strapaziösen Marsch durch Panama, und ihn »Mar del Sur«, Südmeer, genannt – das war schon treffender.

Zwei volle Wochen waren Wind und See entfesselt. Der Konvoi verlor sich aus den Augen. Die GOLDEN HINDE wurde nach Süden getrieben. Brecher um Brecher entlud sich über dem Segler. Wasser schoss in Kaskaden durch Kajütfenster und Niedergänge. Die Vernagelung mit Brettern wurde aufgedrückt und zerschlagen. Es grenzte an ein Wunder – noch überstand das Schiff die Attacken.

An Bord torkelten die Männer wie Betrunkene, kraftlos, mit eingefallenen Gesichtern. Selbst Drake war von Erschöpfung gezeichnet – die HINDE nicht mehr in seiner Gewalt.

Sie wurde durch das Meer geschlagen und gestoßen. Die Männer konnten weder Brassen noch das Ruder zwingen, sie waren am Ende.

Wo befand sich das Schiff?

Weit im Süden, das war klar. Aber wo genau? Die Wasserwüste schien endlos. Versperrten auch Eisregen, Gischt und tiefe Wolkenfetzen die Sicht, Drake war sicher: Die Gelehrten hatten sich geirrt, im Süden gab es keinen neuen, unbekannten Kontinent, keine »Terra Australis Incognita« – nur tosenden Wind und brausendes Wasser. Die Südspitze Amerikas war ein gigantischer Hexenkessel.

Eine neue Wasserwalze rollte heran, erbrach sich über der GOLDEN HINDE. Drake fand sich am Schanzkleid wieder, das Seil an seiner Hüfte hatte gehalten. Noch atmete er, noch lebte er. Aber: Sollte hier vor Kap Hoorn das Ende seiner Mission sein? – Das wollte und konnte er nicht glauben!

11.

Januar und Februar 1997
Kap Hoorn

Valparaiso im Januar 1997. Es war Hochsommer mit fast 30 Grad im Schatten. Über Chiles größtem Hafen wehte eine leichte Brise. Ein Frachter wurde gelöscht. Eine Barkasse tuckerte dahin.

Ich stand an der Pier und schaute dem Treiben zu. Einem verhaltenen Treiben!

Wo war der Mastenwald, wo die Flotten stolzer Windjammer, die um die Jahrhundertwende die Bucht bis an den Horizont beherrscht hatten? Europäische Frachtsegler, wackere Kap Hoorn-Bezwinger, sie gab es nicht mehr. Mag man mit Joseph Conrad trauern: »... der unvergänglichen See, den Schiffen, die nicht mehr sind, und den schlichten Männern, deren Tage nicht wiederkehren.«

Oder ließ sich die Zeit noch einmal zurückdrehen?

Am Kai lag ein Schiff, das so gar nicht ins moderne Hafenbild passte, die KHERSONES, ein Dreimast-Vollschiff, für die nächsten vier Wochen »mein« Segler. Er wollte ein Kap-Hoorn-Bezwinger werden, seit fast fünfzig Jahren das erste Mal wieder und mit Sicherheit das letzte Mal in diesem Jahrtausend.

Auf was hatte ich mich da eingelassen? Die Schiffsdaten kamen mir in den Sinn: Baujahr 1989, Länge über alles 108 Meter, Breite 14 Meter, Höhe 50 Meter, Tiefgang 6,50 Meter, Segelfläche 2770 Quadratmeter, Anzahl der Segel: 26; mit an Bord werden sein: ein Kapitän mit einer Monatsheuer von um 600 D-Mark, fünfzehn Offiziere, pro Kopf 360 D-Mark, eine Stamm-Mannschaft, die 260 D-Mark pro Seemann und Monat verdient, vierundsechzig Kadetten, denen 45 D-Mark gezahlt werden.

Dann siebenundsiebzig Finanziers, die sich »Trainees« nennen und Geld mitbringen: für den gesamten Törn über zwanzigtausend, für die Kap-Hoorn-Umrundung stolze dreizehntausend D-Mark. Sich einen Traum zu erfüllen ist teuer. Ich wollte Südamerika umsegeln!

Der Blick auf die KHERSONES weckte Fernweh.

»... Kap Hoorn liegt auf Lee, jetzt heißt es auf Gott vertraun / schroff ist das Riff, und schnell geht ein Schiff zugrunde / früh oder spät schlägt jedem von uns die Stunde...«, sang Hans Albers. Seemannsromantik beschwor er wie kein anderer – eine Erklärung für uns »Salzbuckel«, auf dem Großsegler »anzuheuern«, der einfache Kost, miefige Zwölf-Mann-Kabinen, lästige Enge, unter Deck derbe Gerüche, nervige Schaukelei und Seekrankheit versprach?

Es waren die Träume, sie trieben übers Meer, Kap Hoorn entgegen.

Die KHERSONES war auf einem besonderen Törn. Erstmals seit 1945 nahm ein Windjammer der Handelsmarine von einem deutschen Hafen aus Kurs auf die Südspitze Amerikas. Das Kap wurde in der dreihundertfünfzigjährigen Geschichte der Handelsschifffahrt für mehr als zehntausend Mann und achthundert Schiffe ein nasses Grab.

Das schreckte unseren Kapitän, Mikhail Sukhina, nicht. Für ihn war der Törn die größte Herausforderung.

Vor dem Auslaufen in Kiel meinte er: »Die Fahrt wird hart, doch Kap Hoorn ist für den Seemann wie Mekka für den Muselmanen. Es muss mit heftigen Schneestürmen, hohen Kreuzseen und treibenden Eisbergen gerechnet werden.«

Bei Shanties und mit guten Wünschen legte die KHERSONES Ende Oktober 1996 in Kiel ab. Kap Hoornier Wilhelm Hinze, achtundsiebzig Jahre alt, bekam glänzende Augen: »Ein starker Törn! Als Schiffsjunge bin ich auf der PADUA ums Kap gekreuzt, die Strapazen wünsche ich keinem mehr.«

Kapitän Uwe Koch von Inmaris Perestroika Sailing, der Organisator der Seereise, ergänzte: »Für die Trainees liegen Brassen, Decksarbeiten, Segelsetzen, Küchendienst und Wacheschieben an.«

Ich fieberte dem Einsatz entgegen, wollte erleben, wie man sich beim Segelbergen oben in der Groß-Royal-Rah, vierzig Meter über

Deck, fühlt, war gespannt, wie sich der Segler in Monsterwogen, so genannten »Kavenzmännern«, verhält...

»Wem Gott will rechte Gunst erweisen / den schickt er dreimal um Kap Hoorn... Und bei des Meeres dumpfem Sausen / im Wassergang die Wache liegt...«

So haben es die Maaten und Schiffsjungen auf den Windjammern GREIF, POLYMNA, PEKING, THEKLA, PREUSSEN und vielen, vielen anderen an den Gangspills gesungen, als sie von Kap Hoorns Krallen gepackt und gebeutelt wurden – mancher bis zum Tod.

Kapitän Adolf Hauth gelangte 1938 mit seiner Viermastbark PRIWALL von fünfzig Grad Süd-Breite im Atlantik bis zu fünfzig Grad im Pazifik in einer Rekordzeit von fünf Tagen und vierzehn Stunden! Es wurde die schnellste Kap-Hoorn-Umrundung aller Zeiten. 1939 umsegelten PAMIR und PASSAT in einem Wettrennen von Australien nach Europa das Kap. Die PAMIR wurde Sieger. Sie war der letzte Frachtsegler, der die Hoorn umrundete. Damit sollte jetzt zu Ende sein.

Wie ein Schwan hatte die KHERSONES ihre Flügel ausgebreitet und glitt aus der Jammerbucht Dänemarks. Dann folgte der erste Vorgeschmack auf raue See. Bei Windstärke elf zerfetzten sechs Segel. Auch kurz vor Teneriffa gab's nochmal ordentlich etwas auf die Laken. Kapitän Sukhina wiegte besorgt sein weißhaariges Haupt. Ein schlechtes Omen?

Der Atlantik wurde ohne besondere Vorkommnisse in vierzehn Tagen überquert. Bisweilen begleiteten Wale, Delfine und Fliegende Fische den Segler.

Ärger gab es in der Karibik: Häfen, die angelaufen werden sollten, verlangten horrende Gebühren. Die Schiffskasse war leer, Hafenstädte mussten gemieden werden. Dann setzte es Ausgangssperren für die Kadetten, weil bei einem Gerangel fünf Offiziersanwärter ihre Pässe verloren hatten. Kapitän Sukhina war kein Unmensch, als Ausgleich wurde ein Bordfest mit Band und exotischen Schönheiten organisiert. Am Ende tanzte sogar der »Alte« Limbo.

Pünktlich am 19. Dezember lief die KHERSONES in den Panama-Kanal ein, drei Tage später wurde der Äquator überschritten. Für die Täuflinge hatten sich die Matrosen etwas Besonderes ausgedacht. Nach einem ordentlichen Schluck eines Rizinusgebräus wurden sie durch eine ölverschmierte Röhre gescheucht, dann ging's ab ins Taufbecken und mit neuem Seemannsnamen »Graubart«, »Seehecht« oder »Kaptain Mo« wieder an die Arbeit.

Bei Nebel und Regen lief die KHERSONES Mitte Januar in Valparaiso ein. Zerfetzte Segel wurden ausgetauscht, Frischwasser und Verpflegung für den große Schlag ums Kap gebunkert. 3100 Seemeilen lagen vor uns. Wenn wir Pech hatten, würden wir vier Wochen kein Land sehen – nur von Regen, Wogen und Sturm umgeben sein, vielleicht Eisberge ausmachen können.

Es sollte ganz anders kommen!

Abschied von Valparaiso nahmen wir bei Wolfgang in seinem »Restaurant Hamburg« in der Calle O'Higgins.

»Meine Sailors!«, begrüßte er uns und gab den jetzt an Bord Kommenden letzte Tipps: »Aufentern und Neptun ein Opfer bringen nur in Lee!«

Das Dreimast-Vollschiff KHERSONES hat in der Abendsonne alle Segel gesetzt.

»All right, Wolfgang, das merken wir uns.« Dann wurden noch ein paar Pisco Sauer gekippt. Der Blaue Peter flatterte schon. Es wurde ernst. Reisefieber stieg auf. Ich ging die Pier entlang zum Schiff.

Am herrlichen Nachmittag des 17. Dezember legten wir ab, setzten die Segel und glitten im Abendlicht in den offenen Pazifik. Es blieb das Knattern steifen Tuchs, das Plätschern kleiner Bugwellen – ein Traum näherte sich der Erfüllung.

Vor die Erfüllung haben die Götter den Schweiß gesetzt! Der Wind frischte auf. Die Wogen bekamen Schaumkronen, Gischt sprühte über Deck. Die Dünung lief hoch auf. Die KHERSONES pendelte wie ein Klöppel. Manch einem drehte es den Magen um. Borschtsch, die tägliche Kohlsuppe, wurde zum Ärgernis. Bei hohem Seegang gelangte sie nicht in den Mund, sondern auf den Schoß des Nachbarn.

Das Geschaukel – eine Plage! Wir standen an Deck, ans Strecktau gepickt, und schauten über schwere, hohe Dünung, in Gedanken weit weg, im tiefen unbekannten Süden...

»Parussnij awrall, parussnij awrall – all hands on deck!«, plärrte der Lautsprecher, dazu schrillte die Alarmglocke: kurz, lang, kurz, lang, kurz, lang – Segelalarm!

Der Traum verflog. Die Wirklichkeit hieß brassen – ein bestimmtes von verwirrend vielen Tauen ziehen, in die Rahen entern, belegen, wieder und wieder brassen.

Im Laufschritt kam das Schiffsvolk dahergerannt, Mannschaften, Kadetten, Trainees: Die einen mussten, die anderen wollten dabei sein. Auch nachts, das war Ehrensache. Das wilde Durcheinander ordnete sich an den Masten.

Meiner war der Fockmast. Der Bootsmann teilte ein. Nach fünfzehn Minuten lag die KHERSONES wieder hart am Wind und pflügte den blauen Acker bei schwerer See, westlich von Chiloé. Kurs 190 Grad, Wind aus Nordwest, sieben Beaufort, Temperatur acht Grad Celsius, bei fallender Tendenz. Wir liefen zwölf Knoten. Der Wetterbericht sprach von drei Tiefdruckzentren, die sich vereinten und in Orkanstärke Feuerland umtosten.

»Da is' ja bannig Putz. Wenn das man gutgeht«, meinte Klaus und zog nachdenklich an seiner Pfeife. Wie die meisten Trainees hatte er auf irgendeine Weise mit der Seefahrt zu tun. Klaus war Kapitän auf Großer Fahrt und zuletzt Kanallotse in Brunsbüttelkoog.

»Bis wir unten sind, schlägt das Wetter noch ein paar Mal um«, sagte Heinz, der auf einem Stückgutdampfer die Weltmeere befahren hatte. Nur die Drakestraße fehlte ihm noch. Nach dem Brassen hatten wir Gebetbücher, dann wieder Webeleinen unter den Füßen. Unser Bootsmann hatte uns so richtig eingespleißt an Deck, unter den 2800 Quadratmetern Segelfläche

Es fauchte heftig wie in einem Kanonenofen. Wir mussten Segel kürzen. Ohne Lifebelt ging nichts mehr an Deck. Der Krängungsmesser schlug auf beiden Seiten bis zu vierzig Grad aus.

Auf den nassen, glatten Planken wurde es jetzt gefährlich. Fangnetze und Strecktaue wurden gespannt. Einpicken war Pflicht. Ich segelte der Länge nach hin.

Die KHERSONES mit Kurs auf Kap Hoorn. Im Sturm ist donnernd ein Stagsegel zerfetzt.

Wer bei diesem Höllenritt außenbords ging war verloren. Wen Rasmus in den Klauen hat, den gibt er nicht mehr frei.

»Himmel-Kreuz-Donnerwetter!«, fluchte Peter, der gerade den Niedergang hinabpolterte, »der Blanke Hans zerrt ja mächtig an unserer Back-Nummer.«

Mit einem wahnsinnigen Knall zerfetzte ein Stagsegel, unbändig schlugen die Fetzen im Wind. Nun dröhnte die Alarmglocke.

Gesichert und mit festem Griff versuchten die Teernacken das zornig schlagende Tuch zu bändigen, immer auf der Hut vor den Witwenmachern, den großen, schweren Blöcken, die tödliche Schläge austeilen.

Jetzt reichte es, der Kapitän verhängte Decksverbot. In den Zwölf-Mann-Kabinen herrschte drangvolle Enge.

Es gab eine Koje, ein kleines Schapp, ein Regal in Handtellerformat. Die Koje war Bett, Tisch und Stuhl in einem. Wer nasse Klamotten hatte, spannte eine Leine über die Koje, darunter konnte man schlafen, es sei denn, Pullover, Handtücher oder Jacken fingen an zu tropfen.

In meiner Kammer fiel heute Nacht einer aus der Koje. Ausschlafen war nicht mehr drin. Wer sich in seinem Bett hielt, der schnarchte. Es gab Nächte, da wurde gesägt wie im Schnarchlabor.

Immer wieder der krächzende Lautsprecher mit russischen Orders. Wir reagierten nur auf die durchdringende Glocke für Segelalarm, torkelten an Deck – das Verbot war aufgehoben worden – ins nächtliche Dunkel zum Brassen. Der Sturm fauchte noch, Regen peitschte. Es war nass und kalt, die Planken glatt. Schön war das Seemannsleben! Grippe grassierte. Der Fraß, als Mahlzeit deklariert, zerrte an den Nerven.

»Ich wünsche mir, dass meine Frau so kocht, dann hätte ich einen Scheidungsgrund«, meinte Hans.

Jens: »Da bewegt sich was im Essen!«

Peter: »Halt's Maul, es könnte jeder was davon haben wollen.«

Ein Trainee hatte als Smutje die Welt befahren, gerade stocherte er im Essen herum und schob es beiseite. »Wenn ich das gebracht hätte, wäre ich über die Kante gegangen!«

»Nun mal halblang«, meinte Klaus, »das Essen ist nicht exklusiv, aber der Törn ist es!«

Der deutsche Arzt erschien in der Messe. »Alle mal herhören. Wir haben Krätzmilben an Bord. Die jucken an verschiedenen Körperteilen. Sind an roten Punkten erkennbar.«

Jan neben mir rief: »Doc, Krätzmilben, ist das'n vornehmer Ausdruck für Sackratten?« Alles lachte.

»Nee, keine Angst, hier hat keiner Matrosen am Mast.«

Von den Krätzmilben sah und merkte ich nichts. Lästiger war die Wasserrationierung. Duschen wurde zur Seltenheit. Peter stand grübelnd im Waschraum und betrachtete seine Unterhose. »Heute muss ich wohl mein erstes Wendemanöver fahren.«

Klaus weckte uns um sieben Uhr mit seinem Standardspruch von der Brücke aus per Lautsprecher. »Reise, Reise, erhebt die müden Leiber, die Pier steht voll nackter Weiber.« Dann folgten Uhrzeit, Datum, die Position, das Etmal, Geschwindigkeit, Windstärke und Außentemperatur.

Kurz darauf schrillte es unsanft zum Segelalarm – ein Geräusch, das noch verdammt lange nachklingen wird!

Eines Morgens saß Jan auf seiner Koje. »Jungs, heut' Nacht hatt' ich 'nen tollen Traum.«

»Lass hören!«

»Also, ich hab' von Claudia Schiffer geträumt. Sie stand auf der Leiter, wir haben zusammen tapeziert.«

»Und?« fragte Fritz erwartungsvoll.

»Nichts – und!«

Der Wind flaute ab. Wir machten mittelprächtige Fahrt. Unsere Etmale, Distanzen von zwölf bis zwölf Uhr mittags, betrugen um 150 Seemeilen. Dennoch war der Kapitän gut gelaunt. Er ist kein tollkühner Rennsegler, der ständig hart am Wind maximales Tuch setzt. Nein, bei Sukhina ging Sicherheit vor. Ein Segel konnte schon mal wie eine offene Hose flattern.

Aber er weiß Wetterkarten und -berichte bestens auszuwerten. Ein wahrer Wetterfuchs, ein optimaler Kursbestimmer, dieser einundfünfzigjährige Seemann und ehemalige Kommandant einer Flotte von Fischfang-Trawlern.

Die KHERSONES übernahm er 1990, bald nach der Fertigstellung. Sie wurde auf der Danziger Lenin-Werft gebaut, Lech Walesa soll als Elektriker auf ihr die Strippen gezogen haben. Der Eigner des

Windjammers ist das Kertsch Marine Institut, ihr Heimathafen Kertsch in der Ukraine.

Benannt ist das Schiff nach der griechischen Siedlung »Khersones«, der heutigen Stadt Sevastopol.

Immer gut gelaunt waren auch Kerstin, der weibliche Verbindungsoffizier, ihr Mann Sergej, der Funker, und Admiral Roberto Benavente.

Der Admiral in Ruhe ist Präsident der Kap Hoorniers von Chile. Er begleitete uns seit Valparaiso. »Die Hoorn« hatte er elfmal umrundet, doch noch nie zu Gesicht bekommen. Ob es diesmal gelang?

Die KHERSONES kämpfte sich von den »Roaring Forties« in die »Howling Fifties«, und damit begann die eigentliche Aufgabe. Nur wenn vom fünfzigsten zum fünfzigsten Breitengrad Kap Hoorn ausschließlich unter Segeln umrundet wurde, galt die Südspitze anerkannt als umsegelt. Ab jetzt durften zu keinem Zeitpunkt die Maschinen, zwei Sulzer Diesel mit je 550 PS, laufen.

Der fünfzigste Breitengrad wurde am Freitag, dem 24. Februar, um 8.03 Uhr passiert. Admiral Benavente hatte sich ein Quiz ausgedacht. Jeder Teilnehmer möge bis heute 11.00 Uhr seine Prognose für das Erreichen von 67°15' westlicher Länge (Lage des Kaps) abgeben. Sieger wäre, wer mit einer Zeitangabe der Wirklichkeit am nächsten käme. Als Preis winkte ein schönes Buch mit Widmung.

Die Beteiligung war groß, und sie heizte die Spannung an. Über Seekarten und GPS gebeugt, wurde eifrig geschätzt und gerechnet. Wann mochte das Ereignis eintreffen?

Egon besann sich psychologischer Tricks: »Schaut euch die bisherigen Durchschnittsetmale an. Vor Montag können wir nie und nimmer am Kap sein!«

Das leuchtete ein. Ich tippte mit den meisten auf Montag 12.00 Uhr.

Heinz ging die Aufgabe computermäßig an. In seinem Laptop hatte er alle Törns und Kurse des sagenhaften Fünfmast-Vollschiffs PREUSSEN gespeichert.

»Unser Kurs stimmt nicht«, meinte er, »wir müssten das Kap viel westlicher angehen. So landen wir irgendwo an der Felsküste.«

Auch richtig! Frühere Kap Hoorniers gingen das Kap von Westen her mit einem weit ausholenden Schlag an.

Wenn Sukhina noch auf altem Kurs kreuzen wollte, verlor er viel Zeit. Andererseits brauchte er Raum, um gefährlichen Küstenklippen zu entgehen. Im Falle eines harten Westwindes käme er in arge Bedrängnis.

Vier Stunden Brückenwache konnten zur Ewigkeit werden – besonders, wenn Schneeregen und eisiger Wind in die Knochen drangen oder das Rad in steiler See nur widerwillig dem Rudergänger gehorchte.

Meine Wache war um, steifbeinig betrat ich den Niedergang, rutschte auf der Metallkante einer Stufe aus und fiel abwärts. Die Schläge aufs Steißbein spüre ich noch heute.

Plötzlich knallte etwas aufs Deck, als wäre jemand aus den Rahen gestürzt. Wir wirbelten herum. Hart war ein riesiger Albatros auf den Planken gelandet.

Gravitätische Flieger sind diese Vögel. Sie begleiteten uns seit Tagen. Dieser war wohl müde geworden und benutzte das Schiff, um neue Kräfte zu sammeln.

Nach einer Weile trug Paul den Riesenvogel an die Reling und übergab ihn seinen Elementen: Wind und Wasser. Hoffentlich hatte sich der Albatros bei seiner Landung nichts gebrochen. Für Seeleute sind es heilige Vögel, in ihnen leben die Toten weiter.

»Ich bin der Albatros / der dich am Ende der Welt erwartet / Ich berge die Seelen der toten Seeleute / die das Kap Hoorn kreuzten…», lautet ein chilenisches Gedicht.

Windstärken und -richtung entsprachen den Prognosen des Kapitäns. Wir bretterten mit bis zu sechzehn Knoten auf Südkurs, kaum siebzig Meilen von der Küste entfernt.

Die KHERSONES pflügte die schwere See wie eine Rennziege. Mit Wind aus Nordwest bis West flogen wir dem Kap entgegen.

Hans lehnte an der Reling und starrte über den Ozean.

»Na Alter, was bewegt dich?«, fragte Paul.

»Weißt du, ich wollte immer Kapitän werden, dann kam der Zweite Weltkrieg dazwischen und ich bin davon abgekommen. Mit dieser Reise habe ich mir einen Lebenstraum erfüllt.«

Carl, ein Schweizer, gesellte sich dazu: »Mein Vater war Marineoffizier, als Kind sah ich Fotos vom Kap – und wusste es, den Felsen musst du einmal im Leben gesehen haben, dann kannst du in Ruhe sterben. Kap Hoorn ist mein Kindertraum.« Carl war fünfzig Jahre alt und Physiotherapeut.

»Ein Schiff voller Träumer!«, brummte Klaus, »vor dem Kap stecken wir im Nebel!«

»Das Gefühl, das starke Gefühl vorbeizufahren, Klaus, das allein ist die Reise wert.«

Ludwig, unser Doktor, mischte sich ein: »1994 rund Island, da hat's mich auf der KHERSONES erwischt, so als hätte mich ein hartnäckiger Bazillus befallen. Für Kap Hoorn habe ich alles aufgegeben. Habe meine Praxis verkauft, die Wohnung aufgelöst. Für ein halbes Jahr ist jetzt das Schiff mein Zuhause.«

»Und du?«, fragte Paul, »welcher Bazillus hat dich infiziert?«

Es klang so herausfordernd, dass ich eigentlich nicht antworten wollte. Nach einer Weile sagte ich: »Francis Drake.«

»Ach du liebe Güte! Der ist doch von der anderen Seite, durch die Magellanstraße gekommen.«

»Auch«, sagte ich, »und dann ist er auf dieser Route ans Kap gesegelt.«

Das wandelnde Lexikon, Fritz Hansen, fühlte sich gefragt. »Eine Vermutung ist, dass der Spanier Francesco de Hoyer 1526 die Spitze Südamerikas umsegelte, ohne sie gesehen zu haben. 1578 folgte Francis Drake als erster Engländer. Über die näheren Umstände ist mir nichts bekannt. Auf 55°58' südlicher Breite und 67°13' westlicher Länge – also verglichen mit der heutigen Position 56°50' Süd und 67°15' West erstaunlich genau – entdeckte neunzig Jahre später, 1616, der Seefahrer Cornelisz Schouten einen umtosten Felsen, wo Atlantik und Pazifik zusammenströmen. ›Wir nennen dich nach unserer lieben Heimatstadt Hoorn – Kap Hoorn!‹ soll er gegen Sturm und Gischt gebrüllt haben.

Damit hatte die südlichste Insel des chilenischen Teils von Feuerland ihren Namen, und der Niederländer Schouten war der erste selbst ernannte Kap Hoornier.«

Am Samstag stand fest: Am nächsten Tag konnte das Ziel, die Südspitze, erreicht werden. Doch wann? Unbemerkt nachts? Oder bei dichtem Nebel? Was passierte, wenn der Wind – wie so oft – plötzlich drehte und die KHERSONES ans gefährliche Falso Cabo, das Falsche Kap Hoorn, drückte? Wir böten eine Bereicherung des

Schiffsfriedhofes. Für großartige Manöver würde der Raum nicht mehr reichen. Hatte Kapitän Sukhina alles im Griff auf dem eilenden Schiff?

Obere und untere Marssegel mit Fock und Groß waren gesetzt. Das Tief hatte seine Winde stabilisiert und schob uns gemeinsam mit dem Hoorn-Strom geradewegs vor die Spitze Südamerikas. An die Brassen wurden wir nur noch selten gescheucht. Die schwere Dünung machte den Mägen allerdings arg zu schaffen, und der beschränkte Auslauf mit Sicherheitsgurt auf dem Besandeck, ständig eingepickt, war auch lästig.

Der Kapitän blieb hart: »Wer uns hier über die Kante geht ist verloren.«

Hoffentlich wurde morgen nicht das totale Decksverbot verhängt?

Unverschämtes Glück begleitete uns. Am 26. Januar, Sonntagmittag, schallte es durchs Schiff: »Kap Hoorn in Sicht!«

Heute war ein besonderer Tag. Wir fühlten es. An der Kimm wuchs »die Hoorn« zu einem schroffen, zerfurchten und mächtigen Felsen. Ein 425 Meter hoher, zylindrischer Kegel.

Ein selten freier Blick auf den schrundigen Felsen des Cabo de Hornos (Chile), wo Atlantik und Pazifik zusammenströmen.

Hin und wieder trat die Sonne aus dunklen Wolkenfetzen und bestrahlte das Kap. Ein feiner Dunstschleier löste sich auf. Der schruntige, mit Moosen bewachsene Felsen stand jetzt wie ein dunkelgrünes Bollwerk zwischen Atlantik und Pazifik. Steil stürzte er, von Gischt umtost, hinab in die Drakestraße, dorthin, wo die Ozeane tobend aufeinander prallen.

Ich erkannte die senkrechten Schmelzwasserfurchen. Nur wenigen Kap-Hoorn-Fahrern war ein Anblick wie dieser gegönnt! Im Abstand von nur fünf Seemeilen glitten wir an dem Naturereignis vorbei. Kap Hoorn rund – der Ritterschlag der Seefahrt. Fühlten wir uns wie Ritter?

Mühen und Qualen von Vollschiffen bei der Bezwingung des Kaps wurden lebendig: Der »Kreuzgang« des Dreimasters SUSANNE im Jahre 1905 - das Hamburger Vollschiff brauchte 99 Tage! Über fünf Wochen liefen die Seen fünfzehn Meter hoch auf. Schneeregen peitschte. Die Männer schufteten mit blutenden Händen, deren Finger schwarze Frostbeulen zeigten. Grimmige, dann flehende Blicke lasteten auf dem Skipper. Doch dieser brüllte nur: »Westward – ho!«, den Schlachtruf der Kap Hoorniers.

Wie viele andere Großsegler hatten sich zehn, zwölf oder noch mehr Wochen lang bei Regen, Schnee und Hagel um die Spitze gekämpft? Manche Kapitäne mussten aufgeben. Viele verschlang das Meer: zehntausend Mann und achthundert Schiffe! Cabo de Hornos – ein Schiffsfriedhof und ein gewaltiges Seemannsgrab.

Enrico aus Chile standen Tränen in den Augen. Seinen Onkel hatte die Hoorn-See vor Jahren zu sich geholt. Auch Admiral Benavente war sichtlich bewegt: »Dass ich das noch erleben darf!«

Motorengeräusche rissen aus getragenen Gedanken. Am Himmel kreiste ein Flugzeug der chilenischen Luftwaffe und dippte mit den Tragflächen zum Gruß – ein verabredetes Rendezvous. Schließlich wurde genau beobachtet, ob die Umrundung auch tatsächlich unter Segeln geschah. Kaum hatte der Flieger seine letzte Schleife vollendet, verfinsterte sich der Himmel, es fielen Regentropfen. Weiter östlich schüttete es. Dann, kaum fünf Minuten später, verschlug es uns den Atem. Die Sonne brach durch, und ein grandioser Regenbogen spannte sich von Nord nach Süd, schloss den Kap-Felsen ein – und durch diesen farbprächtigen Bogen, aus dem sich jetzt sogar ein zweiter entwickelte, durch diesen doppelten Regenbogen glitten wir mit der KHERSONES hindurch.

»Wir fahren durch das Tor des Zaren!«, meinte der Kapitän ergriffen.

Überirdisch schön! Vergessen waren zerfetzte Segel, Quälerei und Ungemach. Das war Kap Hoorn, wie es wohl kaum jemand zuvor erleben konnte.

Laut stieß die Schiffssirene. Es war 21.09 Uhr. Wir grüßten auf 67° 15' westlicher Länge das Kap.

Der Kapitän: »Mannschaft, Achtung! Um 21.09 Uhr haben wir den Meridian Kap Hoorns durchsegelt – KHERSONES hurra!«

»Hurra!«, schallte es über das Meer. Dann folgte eine Gedenkminute zu Ehren der Seeleute, die am Kap ihr Leben ließen.

Nach altem Brauch übergaben der Kapitän, der Admiral und Uwe Koch einen Kranz den Fluten. Der Kranz war aus einer dicken Trosse geflochten worden. Nun folgte mit dem Dank an Rasmus der erste Schluck aus der Schnapsflasche. Unter dem Chor: »Besanschot – an!« wurden die Gläser gekippt.

Auf der KHERSONES, nach vollbrachter Umrundung, der Dank an Rasmus: Besanschot – an!

Kapitän Sukhina gebührte Dank. Nervenstark und unverzagt hatte er uns auf idealem Kurs vors Kap gebracht – der Wetterfuchs.

In der Messe wurde bei Krimsekt, Wodka und Gesang die gelungene Umrundung bis in den nächsten Morgen gefeiert.

»Und wie es aussieht, ist ein Segelrekord für die KHERSONES auf dem West-Ost-Kurs in greifbarer Nähe«, meinte Uwe.

Im Kartenhaus lag Feuerland ausgerollt vor mir. Ich studierte die Eintragungen zum bisherigen Kurs – ein idealer Verlauf; natürlich auch, weil das Wetter mitspielte. Würde es uns weiter hold bleiben?

Meine Gedanken verloren sich in die frühe Zeit der Seefahrt. Ich dachte an Francis Drake, der irgendwo hier bei schwerstem Wetter ums Überleben gekämpft hatte. Er war auf der Suche nach seinen Schiffen MARYGOLD und ELIZABETH, dabei trieb er tiefer und tiefer in den Süden, während die Naturgewalten auf ihn einhämmerten.

»Man darf annehmen, dass kein Reisender je etwas Ähnliches erlebt hat, noch hat es seit der Sintflut einen solchen Sturm gegeben, der so heftig und so andauernd ist«, berichtete sein Chronist Francis Fletcher.

Die Hölle um den sechsundfünfzigsten Breitengrad dauerte zweiundfünfzig Tage. Andererseits sind plötzliche Wetterumschwünge ein Phänomen dieser Region. Der Sturm legte sich. Die Sicht wurde klarer. Drake fand sich mit seiner HINDE unweit schroffer Inseln am Rande des Irrgartens der feuerländischen Fjorde wieder.

Er stieß auf Menschen, die in Kanus zwischen den Inseln pendelten, und fand Zeit, mit den Eingeborenen Tauschhandel zu treiben. Bei den Feuerländern handelte es sich um große, braunhäutige Menschen mit schwarzen, glatten Haaren. Des rauhen Klimas wegen waren ihre nackten Körper in Felle gewickelt.

Ein früher Chronist über die Feuerlandindianer: »... und die in ihren Augen durchscheinende Wildheit und Angst des Einzelnen. Dieses hautnahe Aneinanderkauern der Sippen, wie geduckt unter ihrer Verlorenheit und der Unausweichlichkeit ihres Schicksals. – Ich empfinde ganz tief die schicksalsdumpfe Ergebenheit und die ausgelieferte Leidensfähigkeit dieser Menschen.«

In den Analen heißt es: »Schließlich erreichten wir die äußerste südliche Landspitze dieser Insel, nicht wissend, wie weit sie sich noch vom amerikanischen Kontinent nach Süden erstreckt ... Als wir jetzt am 28. Oktober 1578 zu der äußersten Spitze dieser Insel gekommen waren…, war es, als ob Gott uns die ganze Zeit durch seine geheime Vorsehung geführt hätte, damit wir diese Entdeckung machten… All diesen Inseln gab unser Befehlshaber einen Namen, nämlich den der Elisabetheninseln.«

Über vierhundert Jahre nach Drakes Tod sind amerikanische und niederländische Geschichtsbücher umzuschreiben. Nach letzten Forschungen steht fest, dass Francis Drake der Erste am Kap gewesen sein muss. Bisher vertraten die American National Maritime Historical Society und die Niederländische Kap Hoornier-Gesellschaft die Auffassung, der Niederländer Cornelisz Schouten sei der wahre Ent-

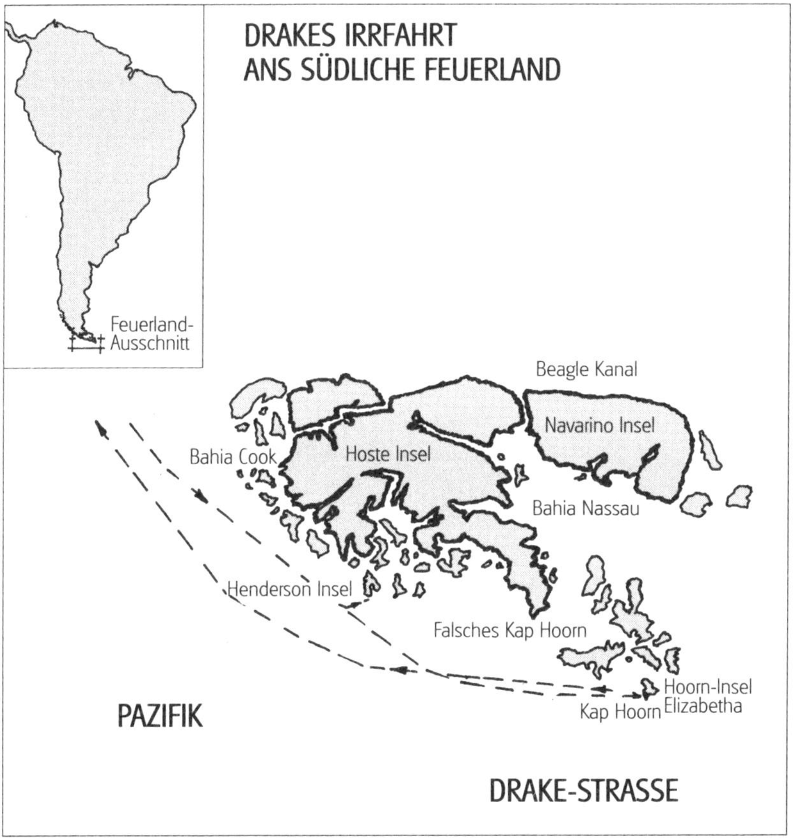

decker. Diesen Irrtum widerlegte der Marine-Forscher und Kapitän Raymond Aker aus Kalifornien.

Schouten, das steht ohnehin fest, hatte den Felsen zwar gesehen und ihm einen Namen gegeben, diesen aber nie betreten.

Raymond Aker ging Drakes Weltumrundung mit wissenschaftlicher Akribie an. Er verglich Seekarten, Skizzen, alte Dokumente mit Aufzeichnungen der Chronisten. Tatsächlich nannte Francis das Kap »Elizabetha« und nahm es für Elisabeth I. in Besitz. Schoutens Namensgebung konnte sich durchsetzen, da Drakes Entdeckung in England als Staatsgeheimnis gehandelt wurde. Elisabeth wollte die südliche Verbindung der Ozeane (Drake-Passage) für England reservieren, da die Magellanstraße ja bereits von den Spaniern kontrolliert wurde.

Eine Arbeit des Historikers Henry R. Wagner von 1926 (»Sir Francis Drakes Reise um die Welt«) versuchte zu beweisen, dass der Kaperkapitän lediglich die nordwestlich gelegene Insel Henderson erreicht hatte.

Dem wollte bereits Michael Turner, Gründer der Drake-Forschungsgesellschaft, nicht folgen und vergrub sich in die Beschreibung des Zeitzeugen Francis Fletcher, Seelsorger auf der GOLDEN HINDE. Dort heißt es über den südlichen Zipfel: »... man konnte keine anderen Inseln sehen« – eine Aussage, die nur von Kap Hoorn aus getroffen werden konnte!

Von der Insel Henderson aus sind Ildefonso, False Cape und ein Stück der Halbinsel Hardy auszumachen. Drake hielt bei seinem Landfall als südliche Breite sechsundfünfzig Grad fest, dass ist zwar ungenau, dennoch näher an Kap Hoorn als an Henderson.

Geschichtsforscher Aker glaubte der Behauptung Henry R. Wagners ebenso wenig wie Michael Turner und »grub« weiter. Er stieß auf englische Skizzen zur Darstellung der Zehenspitze Amerikas, die vor Schoutens Seereise datieren. Eindeutig lässt sich darauf erkennen, dass Drake die südlichste Insel betreten haben muss.

Raymond Aker schloss seine Studien 1977 mit den Worten ab: »Endlich kann Drake als Entdecker des Kaps Gerechtigkeit widerfahren.« Selbst Hazelhoff Roelfzema von der niederländischen Kap Hoornier-Gesellschaft räumte ein: »Akers Forschungsergebnisse erscheinen sehr wahrscheinlich.«

Nun ist die englische Königin Elisabeth II. aufgefordert, Sir Francis Drake posthum zum Entdecker Kap Hoorns auszurufen.

Michael Turner plante im Oktober '98 mit der Drake-Gesellschaft eine Reise nach Feuerland. Auf dem Kap Hoorn-Felsen hoffte er, das letzte Glied der Beweiskette zu finden: eine Hinweistafel. In der Chronik heißt es: »Fletcher ging mit einem Schiffsjungen an den Strand, wo sie eine Steintafel mit einer Inschrift versahen, die am höchsten Punkt des Felsens hinterlegt wurde.«

»Selbst wenn wir diese Tafel nicht finden sollten, herrscht kein Zweifel, dass Drake der Entdecker ist«, meint Michael Turner...

Unvermittelt drehte der Wind und verlor an Kraft. Die KHERSONES rollte träge dahin. Es gelang nicht, durch die Le Maire-Straße zwischen Diego und der Staaten Insel zu segeln, stattdessen mussten wir den zeitraubenden Kurs außen herum abstecken. Dann wieder hatten wir Wind mit fünf Metern pro Sekunde von Norden im Gesicht. Das hieß Segelalarm, brassen, kreuzen, Schlag um Schlag.

Hoffentlich mussten wir nicht östlich der Falklands vorbei. Das würde Zeit kosten! Egal was passierte, bis zum fünfzigsten Breitengrad, das ist die Höhe von Santa Cruz, mussten wir unter Segeln bleiben. Anderenfalls würde der Törn nicht als Hoorn-Umseglung anerkannt.

Kap Hoornier Benavente als Schiedsrichter ließ da nicht mit sich handeln.

In einer Feierstunde ehrte er Egon, der mit seiner Prognose die tatsächliche Überschreitung des Hoorn-Längengrades auf zwei Stunden genau vorhergesagt hatte. Egon hatte zuvor lauthals verkündet, dass wir unmöglich vor Montag am Ziel sein könnten. Seine Taktik war erfolgreich.

In einer zweiten Amtshandlung überreichte uns der Admiral ein chilenisches Kap Hoorn-Zertifikat.

Lotse Klaus bemerkte dazu trocken: »Von jetzt an lass' ich mich nur noch siezen.«

Dann warf er sich auf die Koje. »Ich bin hundemüde. Wecken nur bei Schiffsuntergang oder Heuererhöhung, klar?«

Ab Dienstag schob der Rahsegler durch eine lähmende Flaute. Das gesamte Tuch hing lose herab, und die KHERSONES dümpelte auf der Stelle. Am Heck vertrieben sich Offiziere und Mannschaften die Zeit mit Angeln.

Die Calamari bissen wie toll und lagen wie ein Haufen Gelee auf den Decksplanken. Chef-Smutje Alexej rieb sich die Hände. Ans nächste Essen mochten wir nicht denken. Der Wetterbericht verhieß nichts Gutes. Die Flaute hielt an. Träge beutelten die Segel. Leider fiel nur die Stimmung, nicht jedoch das Barometer.

Rekord ade! Der Kapitän mischte sich unters Schiffsvolk, versuchte aufzuheitern: »Wer ist Jungfrau?«, fragte er.

Keine Antwort.

»Warum?«, fragte dann eine der neun Frauen an Bord.

»Wir müssen eine über Bord werfen. Das hilft uns aus der Flaute.«

Später sagte Kerstin, unser Verbindungsoffizier: »Der Kapitän ist sehr abergläubisch, müsst ihr wissen.«

Auch ohne Jungfrauenopfer frischte es am Donnerstag auf. Um 4.32 Uhr übersegelten wir bei Windstärke fünf mit fünfzehn Knoten den fünfzigsten Breitengrad.

Geschafft!

Gerade noch rechtzeitig gelang es, die Falklands westlich zu umgehen. Kurs zwanzig Grad lag an, direkt in die Rio de la Plata-Mündung und zum Hafen von Buenos Aires.

Durch den Lautsprecher schnarrte die Geheim-Parole: »Der Albatros ist gelandet!«

Alles hastete aufs Besandeck und baute sich auf. Mikhail Sukhina wurde herangebeten. Unter Gitarrenbegleitung brüllten wir unser selbst komponiertes Kap-Hoorn-Lied gegen den Wind:

»Und wir fahren durch den Regenbogen durch / und wer weiß denn schon, es war doch das Kap Hoorn…«

Das war ein kleines Dankeschön an den Kapitän. Der immer zum Lächeln aufgelegte Sukhina trat mit versteinerter Mine vor Mannschaft und Offiziere. »Über diese Aktion bin ich nicht unterrichtet worden. Das ist eine Verschwörung!«

Pause.

»Aber eine schöne Verschwörung – herzlichen Dank!«

Mit dem gewohnten Lächeln verschwand Sukhina im Kartenhaus.

Nachts. Ich konnte nicht schlafen, begab mich an Deck. Für mich war es die letzte Nacht auf dem Atlantik. Wir befanden uns vor der La Plata-Mündung. Von Westen rollte träge die Dünung heran.

26

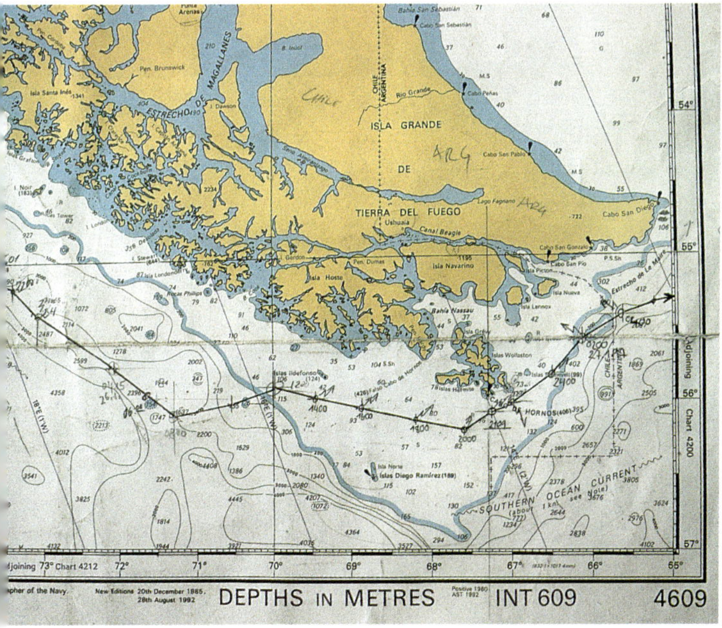

24 *Ein trostloser Ort: Saint Julian an Patagoniens Küste. Hier wurden Meuterer und Drakes Widersacher zum Tode verurteilt.*

25 *Kurs: Kap Hoorn. Im Klüverbaum der* KHERSONES *weht eine kalte Brise.*

26 *Kap Hoorn backbord querab nur fünf Meilen entfernt. So klar zeigt es sich sehr selten.*

27 *Unser Kurs mit der* KHERSONES *um Kap Hoorn.*

28 *Santo Domingo, Casa del Cordón. Im Innenhof des Gebäudes trieb Drake die Damen der Gesellschaft zusammen und nahm ihnen den Schmuck ab.*

29 *Ein müder Albatros ist auf dem Deck der KHERSONES gelandet.*

30 *Am Ufer von Boca Chica (Dominikanische Republik): Nachbau der SANTA MARIA.*

31 *Blick von den Stadtmauern der Altstadt aufs moderne Cartagena (Kolumbien).*

32 *Cartagena, eine Karte von 1588. Sie entstand zwei Jahre nach der Einnahme der Stadt durch Drake.*

28

29

30

31

32

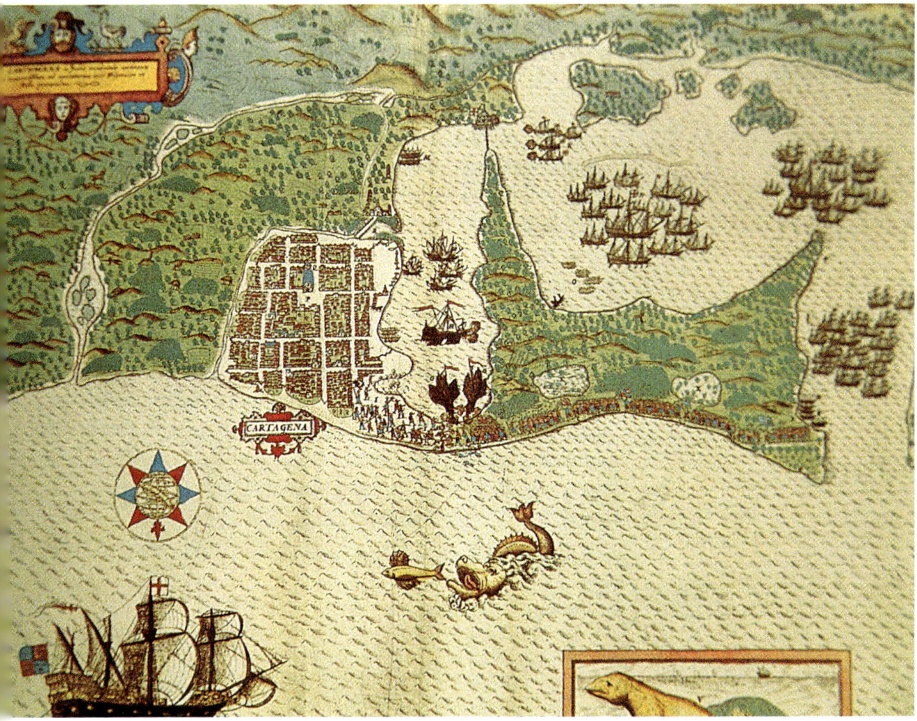

33 *Cadiz, die Faust, die ins Meer reicht; wahrscheinlich die älteste Siedlung Europas. Ihr mythologischer Gründer ist Herkules.*

Vom fünfzigsten zum fünfzigsten hatten wir 1090 Seemeilen in fünf Tagen, zwanzig Stunden und dreißig Minuten zurückgelegt. Kein Rekord, aber eine sehr gute Zeit.

Am Himmel tanzten Sterne und Sternbilder der südlichen Hemisphäre. Einige kannte ich: Pegasus, Eridanus, Sirius. In der Milchstraße, hoch im Westen, stand das Wahrzeichen. Ich dachte an meinen »Verführer«, Francis Drake: »Wenn diese Reise kein Erfolg wird, wären wir nicht nur dem Spott und dem schmachvollen Hohn unserer Feinde ausgesetzt, sondern wir wären auch für alle Zeiten ein großer Schandfleck für unser Land.«

Und an den blonden Hans: »... Seemann gib acht, dann strahlt auch als Gruß des Friedens / hell in die Nacht das leuchtende Kreuz des Südens...«

Am nächsten Tag würden wir Buenos Aires anlaufen. Wehmut kam auf, Wehmut und etwas Stolz, dabei gewesen zu sein. Vielleicht war dies der letzte Törn dieser Art ums Kap!

12.

1573–1578
Im Pazifik
Auf der Weltumsegelung

Das Schicksal hatte mit Drake doch mehr vor. Einen Jahrhundertseemann wie ihn ließ es nicht an Klippen zerschellen oder in wilder See ertrinken!

»Gott hatte in Vorsehung durch schlimmes Ungemach geführt, damit diese Entdeckung möglich wurde«, sagte Schiffspfarrer Francis Fletcher, ganz im Sinne europäischen Selbstbewusstseins, und meinte die Südspitze Amerikas.

Drake begab sich auf »Elizabetha«, wie er den Felsen von Kap Hoorn getauft hatte, erkundete ihn und ankerte die GOLDEN HINDE zwei Tage in seinem Windschatten.

Er beschloss, die Suche nach den übrigen Schiffen aufzugeben und nahm Kurs Nord, die chilenische Küste hinauf.

Erst viel später stellte sich heraus, dass die MARYGOLD mit Mann und Maus gesunken war.

Kapitän John Winter auf der ELIZABETH nahm an, dass es auch Drake mit der HINDE nicht mehr gäbe. Ohne sich großartig zu vergewissern und weil er Angst vor unbekannten Gewässern hatte, schlug er sich zurück durch die Magellanstraße und auf dem direkten Weg nach England durch.

»Drake ertrunken – seine Schiffe im unbekannten Südmeer untergegangen – die Expedition gescheitert – Drama auf Saint Julián!«

Das waren die Nachrichten, die am 2. Juli 1579 in Plymouth wie eine Bombe einschlugen. Sie stammten von John Winter, der sich mit seiner Crew für die einzigen Überlebenden hielt.

Etwas Hoffnung auf ein Wiedersehen keimte noch in Drake. Der dreißigste Breitengrad in Höhe von Coquimbo war als Sammelpunkt vereinbart worden. Doch davon trennten ihn vierhundert Seemeilen, und längst loderte in ihm das Jagdfieber.

Beim Überfall auf eine spanische Siedlung fiel den Freibeutern ein ortskundiger Indianer in die Hände, der ihnen den Weg in den Hafen Valparaiso wies. Dort inszenierte Drake das erste Husarenstück an der Pazifikküste: In der Bucht kaperte er eine Galeone, ohne einen einzigen Schuss abzufeuern. Als die Enterhaken flogen und zwei Dutzend bis an die Zähne bewaffnete Engländer über das Schanzkleid hechteten, gefror den Spaniern vor Entsetzen das Blut in den Adern. El Dragón im Pazifik! Der war mit dem Teufel im Bunde!

Zimmermann Moone durchsuchte die Prise nach Schätzen, während der Kapitän mit Spießgesellen in Beibooten ans Ufer ruderte, um in einer Blitzaktion Valparaiso zu erstürmen.

Lagerhäuser, die Kapelle wurden geplündert – so überraschend, wie er eingefallen war, so plötzlich war der Spuk zu Ende. Nur die Gold- und Silberbarren im Lagerraum der GOLDEN HINDE erinnerten an den Überfall.

Allein und völlig auf sich gestellt arbeitete sich die HINDE kapernd die Küste entlang nordwärts und erreichte den dreißigsten Breitengrad.

Groß war die Enttäuschung, als man feststellte, dass der Küstenstreifen verwaist dalag. Kein Schiff wartete auf die Engländer, keine Botschaft war zu finden. Drake musste umdisponieren, schweren Herzens seinen Plan verwerfen: Panama-Stadt angreifen, berauben und zerstören – das war nicht mehr möglich.

Von nun an beschloss er, die Spanier auf See zu attackieren, wann immer sich die Chance bot. Auf dem Weg an Perus Gestade entlang brachten die Freibeuter eine Bark auf, deren spanische Matrosen von einem reich beladenen Schiff eines Miguel Angel berichteten, das mit dreißig weiteren Galeonen im Hafen von Lima läge.

»Welch Chance!«, frohlockte Drake.

Tom Moone schaute verständnislos drein.

»Gott im Himmel! Will sich der Generalkapitän mit der gesamten Flotte anlegen?«

»Wir nutzen die Gunst der Überraschung. Wie in Valparaiso werden uns die Spanier für Landsleute halten. Wir schlagen zu, bevor sie ihren Irrtum erkennen.«

»Eine Galeone aus dem Verband heraus kapern? – Ein Selbstmordkommando!«, befand Drakes Führungscrew.

»Mitnichten. – Gott ist mit den Tüchtigen!«

Der Hafen Limas lag in nächtlicher Ruhe vor ihnen. Vereinzelt tanzte der Widerschein von Öllampen auf dem Wasser. Gespenstisch, wie ein Wald aus Galgen, standen Schiffsmasten über monströsen Särgen.

Es ging auf Mitternacht zu, als zwei Beiboote in den Hafen glitten, gefolgt von der GOLDEN HINDE, die kaum eine Kabellänge dahinter blieb.

Die Dreistigkeit war perfekt, als Tom Moone den Wachmann der ersten Galeone auf Spanisch fragte, wo denn das Schiff von Miguel Angel läge.

Durch die Gasse, am Ende des Liegeplatzes, lautete die Antwort.

Unbehelligt glitt Drake tiefer in den feindlichen Hafen.

»Ankertrossen kappen!«, zischte er in die Dunkelheit.

Von starken Armen geführte Seitenschneider glitten wie Schatten über die Bordwand eines Beibootes und trennten die Anker von den spanischen Schiffen. Alles verlief geräuschlos. Drake grinste in sich hinein. Kaum merklich trieben die behäbigen Schiffsleiber aneinander und in Richtung Uferschlamm.

Miguel Angels bauchige Galeone lag jetzt unmittelbar vor ihnen. Da dröhnten die Alarmglocken. Wachen hatten bemerkt, dass einige ihrer Schiffe abgetrieben waren. Im Nu war der Hafen in Aufruhr.

»Bereitmachen zum Entern!«, befahl Drake. Die Männer packten Hellebarden, Pfeile und Bogen, Entermesser fester. Der Kaperkapitän prüfte den Sitz seines Brustpanzers, zog das Schwert aus der Scheide. Dann rief er: »Entert – auf!«

Enterhaken wurden back- und steuerbords aus den Beibooten geschleudert. Katzenhaft geschmeidig kletterten die Engländer an den Bordwänden empor und schwangen sich über die Reling – hundertfach erprobte Routine: schnell, leise, überraschend.

Im allgemeinen Tohuwabohu der sich verkeilenden Flotte kaperte Drake gleich zwei Galeonen. Umgeben von grimmigen Feinden, ein wahres Husarenstück! Zum Verdruss des Kommandos fiel die Beute – einige Gold- und Silberbarren, Seidentuch und Wein – eher mager aus. Die Nachricht eines spanischen Edelmannes jedoch, der in einer Ecke des Salons der zweiten Prise kauerte und um sein Leben bangte, klang verheißungsvoll. Ein großes Schiff namens NUESTRA SEÑORA DE LA CONCEPCION hätte vor zwei Wochen Lima mit Kurs auf Panama verlassen.

»Ihr Laderaum ist bis an die Luken mit Gold, Geschmeide, Edelsteinen und Silber angefüllt«, stammelte der Spanier mit Angstschweiß auf der Stirn, den sicheren Tod vor Augen. Drake strafte den Spanier mit einer Geste der Verachtung. Verrat war ihm wichtig, doch Verräter verabscheute er.

An Deck bestätigten spanische Matrosen die Existenz des Schatzschiffes, das sie »Cacafuego« – »Feuerspucker« – nannten. Es sei mit mindestens zwanzig Kanonen bestückt, mit schwer bewaffneten Soldaten bemannt und gelte als schwimmende Festung.

El Dragón blies zum Rückzug. Unbehelligt, einem Schatten gleich, glitt die GOLDEN HINDE mit den Beibooten aus Limas Hafen.

»Heften wir uns dem ›Cacafuego‹ an die Fersen!«, verkündete er und ließ seine HINDE mit vollem Tuch übers Meer fliegen. Der Äquator wurde überschritten, im Vorbeieilen die eine und andere Prise gemacht.

Die Verfolgung ging in die dritte Woche.

»Wir schnappen sie vor Panama«, verkündete der Kapitän, um seine Mannschaft bei Laune zu halten.

»Wer den ›Cacafuego‹ als Erster sichtet, erhält eine Goldkette.«

Unter die Erwartung mischte sich bei den Engländer auch Besorgnis. Niemand, außer Drake, konnte sich vorstellen, wie das lächerliche Einhundert-Tonnen-Schiff eine spanische Kriegsgaleone zu knacken gedachte.

Am 1. März krähte der fünfzehnjährige John Drake aus dem Mastkorb: »Zehn Meilen voraus – Segel hooooh!«

Francis sprang aufs Achterkastell und riss den Kieker ans Auge. Bei Gott, was sich da durch den Schönwetterdunst schob, war eine spanische Galeone. Die NUESTRA SEÑORA DE LA CONCEPCION – kein Zweifel! Aufbauten, Besegelung, die Takelage, alles passte zur Beschreibung.

Die GOLDEN HINDE holte mächtig auf, schneller als Drake lieb war. Er ließ Treibanker auswerfen, um seine Fahrt bei vollem Tuch zu drosseln. Segelkürzen oder eine Kursänderung hätte die Spanier argwöhnisch gemacht. Dem Geschützmeister wurde »Klar zum Gefecht« befohlen. An die Kanonen, Mündungspropfen raus – laden – Pulver ins Zündloch. Die Stückpforten blieben geschlossen.

Juan de Anton, Kapitän des gemächlich dahinsegelnden »Cacafuego«, stand am Besanmast und wunderte sich. Ein unbekanntes Schiff? Hier im Südmeer? Konnte nur zur spanischen Flotte gehören!

Drakes Crew hatte sich unterdessen bewaffnet und kauerte, zum Entern bereit, hinter dem Schanzkleid. Für alle Fälle lagen auch Bogenschützen mit Brandpfeilen bereit. Die GOLDEN HINDE trennten nur noch wenige Kabellängen vom »Feuerspucker«.

»So gehört sich das!«, brummte Drake, als Capitano de Anton zur Begrüßung beidrehte und längsseits kam.

»An die Gefechtsstationen!«, kommandierte Drake. Auf seiner Trommel entfachte er einen Wirbel, der die Gemüter aufputschte. Mit dem Angriffssignal der Trompeter fielen die Freibeuter über die verdutzten Spanier her, wie ein Schwarm Hornissen. Die Stückpforten flogen auf, im selben Moment zerfetzte eine Breitseite Segel und Takelage des »Cacafuego«.

Kanonendonner und Pulverdampf verfehlten ihre Wirkung nicht. Der Schiffsleib blieb unbeschädigt, doch die Menschen in ihm lähmte der Schreck.

»Im Namen Ihrer Majestät, der Königin von England, ergebt euch!«, brüllte Drake dem kreidebleichen Juan de Anton zu, der hoch oben auf dem Achterkastell wie angewurzelt verharrte. Drake geschah das Segelstreichen zu langsam. Ein Hagel von Musketenkugeln und Pfeilen bestrich das Deck. Spanische Soldaten kippten angeschossen von Bord. Demonstrativ schnallte de Anton seinen Degen ab – das Zeichen für die Kapitulation. Er wurde gefangen genommen und auf die GOLDEN HINDE gebracht.

Zum Erstaunen aller wurde der Spanier nicht in Ketten gelegt, sondern von Drake wie ein Gast auf dem Schiff herumgeführt. Die Besichtigung endete in der großen Kajüte, wo Sieger und Besiegte zu einem feierlichen Dinner Platz nahmen. Juan de Anton traute Augen und Ohren nicht, als er mit goldenem Besteck, von feinstem

Porzellan, bei Geigenmusik und Kerzenlicht speisen durfte. Drake saß wie ein Fürst auf seinem thronähnlichen Stuhl und spielte den galanten Gastgeber. Hinter ihm hatte sich John Drake wie ein Page aufgebaut. An seinem Hals glänzte die erworbene Goldkette.

Aus goldenen Terrinen wurden jetzt Speisen von behandschuhten Matrosen aufgetragen.

»Verehrter Kapitän, bedienen Sie sich, genießen Sie Ihre Gefangenschaft«, sagte Drake mit einer leichten Verbeugung. Lächelnd ergänzte er: »Es ist keine Henkersmahlzeit.«

Trotz der gelösten Atmosphäre mochte es de Anton nicht recht schmecken. Alles war so unwirklich.

»Ihnen und Ihren Männern wird kein Haar gekrümmt«, plauderte der Freibeuter amüsiert, »niemand landet auf dem Streckbrett, wie es bei Ihnen Gepflogenheit ist. – Das Einzige, verehrter Kapitän«, Drake räusperte sich und tupfte seinen Bart mit der Damastserviette, »das Einzige wird sein, dass wir Ihr Schiff etwas erleichtern, damit Sie schneller in Panama sein können, um Ihrem Admiral zu berichten, dass Sie mit El Dragón gespeist haben.«

Die GOLDEN HINDE hat sich mit Enterhaken an das spanische Schatzschiff »Cacafuego« geklammert. Ausgeplündert lässt Drake die Spanier weitersegeln. (Ein zeitgenössischer Kupferstich.)

Drake machte eine Handbewegung. Der Page beugte sich vor, bekam etwas ins Ohr geflüstert. Daraufhin eilte er an Deck. Während im Salon die weiteren Gänge serviert wurden, die Geiger Madrigale spielten, wurde an und unter Deck der beiden Galeonen geschuftet.

Engländer und eine Abordnung spanischer Seeleute schleppten die unglaublich wertvolle Fracht von dem einen Schiffsleib in den anderen.

Erst vier Tage später war alles verladen: dreizehn Kisten mit Silbermünzen, sechsundzwanzig Tonnen Silberbarren, fünfzig Kilo Gold, unzählige Kisten und Kästen mit Juwelen und Perlen.

Nach getaner Knochenarbeit dankte Drake dem Kapitän für Kollegialität und Mithilfe. Der Gipfel des Sarkasmus war eine Empfangsbescheinigung, die Francis Drake de Anton zur Vorlage bei dessen Regierung ausstellte. Der Kapitän wurde zurück auf die leergeplünderte Galeone gebracht, dann trennten sich die Wege der Schiffe.

Auf dem Nordkurs fielen Drake weitere Schätze und – was noch mehr wog als das Gold der Galeonen – Seekarten in die Hände, die unbekannte Gebiete des Pazifiks bis zu den Molukken, den sagenhaften Gewürzinseln, zeigten.

Die zum Bersten mit Beutegut angefüllte GOLDEN HINDE war zum meistgejagten Seeobjekt geworden. Drake befand sich in feindlichem Territorium, überall lauerten Gefahren. Sein Schiff war infolge der Überladung schwer zu manövrieren und äußerst wetteranfällig geworden.

Er musste einen schnellen und sicheren Weg nach England finden. Doch welche Route war das? Im Süden und in der Magellanstraße lauerten die Spanier. Um das Kap herum ließ sich die HINDE nicht mehr bugsieren. Magellans Kurs westlich um die Erde erschien ihm zu lang und zu riskant.

Blieb nur die Entdeckung einer neuen Wasserstraße durch den Norden Amerikas, hinüber in den Atlantik. Englische Wissenschaftler glaubten an eine solche Verbindung.

Nach den Tropen kam den Engländern die Küste nördlich Mexikos wie arktisches Gebiet vor. Sie froren erbärmlich, litten an Trinkwasser- und Nahrungsmangel. Die Mannschaft gab ihr Äußerstes. Und Drake suchte die Küste nach der Nordwestpassage ab.

Das Wetter wurde nun wirklich kalt und stürmisch. Verbissen wurde weitergesucht. Irgendwo musste die verwünschte Passage doch sein!

Das Murren und Knurren der Männer war unüberhörbar. Für den Kapitän ein Alarmzeichen. In Höhe Vancouver war die Hoffnung auf eine schnelle Rückfahrt dahin. Drake hielt im Logbuch fest, dass es eine nördliche Verbindung der Ozeane nicht gab.

Bis ins 18. Jahrhundert hinein konnten sich die Entdecker nicht vorstellen, dass die Passage nördlich des siebzigsten Breitengrades verlief. Auch James Cook vermutete sie im Süden Alaskas.

Den Befehl, auf Südkurs zu gehen, begleiteten gemischte Gefühle. Lagen doch jetzt das Geheimnis und die Gefahren der anderen Erdhälfte vor ihnen. Die GOLDEN HINDE zog Wasser, Nahrung wurde knapp, das Trinkwasser ging zur Neige. In einer Bucht etwas nördlich des heutigen San Francisco ließ der Kapitän sein Schiff überholen. Durch freundschaftliche Kontakte zu den Indianern war es möglich, reichlich Nahrungsmittel für den großen Schlag nach Asien einzutauschen.

Drake an der Westküste Amerikas, von Indianern umgeben. Eine Zeichnung von de Bry: »Große Reisen«.

Gott sei Dank hatten es die Engländer mit einem friedlichen Stamm zu tun, der den Weißen geradezu ehrfürchtig huldigte. Als Gastgeschenke erhielten die Engländer Kartoffeln und Tabak. Beides fand den Weg in den Stauraum der GOLDEN HINDE.

Drake unternahm Streifzüge in die Umgebung, um auch die Behausungen und die Lebensumstände der Indianer kennen zu lernen.

Bevor er Segel für den Kurs nach Westen setzen ließ, wurde eine Messingtafel angefertigt, die, am Ufer auf einen dicken Pfosten genagelt, Besitzansprüche für alle Zeiten geltend machen sollte.

1936 wurde die Tafel gefunden. Sie trägt die Inschrift:

»Hiermit sei es allen Menschen kund: 17. Juni 1579, durch die Gnade Gottes und im Namen Ihrer Majestät, der Königin Elisabeth von England, und aller ihrer Nachfolger ergreife ich Besitz von diesem Königreich, dessen König und Volk aus freiem Willen ihr Besitzrecht an dem ganzen Lande Ihrer Majestät übertragen haben und dem ich jetzt zur Kenntnis aller den Namen Neu-Albion gegeben habe.
Francis Drake.«

Als Erklärung für den Namen »Albion« wurden zwei Gründe genannt. Zum einen wegen der weißen Klippen, die vom Meer aus zu sehen waren, zum anderen sollte an England erinnert werden, das bisweilen auch so genannt wurde. Aus der Gastlichkeit und der Ehrerbietung des Indianerhäuptlings samt seines Stammes schloss der Kapitän die Übertragung der Landrechte.

Für die Engländer stand außer Frage: die Spanier waren nie so weit nach Norden vorgedrungen. Die nördliche Grenze ihrer Entdeckungen verlief viele Grade südlicher.

Die Indianer bemerkten, dass die Weißen aufbrechen wollten, und verfielen in große Trauer und lautes Wehklagen. Sie fühlten sich von ihren »Göttern« verlassen.

Auf den Spuren Magellans segelte die GOLDEN HINDE Ende Juli auf Südwestkurs durch den Großen Ozean, den Molukken entgegen. Der Pazifik schien kein Ende zu nehmen. Land sahen sie erst achtundsechzig Tage später, nach fünftausend Seemeilen, in der südostasiatischen Inselwelt. Die Mannschaft darbte, hielt sich mit Regenwasser und Fischefangen am Leben.

Am 30. September wurde die Galeone von Kanus einer Horde Insulaner der Karolinen eingekreist. Bitter war die Enttäuschung, als es nach der Verteilung von Gastgeschenken zum Dank Steine hagelte.

Drake strafte die Eingeborenen mit einem Sperrfeuer aus den Arkebusen und segelte westwärts weiter zu den Molukken.

Auf den Gewürzinseln geriet Drake in den Mahlsand von Wirtschaftsinteressen der Portugiesen und der örtlichen Inselfürsten. Der Archipel bestand aus vier gebirgigen Inseln. Sultan Babur war Herrscher von Ternate. Zehn Jahre zuvor hatten die Portugiesen unter Lopez de Mosquito seinen Vater umgebracht. Babur übte Rache, vertrieb die Portugiesen von der Insel Ternate und attackierte ständig ihren Handelsstützpunkt auf Tidor.

Drake nahm Kurs auf Tidor, wurde aber von dem Vizekönig Ternates abgefangen, mit der Bitte, auf keinen Fall den Stützpunkt der Portugiesen zu besuchen. Dort gäbe es nur Betrug und Verrat.

Sein König, Sultan Babur, sei jedoch an ehrlichen Handelsbeziehungen mit den Gästen interessiert. Es müsse unbedingt ein Treffen arrangiert werden. Als Unterpfand übergab der Vizekönig des Sultans Petschaft mit dem Versprechen, er wolle persönlich erscheinen, um das englische Schiff sicher in den Hafen zu geleiten.

Botschaften wurden ausgetauscht, die jeweils die Größe und den Einfluss der Herrscherhäuser Englands und des Sultans priesen.

Schließlich erschienen drei große Kanus mit dem Hofstaat Baburs. Unter den Baldachinen saßen Männer, in weißes Kattun gekleidet. Sie ließen sich von Soldaten eskortieren und schienen ranghohe Beamte zu sein.

Im Takt von Trommelschlägen stachen die Ruder ein. Die kleine Flotte glitt in gleichmäßigen Schüben heran. Bald darauf näherte sich Babur mit sechs würdigen Herrn in einer Wasserkarosse. Drake empfing den hohen Besuch mit Salut, Musketenschüssen, Trompetengeschmetter und Geigenmusik. Der Sultan war von dem spektakulären Empfang und den Gastgeschenken entzückt. Die GOLDEN HINDE ließ er von Ruderbooten zu einem Ankerplatz in Ufernähe ziehen. Nach einer Reihe von Förmlichkeiten und freundschaftlichen Beteuerungen zog sich der Sultan mit seinem Hofstaat zurück.

Tags darauf konnten die Engländer alles einhandeln, was sie an Proviant brauchten: Reis, Zuckerrohr, Paradiesfeigen, Kokosnüsse,

Sago, auch Sirup und Hühner. Für wenig Schmuck ließen sich sogar Gewürznelken eintauschen. Da sie dem Kapitän zu aufdringlich rochen, beschränkte er sich auf sechs Tonnen, ohne zu ahnen, welch ungeheuren Wert die kleinen schwarzbraunen Samen darstellten. Portugiesische Händler hatten in Europa damit bereits ein Vermögen gemacht. Es war verabredet worden, dass der Sultan sich für vertiefende Gespräche einfinden sollte. Zum Missfallen des Kapitäns blieb Babur fern, schickte stattdessen seinen Bruder Moro.

»Der König erwartet Kapitän Drake in seinem Palast«, richtete Moro aus. Verdächtiges Getuschel der Insulaner untereinander machte Drake misstrauisch. Sollte er in einen Hinterhalt gelockt werden?

Höflich, doch bestimmt, lehnte der Kapitän die Einladung zum jetzigen Zeitpunkt ab. Einige Zeit später akzeptierte er dann den Vizekönig als Geisel und begab sich mit Ausgewählten seiner Crew zur Audienz.

Mit gemischten Gefühlen ließ sich Drake an Land bringen, wo er von Würdenträgern empfangen wurde. An steinernen Häusern vorbei begab sich eine Abordnung mit den Gästen in eine riesige Empfangshalle vor dem Regierungspalast. In einer Nische der Halle stand der Thron des Sultans, eingerahmt von Bänken und Stühlen, auf denen die Bedeutendsten Platz genommen hatten. Halle und Nische füllten viele Hundert wartende Untertanen. Über dem Thron schwebte ein gedrechselter Baldachin. Der steinerne Fußboden war mit schweren Teppichen ausgelegt.

Die Engländer hatten Muße, sich umzusehen und den Empfang auf sich wirken zu lassen. Unter den Geladenen befanden sich würdige ältere Herren dunkler und hellerer Hautfarbe, deren Häupter Mützen, Hüte oder Turbane zierten. Wie sich herausstellte, handelte es sich bei einigen Herrschaften um Botschafter aus der Türkei, Italien, Spanien und anderswo her: Handelsattachés zum Zwecke der Kontaktpflege.

Sultan Babur erschien inmitten ernst schreitender Würdenträger, von denen vier einen Seidenstoffhimmel über ihn hielten. Seine Leibwache bestand aus zwölf Lanzenträgern. Mit einer herablassenden Handbewegung quittierte der Sultan die tiefen Verneigungen von Untertanen und Botschaftern.

Auf der Gewürzinsel Ternate wird Drake von Sultan Babur empfangen.

Er trug ein goldgewirktes Brokatgewand, die Füße steckten in Schuhen aus gefärbtem Ziegenleder. Der mit Edelsteinen besetzte Kopfputz glich einer Krone. Seine dunkelhäutigen Finger waren mit Diamant- und Smaragdringen besetzt. Babur war zweifellos eine würdevolle Erscheinung. Drake erkannte rasch, dass die Audienz einzig und allein den Zweck hatte, den Engländern die Macht des Sultanats zu demonstrieren. Wieder wurden nur ein paar Förmlichkeiten ausgetauscht, dann entließ Babur die Fremden mit einer unglaublich gönnerhaften Geste.

Drake war der Auftritt zwar zuwider, spielte aber mit und verbeugte sich knapp. Noch war nicht abzusehen, dass das Erscheinen der Freibeuter und die wenigen Worte, die Drake mit Sultan Babur wechselte, die Basis einer Freundschaft war, die England zum Verbündeten der Insulaner gegen das katholische Portugal machte.

Auf dem Weg zum Strand überdachte er seine Beobachtungen. Die beiden Kanonen vor der Burg kamen von den Portugiesen. Sie waren demontiert, also nicht feuerbereit. Burg und Steinhäuser stammten auch aus der Zeit, in der die Europäer über jenen Ort herrschten, bis ihre Tyrannei zusammenbrach.

Es hieß, der Sultan schicke sich an, die verhassten Portugiesen auch aus dem verbliebenen Stützpunkt Tidor zu vertreiben. Neben Machtpolitik ging es in der Auseinandersetzung um einen Glaubenskrieg: Islam gegen katholische Christen.

Kurz nach dem Empfang beim Sultan bekam Drake einen höchst interessanten Besuch von einem schlitzäugigen Herrn mit langem Zopf und seinem Dolmetscher. Der Herr stellte sich als Chinese namens Pausaos vor. Er entstammte der Ming-Dynastie und lebte auf Ternate in der Verbannung, da er in seiner Heimat eines schweren Verbrechens angeklagt worden war, das er jedoch nicht begangen hätte.

Aufmerksam vernahm Drake, was der Chinese aus seinem Land, dem mächtigen, alten und prächtigen Königreich China zu berichten wusste. Pausaos erzählte von der Größe der Provinzen, dem Reichtum der Städte, von Waffen, dabei ging es vor allem um Geschütze.

»Die chinesische Armee verfügt seit eintausend Jahren über weitreichende Artillerie. Suntien, die größte Stadt des Reiches, wird von Messingkanonen aller Kaliber verteidigt.«

»Messinggeschütze?«, fragte Drake.

»So ist es. Sie können zum Zielen schnell seitwärts gerichtet werden und haben eine hohe Treffsicherheit.«

Gern hätte der Kapitän das Land mit der großartigen Waffentechnik kennen gelernt, zumal der Chinese ihn flehentlich einlud. Hoffte er doch, mit dem wichtigen Besuch aus dem fernen England vor seinen Richtern Gnade zu finden, damit die Verbannung beendet würde.

Am Ende war Drake der Umweg über China doch zu riskant. Er verließ das gastliche Ternate, um an einem einsamen Gestade, einem Celebes vorgelagerten Inselchen, die GOLDEN HINDE gründlich zu überholen. Das nahm sechsundzwanzig Tage in Anspruch.

Mit den ersten günstigen Winden stach er wieder in See und lavierte sein Schiff durch die gefährliche, von Untiefen durchsetzte Banda-See nördlich Timors. Im Irrgarten gefährlicher Korallenriffe, Felskuppen und Sandbänke war an zügiges Segeln nicht zu denken.

Vorsichtiges Vorantasten, immer das Lot im Einsatz, war angesagt. Zum Zerreißen gespannt waren Nerven und Sinne der Seeleute. Die überladene Galcone hing im Wasser wie ein vollgesogener Schwamm. Bei jedem Geräusch am Schiffsleib blieb der Crew das Herz stehen.

Drake stand am Bug und spähte voraus. Im Westen wich das Land zurück. Die GOLDEN HINDE glitt durch tiefes, blauschwarzes Wasser. Als dann noch der Wind aus der richtigen Richtung auffrischte, frohlockte der Kapitän: »Wir haben es geschafft, Jungs! Setzt volles Tuch, Kurs: Süd-Südost – volle Fahrt voraus!«

Ächzend bäumte sich die HINDE auf, dann zog sie an, der blaue Acker wurde wie von einer mächtigen Schar gepflügt. An Bord pries der Pfarrer Gott und die Umsicht des Kapitäns. Mit einem Shanty auf den Lippen brassten die Matrosen härter an den Wind. Die Stimmung war gut wie lange nicht mehr ...

Bei schönem Wetter und raumem Wind wechselte die erste Nachtwache. Drake, aus unerklärlichen Gründen unruhig geworden, erschien an Deck. Der Mond schien fahl, wie eine alte Stalllaterne. Im Meer phosphoreszierte das Plankton, fast so atemberaubend wie das Firmament am Himmel. Einfach grandios!

»Alles in Ordnung, Wache?«

»Aye, aye, Generalkapitän, keine Veränderung, eine herrliche Nacht!«

»Haltet das Wasser und die Kimm im Auge!«

Drake hatte sich gerade aufs Lager geworfen, da wurde sein Schiff von einem Schlag erschüttert. Es folgte ein herzzerreißendes Wimmern. Die Fahrt bremste so abrupt ab, dass die Besatzung aus Kojen und Hängematten geschleudert wurde.

Nach den furchtbaren Geräuschen war es plötzlich gespenstisch still. Alles hetzte an Deck. Die GOLDEN HINDE war auf ein Riff aufgelaufen und lag fest, wie einbetoniert in einem Kranz hellen Schaums. Nun hob ein Rauschen an. Wahrscheinlich lief der Laderaum voll Wasser. Das Schiffsvolk harrte der Dinge, die das Schicksal mit ihm vorhatte. Ein jeder rechnete mit dem Untergang und einem schnellen Tod. Der Pfarrer schickte Stoßgebete gen Himmel, um ein Ende ohne lange Qualen zu erflehen. Teernacken und Salzbuckel fielen auf die Knie und beteten. Verzweiflung und Angst vor der unerwarteten Gottesstrafe stand in ihren Gesichtern. Francis Drake war der Einzige, der sich noch nicht geschlagen gab.

»Noch sind wir nicht verloren. Solange wir atmen, leben wir, Männer! An die Pumpen!«

Er selbst sprang in ein Beiboot, lotete das Riff aus und suchte einen geeigneten Ankergrund, in der Hoffnung, das Schiff mit einer Winde befreien zu können. Leider griffen die Anker nicht. Und wieder fiel die Crew in tiefe Resignation.

Drake stellte fest, dass die Pumpen den Wasserstand im Schiffsleib senkten – ein gutes Zeichen. Das Leck schien kleiner zu sein als angenommen. Oder presste der schwere Rumpf ein großes Leck zu, solange das Schiff festsaß? Das würde ein langes Dahinsiechen bedeuten, es sei denn, Sturm käme auf und zertrümmerte die Spanten.

Und die GOLDEN HINDE verlassen? Wohin und mit wem? Die Küste war viele Meilen entfernt, das Beiboot fasste höchstens zwanzig Personen. Dann – sollte sich der eine oder andere tatsächlich retten können, auf einer einsamen Insel, in jammervoller Gefangenschaft unter Heiden leben, ohne die Heimat je wiedersehen zu können? Es war alles so maßlos kummervoll!

»Lasst endlich das Lamentieren!«, schimpfte Drake, wie ein Vater mit ängstlichen Kindern. »Wir sitzen backbords bei sieben Fuß an einer Korallenbank fest, Segel und Wind drücken gegen unsere Breitseite und halten das Schiff aufrecht. Festgefahren haben wir uns bei Ebbe. Um freizukommen, brauchen wir dreizehn Fuß. Warum sollte uns Gott keine sechs Fuß Wasser schicken?«

Pfarrer Francis Fletcher predigte über die Wunder des Herrn und versuchte, unterstützt von Drake, die Niedergeschlagenheit zu zerstreuen. Die Flut lief bereits das dritte Mal auf, als der Kapitän den Befehl gab, das Schiff zu leichtern. Als Erstes flogen die Kanonen über Bord, dann Munition, selbst Proviant fand keine Gnade.

Die Segel wurden backgeholt, nichts wurde unversucht gelassen ... Dann, als die Abendsonne im Meer versinken wollte, geschah das Wunder: die GOLDEN HINDE rutschte vom Riff, glitt in tiefes Wasser. Nach zwanzig Stunden war sie wieder flott, das Leck mit Segeltuch unter Kontrolle gebracht, sodass die Reise fortgesetzt werden konnte.

Damit waren die Gefahren für Leib und Leben aber nicht gebannt. Ohne ausreichend Proviant, mit wenig Trinkwasser, bar jeder Verteidigungsmöglichkeit, musste die Galeone den Weg durch ein Labyrinth gefährlicher Riffe fortsetzen. Sturm kam auf, so heftig, dass alle Segel gerefft und Anker ausgeworfen werden mussten, um nicht abermals mit einem Riff zu kollidieren. Für viele Stunden saß die Angst im Nacken der Mannschaft.

Das Glück war auch diesmal dem Tüchtigen hold. Drake erreichte Java, ging an Land, um sich mit Trinkwasser und Proviant zu versorgen. Mit den örtlichen Unterkönigen – Radschas – knüpfte er freundschaftliche Bande und bewies einmal mehr, für England als hilfreicher Botschafter tätig sein zu können.

Am Horizont erschienen portugiesische Schiffe. Auf eine Konfrontation durfte sich Drake nicht einlassen. So zog er es vor, in entgegengesetzter Richtung zu entkommen, drehte ab und segelte quer über den Indischen Ozean mit Kurs aufs Kap der Guten Hoffnung.

Bis auf drei Fässer Wasser und ein halbes Fass Wein waren die Vorräte zur Neige gegangen. An der Küste von Guinea wurde die Trinkwassersituation lebensbedrohend. Die Mannschaft lechzte nach Trinkbarem. Durst trieb an den Rand des Wahnsinns und einen Engländer in den Tod.

Drake, der unverbesserliche Optimist, gab sich und seiner Crew noch höchstens drei Lebenstage, dann hätte der Durst sein grausames Werk vollbracht. Wieder erwachte ein neuer wasserloser Tag. In der Nacht waren drei Mann verdurstet. Der Himmel bezog sich. Drake ließ Segeltuch waagerecht spannen. Gerade rechtzeitig: Als der Regen niederprasselte, konnte kostbares Nass aufgefangen werden. Sieben Tonnen Regenwasser, die vielen Sailors das Leben retteten.

Frohen Mutes wurde Westafrika umschifft und an den Kanarischen Inseln vorbei auf England zugesegelt.

Zwei Jahre, zehn Monate und dreizehn Tage nach der Abfahrt kam Plymouth in Sicht. Und am 26. September 1580 glitt die GOLDEN HINDE in den Plymouth-Sund. Hinter ihr lagen über 29 000 Seemeilen. Von der 164 Mann starken Besatzung hatte Drake knapp die Hälfte nach Hause geführt.

An jenem Ankunftstag, einem Sonntag, schaute Drake erwartungsvoll übers Wasser, sah die vertrauten Häuser, das saftige, grüne Land. Der Abenteurer sehnte sich nach Hause, in die Arme seiner Frau. Was mochte in der langen Zeit der Abwesenheit passiert sein? Wie ging es der Königin? Wie war das Verhältnis zu Spanien? Wie fassten die hohen Herrn den Tod Thomas Dougthys auf? Viele Fragen, die Antworten entschieden über Wohl und Wehe seiner Zukunft, vielleicht sogar über Leben und Tod! Wieder war es sein Instinkt, der ihn warnte, blindlings in den Hafen zu segeln. Er brauchte Informationen, um zu entscheiden, was zu tun sei.

Drake winkte einige Fischer heran und nahm ihre Boote längsseits. Dann erkundigte er sich nach den Geschehnissen.

Die einzige authentische Darstellung der GOLDEN HINDE.

13.

1580–1585
England

In Plymouth grassierte die Pest. Die Königin sei wohlauf, das Verhältnis zu Spanien gespannt, doch friedlich. Das waren die Informationen, die Drake erhielt.

Er beschloss, im Sund zu ankern und vorerst an Bord zu bleiben. Boten schwärmten aus, um die Rückkehr des Totgeglaubten zu melden.

Wie ein Lauffeuer verbreitete sich die Kunde vom heimgekehrten Weltumsegler im ganzen Land. Viele Menschen strömten heran, um den Kapitän zu sehen, den Ersten, dem es gelungen war, eine Expedition um den Globus zu führen.

Drake hielt sich diskret zurück. Zum Feiern bestand noch kein Anlass. Er musste wissen, wie die Königin und Lord Burghley zu seinen Taten standen. Welche Politik hatte sich bei Hofe durchgesetzt?

Während Drakes Frau und der Bürgermeister von Plymouth an Bord kamen, schickte er einen Eilboten nach London, der seiner Königin über den erfolgreichen Verlauf der Mission berichten sollte. Es begann eine lange Zeit des Wartens.

Am dritten Tag kam der Bote zurück und meldete, Elisabeth I. sei über die Rückkehr erfreut, Drake möge sofort bei Hof erscheinen und eine Kostprobe seiner Beute mitbringen. Zu befürchten habe er nichts.

Erleichtert ließ der Kapitän zwei Pferde mit einer kleinen Auswahl von Schätzen beladen. Heimlich eilte er auf Nebenstraßen nach London. Seine Mannschaft blieb in Plymouth, wo er die Beute unter der Aufsicht des Beamten Edmund Tremayne hinter dicken Mauern einlagern ließ.

Was in den folgenden Monaten geschah, ehrte und kränkte den großen Seefahrer gleichermaßen. Die Königin war von den Taten und den erbeuteten Schätzen ihres Kapitäns entzückt. Die Hälfte davon, umgerechnet die ungeheure Summe von zweieinviertel Millionen Goldpfund, erhielt sie. Die Finanziers von Drakes Expedition verdienten 4700 Prozent ihres eingesetzten Kapitals. Damit wurden aus einhundert Pfund 4700 Pfund, das hatte bislang kein Geschäft, nicht einmal der Sklavenhandel eingebracht!

Aber an Drake schieden sich auch die Geister: Für das Volk und seine Freunde bei Hofe war er der strahlende Held, der die Ehre der Engländer in ganz Europa steigerte. Er war der unumstrittene Schiffsführer navigatorischer Großtaten. Ein geschickter Diplomat, dem es gelungen war, Handelsbeziehungen zu den sagenhaften Gewürzinseln herzustellen. Im Kampf gegen das katholische Spanien war er ein Robin Hood der Ozeane.

Aber einflussreiche Kaufleute, die sich ihre Geschäfte mit Spanien nicht verderben lassen wollten, und auch der mächtige Lord Burghley versuchten, Drake als Feind englischer Friedenspolitik in den Tower, am liebsten unters Beil zu bekommen.

Spitzel hatten dem Lord die Schattenseiten der Reise zugetragen, die nun propagandistisch ausgeschlachtet wurden: Der skandalöse Prozess und die Hinrichtung Doughtys warfen die längsten Schatten. Man tadelte Drake, dass er den hilfreichen Lotsen Nuño da Silva aus Portugal den spanischen Folterknechten überließ, als er für den Kapitän nicht mehr von Nutzen war. Dann kam heraus, dass der Held einen Neger und eine schwangere Frau herzlos auf einer einsamen Insel ausgesetzt hatte. Schließlich nannten die Gegner ihn den »Meisterdieb der unbekannten Welt«, der mit seinen Raubzügen Schande über England gebracht hätte.

Lord Burghley erhielt eine Petition, nach der Drake bestraft und seine Beute den Spaniern zurückgegeben werden sollte. Als Drake davon erfuhr, unternahm er einen verzweifelten Versuch, seine prominenten Gegner, allen voran Burghley, für sich zu gewinnen. Er bot ihnen Gold und Silber aus der Beute als Geschenk an. Empört wurde mit der Begründung abgelehnt, sie wollten sich doch nicht zu Hehlern machen!

Das schmerzte den Patrioten Drake doch sehr. Er tröstete sich mit der Feststellung, dass er es in diesen wirren Zeiten nicht allen recht machen konnte. Er genoss die Gunst des Volkes und die der Königin – solange sie anhielt. Nie war Drake ein zurückhaltender, feiner Aristokrat gewesen, der Bescheidenheit zur Tugend machte. Eher traf das Gegenteil zu, doch jetzt war ihm der Erfolg zu Kopf gestiegen, er wurde prahlerischer, anmaßender als je zuvor.

Und was er immer hatte verhindern wollen, trat ein: Adel und bessere Gesellschaft gingen auf Distanz. Schon gab es Stimmen, die prophezeiten: »Der Drake redet sich noch um seinen Kopf!«

Gewitterwolken zeigten sich drei Wochen nach seiner Rückkehr in Form einer Anzeige. Der Gerichtsdiener hatte ihm diese persönlich übergeben. Darin klagte John Doughty Kapitän Francis Drake wegen Mordes an seinem Bruder an. Auf der ganzen Reise hatten ihn die Ereignisse auf Saint Julián verfolgt. Er wusste, dass es zu einem Nachspiel kommen musste. Doch er hatte gehofft, dass nach Lage der Dinge eine Klage vom Gericht abgeschmettert werden würde. Nun hielt er sie in den Händen, und zwar vom Grafschaftsgericht. Mit einer Verhandlung war also zu rechnen – einer Verhandlung mit welchem Ausgang? Es musste rasch entschieden werden!

Drake beriet sich mit Anwälten und stellte beim Oberhofgericht den Antrag auf Nichtzuständigkeit des angerufenen Gerichts. Dem wurde nicht entsprochen. Der Oberrichter entschied: John Doughty sei berechtigt, vor dem Grafschaftsgericht zu klagen.

Damit hatte Drake nicht gerechnet. Er sah sich den Fängen Lord Burghleys ausgeliefert, war aber bereit zu kämpfen…

Kurz vor dem ersten Verhandlungstag erschienen zwei Herren aus London auf dem Grafschaftsgericht. Der Richter ließ sich die Legitimation der Königin zeigen und hörte sich den Bericht der Herren an: Es ging um übergeordnete Staatsinteressen, um einen geheimen Handelsweg um Südamerika, um brisante Handelsbeziehungen mit dem König der Molukken. Die Unterredung dauerte nicht lange. Am Ende wurde der Richter zu absolutem Schweigen verpflichtet. Die geheimnisvollen Herren verabschiedeten sich und ließen sich mit der Kutsche zurück nach London bringen.

Nachdenklich blätterte der Richter in der Akte zum Mordfall Thomas Doughty. Dann klappte er sie zu und warf sie mit einem tiefen Seufzer in den brennenden Kamin vor seinem Schreibtisch.

John Doughty wunderte sich, weil das Verfahren nicht eröffnet wurde. Er schrieb an das Grafschaftsgericht. Eine Antwort erhielt er nie. Schließlich wusste er sich nicht mehr zu helfen, wandte sich an die Öffentlichkeit, indem er verbreiten ließ, das Gericht stecke mit Drake unter einer Decke. Und der Richter sei mit Schätzen der Beute bestochen worden.

Als die Verleumdungen immer bösartiger wurden, fand sich John nun selbst als Angeklagter einer spanischen Verschwörung, die das Ziel verfolge, Drake zu ermorden. Ohne Prozess landete Doughty im Kerker. Nach fast anderthalb Jahren schrieb er dem obersten Gericht, man möge ihm endlich den Prozess machen oder ihn freilassen. Letzteres wäre im Sinne der Gerechtigkeit. Das Gesuch wurde abgelehnt. Doughty verschwand für immer hinter Gefängnismauern.

*

Elisabeth saß vor einem Spiegel in ihrem Schlafgemach und betrachtete ihr Bild. Sie nahm ihr Gesicht wahr, das ihr so hart, fast grausam vorkam. Manchmal fühlte sie sich gar nicht als Frau, vielmehr als geschlechtsloses Neutrum mit blutleeren Wangen, starren Augen und schmalen Lippen. Achtlos stieß sie den Parfümflakon zur Seite und ergriff einen goldenen Kerzenständer, ein kostbares Stück. Fast zärtlich glitten ihre Finger über den Schaft. Sie liebte das Stück, ebenso die mit Smaragden und Saphiren bestückte Schmuckdose auf ihrem Toilettentisch. Dieses und manches andere waren Geschenke eines derben, aufgeblasenen Seemanns bar jeglicher Manieren.

Wenn es nach Burghley ginge, wäre der Bursche längst reif für den Tower: Aber Elisabeth mochte die kleinen Querelen mit ihrem Chefberater. Burghley war ein weitsichtiger Mann, ein hervorragender Analytiker komplizierter Zusammenhänge in der Politik. In der Beurteilung der Absichten Philipps jedoch folgte sie ihrem Gefühl, und das verhielt sich diametral zu Burghleys Meinung. Spanien hatte Portugal annektiert, war damit eine noch gefährlichere Seemacht geworden. Ein Konflikt war unausweichlich, wollte England nicht auch noch einverleibt werden.

Sie sah deutlich, dass sie alsbald Männer wie diesen, ihren Lieblingspiraten, benötigte. Verwegene Seeleute, Schiffe, Geld waren es, was Englands Unabhängigkeit sicherte und ihr die Macht erhielt. Und der Mann aus Plymouth verstand sich auch aufs Beschaffen von Geld. Seine letzte Aktion hatte die Hälfte des gesamten englischen Etats eingebracht. Bei Gott, das sollte ihm erst einer nachmachen! Ihre übrigen Sealords – Grenville, Effingham, Raleigh, Frobisher und wie sie alle hießen – verstanden sich hauptsächlich aufs Geldausgeben.

Wenn es darauf ankam, konnte der Prahlhans auch diskret sein. Die Bedingung war, ihren Namen aus dem Unternehmen herauszulassen. Ihm war eingeschärft worden, sich von seiner Auftraggeberin loszusagen, sollte er den Spaniern in die Hände fallen. Nun, er kehrte erfolgreich zurück, sollte er seinen Lohn empfangen. Vorsichtig stellte die Königin den Kerzenständer ab, gab sich einen Ruck und rief nach einem Boten.

Don Bernadino de Mendoza, der spanische Gesandte am englischen Hof, war außer sich vor Wut. Seit Monaten verhallten seine Proteste wie ein ungehörtes Echo. Er wurde kompromittiert, ja lächerlich gemacht. Insgeheim schwor er ewige Rache. Was war geschehen?

Geradezu fordernd hatte Mendoza um eine sofortige Audienz gebeten, als er die Kunde von Drakes geglückter Heimkehr vernahm. Einem Götzenbild gleich hatte die Königin da auf ihrem Thron gesessen und angewidert auf den kleinen Spanier herabgeschaut, wie auf eine Kröte, die gerade aus einem Schlammloch hervorgekrochen kam.

»Im Namen Seiner Majestät, dem König von Spanien, erhebe ich schärfsten Protest gegen die Aktionen Ihres Kapitän Drake und verlange die augenblickliche Rückgabe des spanischen Eigentums.«

»Ich bin nicht geneigt, mir aus Ihrem Munde Forderungen anzuhören, Señor de Mendoza. Seit wann mischen sich Gesandte in die Angelegenheiten meiner Staatsgeschäfte? Sollten Sie eine schriftliche Entschuldigung ihres Gebieters für diese grobe Verletzung der Etikette beibringen, könnte über Ihr Ersuchen befunden werden.«

Auf einen Wink waren zwei Wachen erschienen, die sich neben Mendoza aufgebaut und ihn unmissverständlich zum Ausgang begleitet hatten. Da stand er nun, vor der verschlossenen Tür, in sprachloser Wut.

Er war aus der Nähe der Königin verstoßen worden, doch den Piraten hatte sie an Weihnachten willkommen geheißen und ihn mit

Aufmerksamkeiten überschüttet. Diese skrupellose Geschäftemacherin! Drake hatte sich mit einer Krone revanchiert, in die herrliche Diamanten und Smaragde aus der Beute der Spanier eingearbeitet worden waren. Schamlos hatte sie sich damit beim Neujahrsempfang der Öffentlichkeit präsentiert. Für Mendoza war klar: Sie war der größte Pirat!

Die eigentliche Demütigung stand ihm und seinem Land aber noch bevor.

Ein königlicher Bote hatte die Aufgabe, Drake auszurichten, dass er sich samt seines Schiffes am 4. April nach Deptford an der Themse zu begeben habe. Als Drake flussaufwärts segelte, säumten Tausende das Themseufer, winkten und ließen ihn hochleben.

Im Gefolge der Königin befand sich der Sonderbeauftragte des Herzogs von Alençon, ein feinsinniger Hinweis für Spanien, dass England nicht ohne Freunde war.

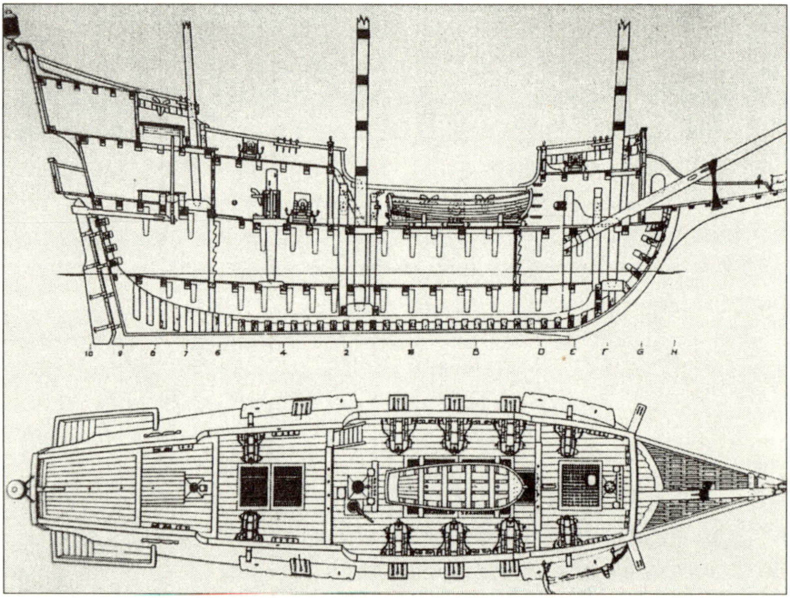

Ein nachempfundener Riss der GOLDEN HINDE, mit der Drake in zwei Jahren und zehn Monaten die Erde umsegelte. Dabei legte er fast 30 000 Seemeilen zurück.

Drake legte an, die Königin begab sich an Bord der GOLDEN HINDE, welch Affront: Elisabeth I. auf dem Piratenschiff!

Auf den Planken vor der großen Kajüte rutschte ihr ein rotes Strumpfband herab. Sie warf einen Blick auf ihre Hofdamen, die ihretwegen erröteten, streckte ihr schlankes, seidenbestrumpftes Bein aus und befestigte eigenhändig das Strumpfband, wobei sie sich zum Amüsement der Männer eine Idee länger Zeit ließ. Die geschliffenen Höflinge schauten diskret zur Seite. Drakes Mannen glotzten, dann lachten sie herzhaft.

»Dame und Hure«, durchfuhr es de Mendoza in der dritten Reihe.

Der Franzose an ihrer Seite war beeindruckt von der Nonchalance der Königin.

Drake hatte seine Galauniform angelegt und führte den hohen Besuch mit geschwollener Brust auf dem Schiff herum – ein Ereignis, das bei der ganzen Nation Entzücken auslöste. Schaulustige

Eine nicht ganz korrekte Darstellung, auf der Elisabeth I. den Weltumsegler Drake zum Ritter schlägt. Tatsächlich ließ sie den Akt vom französischen Gesandten ausführen.

strömten heran, mogelten sich an Wachen und Absperrungen vorbei und bildeten eine dichte Traube auf der Landgangsplanke, die plötzlich laut krachend zusammenbrach. An die hundert Neugierige purzelten ins Wasser.

Nach einem Lunch an Bord sollte die Festlichkeit mit Drakes Erhebung in den Ritterstand ihren Abschluss finden.

Mit gesenktem Haupt kniete der Lieblingspirat vor ihr. Sie ergriff nachdenklich das Schwert und flüsterte: »Francis Drake, Ihr seid ein Schurke, und um meiner Ehre willen muss ich mich von Euch lossagen.«

Drake hob verwirrt den Kopf. In diesem Augenblick wandte sie sich dem Franzosen zu und reichte ihm das Schwert. »Ich bin überzeugt, dass Monsieur den Ritterschlag mit Freuden für mich ausführen wird.«

Ein raffinierter Schachzug, mit der Anspielung, dass Frankreich Drakes Taten billigte! Vor aller Augen eingeschüchtert, kam der Franzose der unerhörten Aufforderung nach. Die Menge jubelte und schleuderte die Mützen in die Luft.

Mendoza in der dritten Reihe kochte einmal mehr vor Wut: »Auf Worte wollen Madam nicht hören, dann mag sie demnächst stattdessen auf Kanonen antworten!«

*

Der Abenteurer Sir Francis Drake als sesshafter Bürger? Kaum vorstellbar, und doch geschehen! Von seinem Vermögen kaufte er über einen Strohmann das Gut Buckland Abbey in Devon. Eines Strohmannes musste er sich bedienen, da er keine andere Möglichkeit hatte, das ehrwürdige Anwesen dem Aristokraten und ihm immer noch gramen Sir Richard Grenville abzukaufen. Mit dem Erwerb schuf sich Drake das Ambiente, das ihm als erfolgreichem und frisch zum Ritter geschlagenem Piraten im Dienst der Königin angemessen erschien.

In der großen Halle, direkt über dem Kamin, hängte er das Wappen auf, das ihm von Elisabeth überreicht worden war. Es war mit dem treffenden Motto: »Sic Parvis Magna« (Vom Kleinen zum Großen) versehen worden.

Sir Francis Drake, der Königin liebster Pirat, als reicher Mann auf der Höhe seiner Karriere. Die bekannte Zeichnung bildet ihn mit Weltkugel und Familienwappen ab.

Drake gefiel sich in der Rolle eines Landlords auf traditionsreichem Boden. Seine Familie hatte stets unter der Kluft zu den Grenvilles gelitten. In seinen Augen zehrte Sohn Richard lediglich vom Ansehen seines Vaters, der einst Kapitän des Flaggschiffs MARY ROSE König Heinrichs VIII. gewesen war. Sir Richard blieb eine Krämerseele, ein Verwalter, der von Dingen träumte, die er, Francis, verwirklichte.

In Plymouth kaufte Drake ein kleines Haus- und Grundstücksimperium zusammen, wurde Bürgermeister der Stadt und schließlich Parlamentsmitglied.

Nach vierzehnjähriger Ehe starb Mary, seine erste Frau. Es gab keine Nachkommen. Mit ganzer Kraft widmete sich Drake jetzt dem Bau und der Modernisierung der Flotte. Er war zutiefst überzeugt, dass Englands Sicherheit, Souveränität und Zukunft abhingen von schnellen, feuerstarken Schiffen und guten Schiffsführern. Zusammen mit Sir John Hawkins, Sir Martin Frobisher und Sir Walter Raleigh setzte Drake das Reformprogramm der Navy gegen alle Widerstände, gegen allen Wankelmut der politischen Führung des Landes durch.

»Diese verdammten Sesselfurzer in London«, wetterte Drake, »sind blind, dumm oder verräterisch angesichts der spanischen Bedrohung!«

Fürwahr, trotz gegenseitiger, scheinheiliger Beteuerungen hatte sich der anglo-spanische Antagonismus verschärft und 1583 einen vorläufigen Höhepunkt erreicht.

Staatssekretär Walsingham war ein Meister der Gegenspionage. Geheime Informationskanäle meldeten ihm Agententätigkeiten aus allen Botschaften Europas. So gelang es ihm, die Geheimkorrespondenz zwischen Maria Stuart und dem französischen Gesandten Throgmorton zu bespitzeln, um dessen verräterische Machenschaften zu entlarven.

Throgmorton wurde beobachtet, als er heimlich aus de Mendozas Haus eilte. Konspiration, witterte Walsingham und schlug zu, gerade in dem Augenblick, als de Mendoza verschlüsselte Briefe an die schottische Königin verfasste.

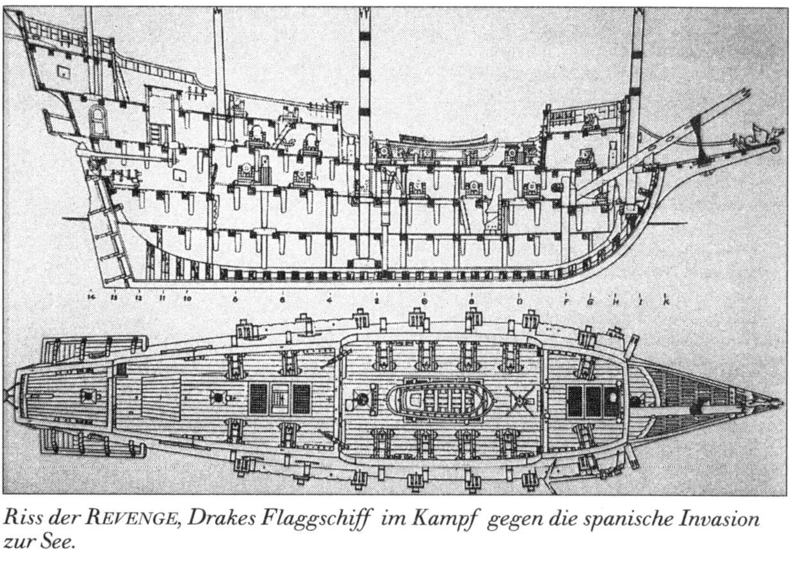

Riss der REVENGE, Drakes Flaggschiff im Kampf gegen die spanische Invasion zur See.

Im Tower wurde der Spanier aufs Streckbrett gespannt, wo er zusammenbrach und ein internationales Komplott zur Ermordung Elisabeths I. verriet. Elisabeth, großmütig oder besorgt vor eskalierender Entwicklung, ließ den Gesandten nicht hinrichten, sondern jagte ihn außer Landes.

Throgmortons Verschwörung gegen das Leben der englischen Königin war eine von vielen, dennoch bedeutend, da sie endlich die Einstellung des alten Lord Burghley zu Spanien revidierte und ihn zu der Überzeugung gelangen ließ, dass Philipp II. nur die Unterwerfung Englands im Sinn hatte.

Drakes Plädoyer zur Flottenaufrüstung stieß endlich nicht mehr auf taube Ohren. Die REVENGE, eine moderne Kriegsgaleone, wurde auf Kiel gelegt.

Francis Drake, mittlerweile dreiundvierzig Jahre alt, heiratete Elisabeth Sydenham, die Tochter von Sir George Sydenham, ein zwanzigjähriges, ausgesprochen hübsches Fräulein der höheren Gesellschaft. Eine Dame aus der Aristokratie, kein Frauenzimmer aus der Hefe des Volkes! Damit glaubte sich Drake endgültig in die Upper Class »eingekauft« zu haben, mit Geld und Macht – beides große Aphrodisiaka.

1585 war das Jahr der Heirat, aber auch der Veränderung für den fast schon träge gewordenen Freibeuter. Von jähem Fernweh und Tatendrang getrieben, stellte er seiner Königin ein neues Projekt vor, das an Kühnheit nichts zu wünschen übrig ließ. Er wollte die Städte Santo Domingo und Cartagena einnehmen, dann nach Westen segeln und die Silberminen von Honduras erobern. Allein als Lösegeld für die besetzten Städte Santo Domingo und Cartagena, erklärte er Elisabeth, seien die Spanier bereit, mindestens eine halbe Million Golddukaten zu zahlen.

Die Summe entsprach dem Zwölffachen ihrer jährlichen Haushaltsausgaben. Eine unwiderstehliche Versuchung, mit Beutegeld die Flottenaufrüstung zu finanzieren! Andererseits konnte die Aktion Krieg bedeuten, Krieg zur falschen Zeit. Innerlich schwankend, wollte sie Zeit gewinnen. Sir Francis dagegen suchte eine rasche Entscheidung herbeizuführen und wurde nicht müde, den strategischen Aspekt der Operation zu erläutern. Die Finanzmittel müssen an den Quellen, also in Neu-Spanien, unterbrochen werden, nur so sei die beängstigende Macht empfindlich zu treffen. »Erst, wenn die Gold- und Schatzströme versiegen, bricht das spanische Reich aus Geldmangel zusammen«, war Drakes Rezept.

Elisabeth gab die Zustimmung für den ersten offiziellen Angriff Englands auf Neu-Spanien, als der Geheimdienst ihr von Anstrengungen Philipps berichtete, eine Armada bauen zu lassen, die gegen ihr Land geschickt werden sollte.

In Plymouth überraschte Drake eine inoffizielle Mitteilung: es sei ein Befehl unterwegs, der das Auslaufen seiner Schiffe verbot. Elisabeth wolle die Aktion in allerletzter Minute verhindern, hieß es.

Ein Gerücht, ein taktischer Zug, um die Spanier zu beruhigen? Was sollte Drake tun: abwarten, bis der Befehl eintraf, oder handeln? Der Kommandeur handelte. Sofort wurden alle Auflaufvorbereitungen beendet. Hals über Kopf lief Drakes Flotte am 14. September 1585 mit einundzwanzig Schiffen und mehreren Pinassen aus. Die Lagerräume der Galeonen waren halb leer. Zwei Galeonen stammten aus der königlichen Marine: das Flaggschiff ELIZABETH BONAVENTURE von sechshundert Tonnen mit dreißig Kanonen und die AID von zweihundertfünfzig Tonnen. An Bord der Flotte befand sich eine Landstreitmacht von 2300 Soldaten.

Als sich der Verband behäbig aus dem Plymouth-Sund schob, hätte de Mendoza, wäre er noch in England, seinem König aufgeregt von einer Kriegserklärung berichtet.

14.

1585/1586
Santo Domingo
und Cartagena

Vor dem spanischen Hafen Vigo brachte Drake seine Geschütze in Position und ergänzte gewaltsam Süßwasser und Proviant. Unbeschwert überquerte er danach den Atlantik.

Ein alter Stich von Santo Domingo am Rio Ozama auf Hispaniola im 17. Jahrhundert.

Fünfzig Jahre lang war Santo Domingo die Metropole des spanischen Reichs in der Neuen Welt gewesen. Die Kolonialregierung verlegte Mitte des 16. Jahrhunderts aus wirtschaftlichen Erwägungen die Hauptstadt ans Festland, nach Cartagena, ins heutige Kolumbien.

Zuckerrohr- und Tabakplantagen warfen hohe Erträge ab. Somit ging es den in Santo Domingo verbliebenen Hidalgos auch nach dem Prestigeverlust großartig. Breite, palmengesäumte Avenidas, repräsentative Bauten, schmucke Herrenhäuser, eine Universität zeugten von der Pracht der Stadt. Für Drake, auf der Jagd nach Schätzen, ein idealer Ort.

In bewährter Taktik – Angriff, Umzingelung, Überrumpelung, alles schnell und entschlossen vorgetragen – plante er, Santo Domingo zu erstürmen.

Am Neujahrstag 1586 bombten seine Kanonen von See her die Bürger aus dem Schlaf. Völlig verwirrt rannten Polizei, Soldaten und wehrhaftes Volk an den Strand, um die von See kommende Bedrohung abzuwehren. Kaum eine Viertelstunde später brachen eintausend Soldaten im Rücken der Verteidiger in die Stadt ein. Drake hatte heimlich nachts einen Teil seiner Leute für den Umklammerungsschlag in Position gebracht. Musketen- und Bogenschützen stifteten eine heillose Verwirrung, die nach einem kurzen Waffengang zur Flucht der Spanier führte.

Die Engländer besetzten die Hauptstraßen und den Marktplatz. Kaufleute und Farmer, die ihnen als Gefangene in die Hände gefallen waren, trieben sie in der Kathedrale zusammen. Auf dem Festungsturm wurde die englische Flagge gehisst. Im Hafen kaperte Drake ein spanisches Schiff, dies trieb er vor die Festungsmauern. Um dem Spott die Krone aufzusetzen, taufte er die Galeone NEW YEAR'S GIFT – »Neujahrsgeschenk«.

Nun wurde die Stadt nach Schätzen durchsucht. Die Enttäuschung war groß: außer etwas Geld konnte nichts Wertvolles geborgen werden. Wutschnaubend schickte Drake einen Parlamentär in die Berge, dorthin, wo sich der Gouverneur versteckt hielt, und forderte fünfhunderttausend Dukaten als Lösegeld.

Eine solche Summe sei nicht aufzubringen, erhielt der Kapitän zur Antwort.

Zwischenzeitlich gelang es Pedro Alcalde, einem Offizier der spanischen Marine, mit einigen Leuten seine Fregatte unbemerkt aus einer versteckten Bucht zu manövrieren, um Kurs auf Cartagena zu nehmen.

»Wie Sie wünschen, Gouverneur«, ließ Drake antworten, »für jeden Wartetag lasse ich einen Stadtteil niederbrennen!«

Der Stadthalter blieb stur, und die Engländer filzten dreißig Tage lang sämtliche Gebäude. Da sie keine Beute fanden, entfachten sie ein Flammenmeer aus dreißig Häusern.

Das Brandschatzen hörte auf, als der Spanier nach einem Monat Drake ein Angebot über fünfundzwanzigtausend Dukaten Lösegeld machte.

Zähneknirschend wurde die Summe in Empfang genommen. Es war doch nur ein lächerlicher Betrag, aber augenscheinlich konnte aus der Stadt nicht mehr herausgeholt werden.

*

Pedro Alcalde erschien, von seiner Seereise erschöpft, im Gouverneurspalast von Cartagena. Sichtlich bewegt trug er dem Statthalter eine unglaubliche Geschichte vor: »El Dragón hat Santo Domingo eingenommen und die Stadt verwüstet – diesmal nicht mit Spießgesellen und Abenteurern, nein, mit Soldaten der englischen Armee. Das bedeutet Krieg in Neu-Spanien.«

Der Gouverneur zog seine Stirn hoch. »Was hat er als Nächstes vor?«

»Er wird Nombre de Dios oder Cartagena angreifen, Exzellenz.«

»Ruht Euch aus, Leutnant. Wir werden die Küste warnen. Sie haben gute Arbeit geleistet!«

Drakes Ziel war Cartagena auf der anderen Seite der Karibik, an der kolumbianischen Küste. Kühn segelte seine Flotte an der Stadt mit dem doppelten Hafen vorbei. Gouverneur und Militärführer atmeten auf. Glaubten sie doch, dem gefürchteten El Dragón entkommen zu sein. Dann ließ der Kapitän beidrehen, brachte die Schiffe am Eingang des äußeren Hafens in Stellung und ließ Anker werfen.

Die Spanier beobachteten argwöhnisch das Manöver. Der Gouverneur ließ sich die Lage schildern.

»Wir sind absolut sicher, dass Drake nichts ausrichten kann. Außerdem haben wir ausreichend Lebensmittel und tiefe Brunnen innerhalb der Mauern. Einem Angriff und einer Belagerung werden wir widerstehen!«, beruhigten die Experten.

Kaum brach die Nacht herein, setzte Drake Soldaten an Land mit dem Auftrag, im Eilmarsch die enge Landzunge zu überqueren. Diese Passage führte am inneren Hafen vorbei direkt zur Stadt. Der Vormarsch verlief nicht planmäßig. Die Spanier hatten den Zugang mit vergifteten Reitern aus Eisen abgeriegelt. Zusätzlich wachten zwei Kriegsgaleonen im zweiten Naturhafen, um die Engländer aufs Korn zu nehmen.

Cartagena selbst wurde seeseitig von einer mächtigen, von siebenhundertfünfzig Kanonen bestückten Mauer gesichert. Die Engländer waren auf der Hut, umgingen die Eisenreiter und schlichen geduckt am Strand entlang auf die Stadt zu, unbehelligt vom Flankenfeuer der beiden spanischen Schiffe.

Im Schutz der schwarzen Festungsmauern rückte der Trupp von Süden her auf die landseitig ungesicherte Stadt vor. Wieder einmal fielen sie den angestrengt über Meer und Hafen schauenden Spaniern in den Rücken. Bevor der Stadtkommandant Zeit fand, seine Truppen in eine neue Stellung zu bewegen, waren Drakes Männer erdrückend präsent. Beide Seiten kämpften mit äußerster Härte. Auf keinen Fall wollte der Kommandant seine Stadt so kleinmütig übergeben, wie es mit Santo Domingo geschehen war.

Allmählich sammelten sich die Abwehrkräfte der Spanier. Reihenweise wurden englische Soldaten niedergestreckt. Mit ungeheurer Flexibilität führten die spanischen Hauptmänner ihre Kompanien von einem Schwerpunkt zum anderen. Der Ausgang der Schlacht schien lange Zeit ungewiss. Zuerst führten die Engländer, dann die Spanier.

Doch dann siegte die Feuerkraft von Drakes Musketen. Meter um Meter wurden die Spanier zur Plaza, der Stadtmitte, zurückgeschlagen. Dort tobte ein letzter verzweifelter Kampf Mann gegen Mann – bis sich die Spanier im Morgengrauen ergaben.

Beim Durchstöbern der Häuser fielen den Engländern Familienschmuck und Geldkassetten in die Hände. Sie raubten Bronzeglocken von Kirchtürmen und konfiszierten achtzig Geschütze.

Gleich nach dem Sieg verlegte Drake seine Schiffe in den Innenhafen, um von hier aus die Stadt notfalls unter Feuer nehmen zu können. Dann begab er sich auf den Marktplatz, um den Sieg über die »uneinnehmbare« Festung zu feiern.

»Cartagena, ich komme wieder!« Sir Francis hatte seinen dreizehn Jahre alten Schwur eingelöst. Im Haus des Gouverneurs wollte er die Bedingungen der Stadtübergabe diktieren. Die Kontrahenten trafen sich in der pompösen Residenz gegenüber der Kathedrale.

Drake eröffnete die Verhandlung in gutem Spanisch, das er von Gefangenen auf seiner Weltumsegelung gelernt hatte: »Ich verlasse Euch in Frieden, ohne auch nur ein Haus zu zerstören. Als Anerkenntnis für meine Großzügigkeit erwarte ich eine Million Dukaten, verladen auf meine Schiffe.«

Der Gouverneur entgegnete ruhig: »Gern, wenn ich die Summe auftreiben könnte. Doch in der Stadt ist kein Geld.«

»Wollen Sie, dass Cartagena das Schicksal Santo Domingos widerfährt? Wird die Summe nicht bezahlt, brennen morgen die ersten Häuser!«

Kühn antwortete der Gouverneur: »Ihr habt einen Namen als fairer Flottenkommandeur zu verlieren. Oder wollt Ihr als brandschatzender Wüstling in die Geschichte eingehen?«

Die Verhandlungen zogen sich dahin, zäh wie Melasse – wochenlang. Zwischen Beschimpfungen und wüsten Drohgebärden wurde diniert und philosophiert. Über die Kirche, über die Königshäuser und darüber, wie schön es doch für die Völker wäre, wenn sich Spanier und Engländer freundschaftlich die Hand reichen würden. Anfang der fünften Woche zeichnete sich ein Kompromiss ab. Der Gouverneur stellte einhunderttausend Dukaten in Aussicht. Drake verlangte Zuschläge dafür, dass er die Kathedrale und die Gotteshäuser nicht plündern ließ. Wieder wurde verhandelt – bis er den Aufschlag dann doch erhielt. Ein Vertrag besiegelte das endlose Hin und Her der so unterschiedlichen Führer: Hier der agile, nervös umhertänzelnde Engländer von gedrungener Statur mit rotblondem Spitzbart, da der arrogant-stolze Spanier, glatt rasiert, mit Hakennase und funkelnden schwarzen Augen.

Drake hatte die bedeutendste Küstenstadt Neu-Spaniens eingenommen, die Hauptstadt des Überseereiches. Dennoch war die

Eroberung nichts weiter als ein Pyrrhussieg. Hatte er doch zwei Drittel seiner Männer in Scharmützeln oder durch Krankheit verloren. Cartagena war nur zu halten, wenn Verstärkung aus England eintreffen würde. Aber dazu war Elisabeth nicht bereit. Schließlich wäre damit die Verteidigung ihres Landes gefährdet gewesen und Philipp aufgefordert, den Inselstaat sofort anzugreifen. Drake steckte die enttäuschende Beute ein und verwarf seinen Plan, Panama-Stadt anzugreifen.

Was war los mit dem umtriebigen Sir Francis? Ermüdungserscheinungen? Sicher auch, doch in erster Linie hatten sich die Verhältnisse in Neu-Spanien geändert. Die Verteidiger traten geschlossener auf und waren besser gerüstet als je zuvor.

Auf der Rückfahrt segelte er an Florida vorbei. Er plünderte noch rasch die spanische Siedlung St. Augustin, ohne Nennenswertes zu erbeuten. Missmutig überschlug Drake Kosten und Nutzen der Expedition. Seiner Königin hatte er mindestens eine halbe Million Dukaten versprochen. Was er mitbrachte war mehr als enttäuschend. Seinen Geldgebern bescherte er einen Verlust von fünfundzwanzig Prozent ihres eingesetzten Kapitals.

Trotz der schlechten Bilanz hatte die Reise auch positive Aspekte: An der Küste Virginias rettete Drake das Leben von Landsleuten, die auf der Insel Roanoke zu verhungern drohten, und in Europa kursierten Gerüchte, Drake hätte die spanische Flotte aufgerieben, Hispaniola und Panama eingenommen – Fama mit fatalen Folgen für Spaniens Finanzkraft.

15.

Im Januar 1999
Santo Domingo
und Cartagena

Müde, mit plattgelaufenen Füßen suchte ich ein Plätzchen, um etwas Kraft zu schöpfen und zu reflektieren, was nun fast acht Stunden lang auf mich eingeströmt war. Besichtigungen, Führungen, Vorträge hatten mich kreuz und quer durch Santo Domingo geführt. Zuletzt eroberte ich mir die Altstadt – mein Gott, können Geschichte und Kultur anstrengend sein!

Ich befand mich im ersten europäischen Machtzentrum Amerikas und spürte den Stolz Santo Domingos, die älteste Stadt der Neuen Welt zu sein. Mit Christoph Columbus fing alles an – und Francis Drake versetzte der Stadt den Todesstoß.

Haiti, so nannten die Indianer ihre Karibikinsel, wurde von Columbus am 6. Dezember 1492 entdeckt und von ihm Hispaniola (Klein-Spanien) getauft. »Dies ist das schönste Land, welches das menschliche Auge je gesehen hat«, schrieb der Entdecker an Königin Isabella von Kastilien.

Das Palisadendorf La Navidad wurde von neununddreißig zurückgelassenen Seeleuten gegründet. Somit entstand nahe des heutigen Kap Haitïen in Haiti die erste europäische Siedlung, die sich jedoch nur ein Jahr hielt. Aufgebrachte Indianer zwangen die Siedler zur Aufgabe ihres Stützpunktes. Westlich vom heutigen Puerto Plata wurde Isabella gegründet. Doch auch über diesem Ort schwebte das Unheil in Form von Indianerattacken, innerem Zwist und Krankheiten. Bartolomé Colón, der Bruder des Entdeckers, erkundete die Insel und befand, dass der Naturhafen im Mündungsgebiet des Rio

Ozama im Süden Hispaniolas ideale Voraussetzungen für die Gründung einer Hauptstadt hätte, die »Nueva Isabella« heißen sollte.

Colóns Aufruf wurde gefolgt. Ab 1500 siedelten nach und nach zweitausend Kolonialisten an der Mündung des Ozama. Nueva Isabella wurde bald in »Santo Domingo« umbenannt und später Sitz des Vizekönigs der Neuen Welt, mit Diego Colón, dem Sohn Christoph Columbus', als erstem Vizekönig.

1502 verwüstete ein schwerer Hurrikan die meisten Holzhäuser der Stadt. Den Wiederaufbau organisierte der damalige Gouverneur Nicolás Ovando, diesmal jedoch am gegenüberliegenden Ufer des Ozama...

... dort, wo ich mich gerade auf der La Marina durch die Altstadt schleppte. Ich suchte die Casa de Ovando in der Calle las Damas, eine Straße weiter. Erleichtert ließ ich mich in einen der Cocktailsessel fallen. Ausruhen! Am liebsten würde ich die Beine auf den Tisch legen, doch das schickt sich in einem Luxushotel nicht.

Das Hotel hatte sich in einem der ältesten Gebäude der Stadt eingenistet. Die Ehrwürdigkeit verrät das schlichte, aber schön erhaltene spätgotische Eingangsportal. »Ovando« rührt vom Namen des zweiten spanischen Gouverneurs der Insel, nämlich Nicolás Ovando, dem Stadterneuerer. Nach dem zweiten Cuba Libre erschien die Altstadt in gewohntem Glanz. War sie doch 1990 von der UNESCO als »Kulturerbe der Menschheit« deklariert und liebevoll und mit großem Aufwand restauriert worden. Ich konnte die Calle las Damas einsehen, das bunte Treiben, die ungezwungene Fröhlichkeit der Dominikaner beobachten.

Gerade tänzelte eine Gruppe Halbwüchsiger heran. Einem der Burschen klemmte eine Trommel unter dem Arm. Zwei andere trugen erotisches Hüftschwingen zur Schau.

Merengue: zur karibischen Lebensfreude gehört Musik, und der Merengue ist das musikalische Markenzeichen der Dominikanischen Republik. Ein akustisches Elixier, bis tief in die Nacht allgegenwärtig, live improvisiert, aus Kneipen oder Ghettoblastern dröhnend. Die Jungs ziehen vorüber, werfen den Mädchen kecke Blicke nach. Die Mädchen haben Spaß daran, lassen auch ihre Hüften kurz mitschwingen. Das ist Lebensfreude, ein Pulsschlag, der ansteckt.

Afrikanische Sklaven haben den Merengue bei der Feldarbeit kre-

Musik und Tanz sind in der Karibik Lebenselexier, dies drückt sich im „Merengue aus."

Eine Karibikschöne: auch ihre Vorfahren kommen aus Westafrika.

iert. Ihre Fußgelenke waren doppelt in Eisen gelegt worden. Zum einen behinderte eine schwere Eisenkugel das Gehen, zum anderen verband eine lange Kette die linken Fußknöchel der Sklaven miteinander. Einigermaßen schmerzfrei konnte man sich nur im Takt fortbewegen. So entstand die rhythmusbetonte Musik, die einen kollektiven Schritt des linken Beines erst möglich machte.

Heute schwingen die Hüften im Takt, mit dem linken Fuß wird zur Seite gerutscht, der rechte Fuß schnell nachgezogen. Der Sage nach entstand Merengue während einer Fiesta, auf der ein hochrangiger Gast mit einem Klumpfuß zu tanzen versuchte.

Fein herausgeputzte Hotelgäste kamen und gingen. Beflissene Pagen stürzten sich auf das Gepäck und schleppten es eilig durchs Foyer zur Rezeption. In der »Casa de Ovando« konnte man das Geld förmlich riechen. Ich hörte englische, auch deutsche Laute.

Im schwach besuchten Hotelcafé hatte ich einen großen Tisch für mich, also packte ich einige Prospekte aus, faltete Karten der Insel und von Santo Domingo auseinander und vertiefte mich in die Unterlagen, tauchte ab in die wechselvolle Vergangenheit.

In alten Karten begegnet uns der Name Santo Domingo de Guzmán. Nach dem Chronisten Gonzalo de Oviedo lautet die Erklärung: »..., weil sie nach dort kamen und sich am Sonntag (Domingo), dem Tag des Herrn, niederließen. Sie gaben diesen Namen auch, weil der Vater des ersten Almirante (Columbus) und seines Bruders, des Grafen, Domenico hieß.« Die Erweiterung de Guzmán ist auf den gleichnamigen Ordensgründer der Dominikaner zurückzuführen.

Der über fünfzig Jahre währende Wohlstand der Stadt begann 1509, als sie Zentrum des Vizekönigreiches wurde und damit das politische, wirtschaftliche und geistige Leben Neu-Spaniens repräsentierte. Die Stadtplanung galt als beispielhaft für alle späteren Neugründungen im expandierenden Kolonialreich, so das einst von den Römern übernommene schachbrettartig angelegte Straßennetz.

Nicht frei von Ehrfurcht stand ich vor zwei Stunden noch am Fray de Las Casas, dem Denkmal für Bartolomé de Las Casas, der als Geistlicher in seinen anklagenden Schriften die Ausrottung der Indianer anprangerte, sich auf diese Weise mit Ketzern und Heiden zu solidarisieren schien und Gefahr lief, selbst verbrannt zu werden.

Er empfahl die Einfuhr afrikanischer Sklaven als körperlich widerstandsfähigere Rasse. Als ihm das Ausmaß des Elends bewusst wurde, das er heraufbeschworen hatte, wäre Las Casas daran fast zerbrochen.

Neben dem Denkmal steht das heutige Dominikanerkloster. Durch Erlass Papst Pauls III. wurde 1538 in diesen Mauern die erste Universität Amerikas gegründet. Nach dem großen Scholastiker hieß sie »Santo Tomás de Aquino«. In der Hochschule lehrte zu Beginn auch Dominikanerpater de Las Casas.

Große Namen der Conquista sind mit der Stadtgeschichte Santo Domingos eng verbunden: Ponce de León, Diego de Velázquez und vor allem Hernán Cortéz mit Francisco Pizarro.

Die eigentliche Bedeutung hatte die Stadt als Brückenkopf für Eroberungen auf dem amerikanischen Doppelkontinent. In dieser Brückenkopffunktion lag nach den Jahren gewaltigen Aufstiegs auch die Zeit unentrinnbaren Abstiegs begründet: als nämlich 1535 Ciudad de México und Catagena zu Hauptstädten des erweiterten Königreichs erkoren wurden.

Anfangs merkten die Bürger den Bedeutungsverlust nicht. Noch förderten Gold- und Silberminen der Umgebung Edelmetall, schwunghaft blieb der Handel mit Zuckerrohr, Kartoffeln, Tabak – Europa hatte gerade Geschmack an den Luxusgütern gefunden und war unersättlich.

Dann erschien El Dragón, okkupierte die Stadt, machte ganze Bezirke dem Erdboden gleich – ein Schock, von dem sich Santo Domingo nur mühsam erholte.

Drake, der Kulturschänder? Sein nächtlicher Überfall und seine Zerstörungswut deuten darauf hin.

Etwa in der Mitte der Calle Isabel Católica steht noch heute die Casa del Cordón, erbaut von einem der ersten Siedler Westindiens: Don Francisco de Garay. 1503 ließ der schwerreiche Kolonialist dieses erste Steinhaus errichten, das gleichzeitig auch das älteste Amerikas ist. De Garay hatte Kolumbus auf seiner ersten Reise begleitet. Nach einer Reihe unterschiedlicher Aktivitäten ließ er sich als Notar und Grundstücksmakler in Santo Domingo nieder. Ein Jahr später schenkte de Garay das Steinhaus dem ersten Vizekönig Diego Colón, der es mit seiner Frau Maria de Toledo bewohnte, bis er in dem sich zu der Zeit noch im Bau befindlichen Palast Alcázar residieren konnte.

Bronzestatue des spanischen Gouverneurs Frey Nicolas de Ovando, der Santo Domingo 1502 nach einem Hurrican links des Rio Ozama aufbauen ließ. Im Hintergrund der Palast Alcázar de Colón.

1586 trieb Francis Drake die noblen Damen in die Casa del Cordón, um sich dort ihren Schmuck aushändigen zu lassen.

Natürlich musste ich mir das historische Gebäude ansehen. Es zu finden war nicht ganz einfach gewesen, da die Fassade mit den Gebäuden links und rechts eine Einheit bildete. Schließlich hatte ich ein Messingschild mit der Aufschrift:

Casa del Cordón
1504

entdeckt, darüber prangte »Banco Popular«. Ich war durch einen schummrigen Gang geschritten, in dem links ein Pförtner eingedöst war. Meine Schritte hallten auf dem Steinfußboden und hatten den Mann hochfahren lassen.

»Was wünschen Sie, por favor?«

»Ist ein Blick ins Innere gestattet?«

»Natürlich, aber Uhren und Schmuck sind bei mir abzugeben!«

Ich hatte gestutzt.

»Wir wollen schließlich wiederhaben, was hier entwendet wurde«, hatte der Pförtner gefrotzelt.

Der Gang mündete in einen Atriumgarten mit Palmen, Liliengewächsen und prächtigen Bougainvilleen. Vögel und Falter schwirrten umher – ein feuchtwarmes, vom Sonnenlicht durchflutetes Refugium, tropische Idylle inmitten einer engen Altstadt. Die gelb verputzten Wände waren drei Stockwerke hoch und von vielen Fenstern, die zu Büroräumen gehörten, durchbrochen.

Ob Drake die Damen der Gesellschaft in diesen Innenhof pferchen ließ und hier um Barschaft und Schmuck erleichterte? Ich konnte mir das Gezeter, die kolossale Entrüstung, das ängstliche Gejammer gut vorstellen. Die Damen mussten um ihre Ehre und ihr Leben gefürchtet haben.

Der Pförtner war neben mich getreten und hatte zum Besten gegeben: »Die Señoras und Señoritas standen an dieser Mauer und wurden einzeln durchsucht. Können Sie sich die Empörung ausmalen?«

Das konnte ich.

Nur wenige hundert Meter von der Casa del Cordón entfernt befindet sich das historische Zentrum der Altstadt: die Plaza Colón. Quirlige Cafés, mondäne Geschäfte, emsige Schuhputzer auf der linken Seite, der gedrungene Bau der Kathedrale Santa Maria la Menor gegenüber, das monumentale Bronzedenkmal Christoph Columbus' in der Mitte des Platzes.

Für einen Bischofsdom fehlt der Kathedrale ein alles überragender Turm und ein steiles Dach. Das hat seinen Grund. Hurrikane und Erdbeben zwangen zu einer bodennahen, horizontalen Bauweise.

Blasphemisch, wie Drake allem Katholischen gegenüber war, ließ er die Kathedrale plündern und machte die Grabstätte des Entdeckers Columbus unkenntlich. Der Hauptaltar wurde von den Engländern zerstört.

Heute befindet sich dort im Chor der Sessel des Bischofs und wertvoll gedrechseltes Gestühl aus den Gründerjahren der spanischen Conquista Hispaniolas. Die Basilika – Ruhestätte von Bischöfen, Gouverneuren, Präsidenten und reichen Konquistadorensöhnen – benutzte Sir Francis während der Belagerung als Truppenunterkunft. Columbus' Sarg ruhte von 1877 bis 1992 auf vier Marmorsäulen unter einem tabernakelförmigen Podest im westlichen Mittelschiff der Kathedrale.

Anlässlich der Fünfhundert-Jahr-Feier wurden die Gebeine des Entdeckers ins Faro a Colón überführt, ein siebzig Millionen US-Dollar teures Kolumbusdenkmal am Westufer des Rio Ozama – steingewordene Machtpolitik, die von der schwarzen Bevölkerung heftig kritisiert wurde.

Fortaleza Ozama heißt die älteste Befestigungsanlage Santo Domingos. Strategisch günstig, am westlichen Mündungsufer des Rio Ozama gelegen, bewacht sie Hafen und Altstadt. Drake, der gewiefte Taktiker, umging des Nachts Stadtmauer und Kanonen. Im Handstreich wurde Santo Domingo von Land her erobert.

Innerhalb der Mauern, am Flussufer, reckt sich der Torre del Homenage – »Huldigungsturm« – zwanzig Meter himmelwärts. Der würfelförmige Turm erinnert an ein Kastell. Jahrzehntelang wurden hinter seinen meterdicken Mauern und in unterirdischen Verliesen unbotmäßige Sklaven, aufmüpfige Indianer-Kaziken, einfach alle Menschen, die anders dachten oder glaubten, eingekerkert und grausam gefoltert.

Nicht verwunderlich, dass der Turm gleichzeitig Sitz des Inquisitionsgerichts war. Angesichts des Schinderbaus, der da so trutzig aus der Rasenfläche ragte und Kokospalmen klein wie Gräser erscheinen ließ, drängte sich der Gedanke auf: Drake, ein Kulturschänder, der das Leben respektierte, seine Widersacher Menschenschinder, die im Glaubensfanatismus Kultur schufen.

»Darf ich mich zu Ihnen setzen?«, fragte jemand in englischer Sprache.

Ich schaute erstaunt auf, war so in meine Unterlagen vertieft gewesen, dass ich gar nicht die Fülle im Café wahrgenommen hatte.

»Natürlich, gern.«

Eilig legte ich den Stadtplan zusammen, um Platz zu schaffen.

Nach einer Weile kam ich mit dem Mann, einem Engländer aus Brighton, ins Gespräch. Er hatte ebenfalls einen längeren Stadtbummel hinter sich und war vom Flair der Altstadt begeistert. Besonders schwärmte er vom Museo de las Ataranzas Reales. Die königlichen Schiffszeughäuser wurden im 16. Jahrhundert Sitz der ersten Zollbehörde. In den Gewölben befänden sich reiche Gold- und Silberschätze, meinte der Mann aus Brighton.

»Hat Drake doch nicht alles eingesackt!«

Er lachte. »Augenscheinlich nicht.«

»Die Einnahme der Stadt – alle Wetter, das war ein Husarenstück«, versuchte ich den Engländer bei Stimmung zu halten.

»Das kann man so nennen. Tote gab es nur bei den Verhandlungen mit den geflüchteten Spaniern ums Lösegeld.«

»Oh«, sagte ich, »wissen Sie Näheres darüber?«

»Nun, der Gouverneur war mit Getreuen und Offizieren in die Berge enteilt. Drake schickte einen Negerjungen, der seine Forderung überbringen sollte. Einer der Offiziere geriet darüber so in Rage, dass er schrie: ›Ich akzeptiere keine Sklavenburschen als Unterhändler!‹, dann seinen Degen zog und ihn dem Jungen durch die Brust stieß. Der Kleine schleppte sich zu Drake zurück und starb.

Daraufhin wurde der Kapitän zornig und ließ zwei Mönche hängen. Einen Gefangenen schickte er zum Gouverneur mit der Forderung, dass ihm der Mörder des Jungen augenblicklich auszuliefern sei, anderenfalls würde er jeden Morgen und jeden Abend zwei weitere Mönche aufknüpfen lassen.

Der Offizier wurde ausgeliefert, doch Drake schickte ihn den Spaniern mit den Worten zurück: ›Es ist Euer Verbrecher, hängt ihn selbst!‹ Und der Gouverneur ließ ihn hängen.

Drakes Bitterkeit gegen die katholische Kirche erklärte sich aus dem Wüten der Inquisition gegen Andersgläubige. Ihm war zu Ohren gekommen, dass protestantische Seeleute bei lebendigem Leib verbrannt wurden, wenn sie ihren Glauben nicht widerriefen.«

»War das scheibchenweise Niederbrennen Santo Domingos eines Sir Francis würdig?«, fragte ich vorsichtig.

»Mit Sicherheit nicht. Die Sitten waren rau in jener Zeit, und der Hass gegen die Spanier saß Drake wie ein Pfahl im Herzen. Die Belagerung war nach ein paar Wochen beendet, die Hälfte der Stadt blieb unversehrt.«

»Trotz magerer Beute.«

»So war es. Drake zeigte die ersten Ermüdungserscheinungen. Sein Kampfgeist war nicht mehr der alte, die Expedition wurde zum Reinfall.«

*

Gegen Abend begab ich mich in den Trubel von Boca Chica, östlich der Hauptstadt. Nicht des ungezügelten Nachtlebens wegen, im Gegenteil, vor der Strandbucht, eingerahmt von schroffen Küstenfelsen, kann nur gewarnt werden. Der einstige Fischerort ist verkommen, laut und stinkend. Ein hässliches Beispiel für entarteten Tourismus, Prostitution und Kleinkriminalität. Strandkneipen, jede Menge Schlitzohren und ein Heer leichter Mädchen haben es darauf angelegt, die ahnungslosen Fremden übers Ohr zu hauen und auszunehmen.

Ich war drei Tage zuvor zufällig in den Ort geraten, weil er dem Flughafen am nächsten liegt und weil ich an der einzigen Strandmole die SANTA MARIA entdeckt hatte – einen schmucken Nachbau des Flaggschiffes von Christoph Columbus, mit dem er fast acht Monate lang auf seiner ersten Reise durch die Karibik unterwegs gewesen war.

Auf meinem Trip durch die maritime Vergangenheit der Region konnte ich nicht widerstehen, Nachforschungen zu treiben, und erfuhr, dass die Nao einem deutschstämmigen namens Klaus Rabich gehört. Klaus, vielmehr seine farbige Frau Rima, betreibt ein Strandrestaurant, den »Neptuno's Club«.

Nun ergab sich, dass dem »Neptuno« ein kleines Hotel angeschlossen war. Also blieb ich im sündhaften Boca Chica, hatte vor mir das Meer und die SANTA MARIA, die zwischenzeitlich von der Strandmole an den restauranteigenen Steg verholt worden war. Als ich noch erfuhr, dass Archäologen in und um Boca Chica Keramiken der untergegangenen Taino-Kultur entdeckt hatten, war ich hochzufrieden.

Wie an den vorangegangenen Abenden saß ich auf dem Steg über dem Wasser, aß »lenguado«, eine kreolisch zubereitete Seezunge, und trank einen trockenen Weißwein. Die Luft war lau, eine leichte Brise sorgte für angenehme Kühle, im silbrigen Mondlicht kräuselten sich kleine Wellen, von Zeit zu Zeit platschte ein Fisch aus dem Wasser... Wieder erlebte ich einen jener schönen Karibikabende.

Klaus saß mir gegenüber, hatte den zehnten Cuba Libre intus – und den elften vor sich. Seine Lebensgeschichte servierte er nun zum dritten Mal. Sie war bunt, abenteuerlich und irgendwie typisch: als Außenhandelskaufmann hatte er Hamburg vor einundvierzig Jahren verlassen, sich fünfzehn Jahre in Kolumbien durchgeschlagen, dann achtzehn Jahre in Brasilien. »Werbung und Marketing für pharmazeutische Artikel« nannte er seinen Job.

In Rio de Janeiro machte er sich selbstständig und ging nach drei Jahren pleite. Probierte es dann mit einer Kneipe, die nach zwei Jahren schließen musste. Der groß gewachsene, gut aussehende Pleitier mit Lebenserfahrung tauchte vor acht Jahren mit etwas Geld aus einer Erbschaft im damals noch verträumten Boca Chica auf und heiratete Rima, die Tochter eines wohlhabenden Fischers. Das Seegrundstück war die Mitgift für den Weißen aus Deutschland. Klaus und Rima krempelten die Ärmel hoch, bauten ein schönes Restaurant mit Hotel und für Werbezwecke die SANTA MARIA, die am Strand auf die teure, aber auch gediegene Küche aufmerksam machen sollte.

Der Laden lief gut, doch Klaus bekam melancholische Anwandlungen und fing an zu trinken. Anfangs mäßig, dann regelmäßig. Gott sei Dank hatte er eine patente Frau geheiratet. Rima stand ihren Mann, kümmerte sich um die Geschäfte und managte den Laden mit Erfolg. Auch heute Abend waren alle Tische besetzt.

»Wissen Sie«, sagte Klaus und beugte sich vor, als wolle er ein Geheimnis verraten, »ich habe mich sterilisieren lassen...«

Ich schaute mir den Mann an. Er war achtundfünfzig Jahre alt, sah aber aus wie fünfundsechzig. Sonne, Tropen und Alkohol hatten tiefe Furchen hinterlassen. Sein Haar war weiß, doch immer noch voll. Große Schweißperlen standen auf seiner Stirn. Mit einer ausladenden Bewegung hob er sein Glas und kippte sich das Teufelszeug in den Schlund.

»Sie werden Ihre Gründe haben«, sagte ich.

»…, um nicht so viel Alimente zahlen zu müssen.« Er gluckste vor Lachen. »Anfangs war meine Frau sauer. Sie sagte, ich hätte sie um ihre Altersversicherung betrogen. Doch heute ist sie froh. Auf Dominicana ist Nachwuchs keine Rente mehr, eher eine Belastung!«

Klaus rief nach einem seiner Kellner für einen neuen Drink. Plötzlich stand Rima neben ihm. Sie hatte ein hartes, fast Furcht erregendes Gesicht und mochte Mitte vierzig sein.

»Jetzt ist Schluss!«, fauchte sie kurz und verschwand.

»Elendes Weib!«, fluchte Klaus hinterher. Nach einer Weile hatte er sich wieder beruhigt und meinte: »Ich habe fünfzig Angestellte, doch verdammt, ohne den Drachen hätte ich keinen mehr.« Klaus wandte sich etwas unvorsichtig nach rechts und stieß mit dem Ellenbogen das Glas vom Tisch.

Schon war Rima zur Stelle. »Marsch, ins Bett!«

Ich war auf eine Szene gefasst und schaute mich verstohlen nach den Gästen um.

Klaus stand unsicher auf, schwankte wortlos von dannen. Er hatte eine Frau, die Angst, aber sicher nicht Pleite macht!

Ich war allein, allein mit dem Meer und der SANTA MARIA und hing meinen Gedanken nach. Keine schlechte Idee, die berühmte Nao – so werden Karavellen von über einhundert Tonnen bezeichnet – für Reklamezwecke zu bauen und an der Küste entlangcruisen zu lassen. Die Länge zwischen den Loten, also das Maß der Wasserlinie von Steven zu Steven, betrug siebzehn Meter, die Länge über Deck zweiundzwanzig Meter. Vom Typ her war das Schiff eine große Quersegelkaravelle mit Rahsegeln am Fock- und Großmast und einem Lateinersegel am Besanmast. Am Bugspriet ließ sich ein Klüversegel setzen.

»Cohiba!« Mit diesem Wort sollen Taino-Indianer Columbus 1492 begrüßt haben, als er Kuba betrat. Heute heißt die beste Zigarre so.

Columbus segelte weiter und stieß auf die zweitgrößte Insel, die er Hispaniola nannte.

Auch hier traf er auf Taino-Indianer, die einst in drei großen Migrationswellen aus dem nördlichen Südamerika die Westindischen Inseln besiedelt hatten. Sie kultivierten Maniok (Kartoffeln), Ananas, Guayava und Tabak.

Ihre Kultur lässt sich nur erahnen. Columbus' Nachfolger haben die Indianer ausgerottet. Bartolomé de Las Casas wurde zwar »Anwalt der Indianer« genannt, doch seine Anklage gegen den Völkermord seiner Landsleute kam zu spät.

Feine Tonkeramiken und Skulpturen der Taino-Indianer, die als Chicoid-Kunst nicht nur in Boca Chica gefunden wurden, sind stumme Zeugen eines brutalen Untergangs, für die Las Casas Spaniens gütergierige Machthaber verantwortlich machte: »Dann näherten sich diese unmenschlichen Räuber einem Ort bei Nachtzeit bis etwa auf eine halbe Meile, verkündeten oder verlasen jene Befehle unter sich selbst und riefen: ›Ihr Indianer! Wir tun euch hiermit zu wissen, dass es nur einen Gott, einen Papst und einen König von Kastilien gibt. Kommt augenblicklich herbei, unterwerft euch ihnen...‹ Ohne zu warten, stürmten sie in den Ort, verbrannten noch schlafende Weiber und Kinder lebendig, schlugen tot, was sie wollten, brandmarkten die, welche sie übrig ließen, als Sklaven und suchten sodann das Gold zusammen... Sie schonten weder Kind noch Greis, weder Schwangere noch Entbundene, rissen ihnen die Leiber auf und hieben alles in Stücke, nicht anders, als überfielen sie eine Herde Schafe...

Die Tyrannei, welche die Spanier beim Perlenfang gegen die Indianer verübten, ist eine der grausamsten Erfindungen der Welt. Man senkt sie nämlich in rascher Folge drei, vier, auch wohl fünf Klafter tief ins Meer, und zwar von Sonnenaufgang bis Sonnenuntergang. Da müssen sie, nach kurzen Atempausen, unter dem Wasser herumschwimmen und die Muscheln losreißen, worin Perlen wachsen... Fast alle können diese abscheuliche Lebensart nur kurze Zeit ertragen.«

Bis zu seinem Tod widmete sich Las Casas dem Kampf für die Rechte der Indianer. Seine Empfehlung, die robusteren Afrikaner an ihrer Stelle einzusetzen, hatte die Verschleppung von fünfzehn Millionen Negersklaven zur Folge. Noch zu Lebzeiten bereute er seinen Vorschlag: »Das Recht der Schwarzen ist dem Recht der Indianer gleich.«

Bei der Ankunft von Columbus lebten auf Hispaniola etwa fünfhunderttausend Indianer. Bereits 1530 waren sie, bis auf wenige Dutzend im unzugänglichen Hochgebirge, alle ausgerottet.

Aufstände unter den Kaziken Cotubanama und Enriquillo waren Akte größter Verzweiflung, die die Ausrottung auf Hispaniola nur beschleunigte.

Spanien entwickelte sich im 16. Jahrhundert zu einem Weltreich mit gewaltigen Dimensionen, in dem die Sonne niemals unterging. Im Jahre 1516 trat Karl V. nach dem Tod seines Großvaters Ferdinand die Herrschaft in Spanien an. Von Maximilian I., dem Großvater väterlicherseits, erbte er die habsburgische Krone Österreichs, und sein Vater Philipp I. vermachte ihm Burgund und die Niederlande.

Als Karl V. 1530 zum Kaiser des Heiligen Römischen Reiches deutscher Nation gewählt wurde, vergrößerte sich sein Einfluss abermals. Nach seiner Abdankung 1556 wurde die Macht aufgeteilt: Sein Bruder Ferdinand erhielt das Reich und die Kaiserwürde, Sohn Philipp II. Spanien, Amerika – außer Brasilien –, Italien und die Niederlande.

Historiker sagen, die Neuzeit begann bereits 1492, mit der Entdeckung Amerikas. Und an der sind die Türken nicht unbeteiligt. Durch Sperre und Kontrolle der Warenstraßen durch das Mittelmeer, das Schwarze Meer und durch Asien zwangen sie die westeuropäischen Mächte, sich nach neuen Handelswegen umzusehen. Dieser Zwang veränderte die Wirtschaftssysteme des Westens und brachte damit letztlich das Osmanische Reich um seine Macht. Die eigentlichen Kontrahenten in jener Zeit waren Suleyman der Prächtige auf türkischer und Kaiser Karl V. auf westeuropäischer Seite.

Mit den ersehnten Goldfunden in Peru und Mexiko verlagerte sich das politische Interesse von Santo Domingo weg auf das amerikanische Festland. Drake hatte nicht wahrgenommen, dass Hispaniolas Hauptstadt längst nicht mehr den Einfluss und den Reichtum besaß, den zu haben sie vorgab. Er hätte sich die wochenlange Belagerung sparen können, besser Cartagena überrascht und Panama-Stadt erobert.

Trotz Drakes erfolgloser Expedition lag im Dunst der Zukunft, dass sich England unter Elisabeth I. unaufhaltsam anschickte, eine wichtige Rolle unter Europas Mächten zu spielen. So diente der Pirat der Königin als Vorhut für die spätere Kolonialmacht Großbritannien. Spanien fraß die Neue Welt, doch die Niederlande, Frankreich, besonders aber England wurden dabei fett...

Frischer Nachtwind ließ die SANTA MARIA an ihren Fendern knarren. Ihr Kapitän hatte Amerika entdeckt – wie rasend schnell hatte sich die Welt verändert. Verändert, da Europa nach den Schätzen lechzte, Schätze, mit denen Kriege finanziert werden mussten – Kriege gegen die Türken, gegen Frankreich, gegen die Niederlande, und wann gegen England?

Mich fröstelte. Unrast beschlich mich. Weit hinter dem Horizont, tausend Seemeilen dahinter, lag Cartagena, ein anderer Ort, der meine sonst trockene Fantasie Blasen werfen ließ.

*

»Semper aliquid novi ex Africa (Immer kommt etwas Neues aus Afrika)!«, stöhnte der Jesuit Petrus Claver, als er über die Plaza de los Coches schritt. Täglich wurden hier um die eintausend verschleppte Afrikaner gewogen, begutachtet, verkauft. Das Schlimmste waren die Verkaufsvorbereitungen. Damit die halb toten Schwarzen noch einen Preis erzielten, wurden sie aufpoliert wie ein Stück Ebenholz.

Offene Wunden wurden ausgebrannt und mit Schießpulver verstrichen, graue Haare mit Kohlenstaub schwarz gefärbt, Ruhr verheimlicht, indem heißes Wachs in den Anus gegossen wurde... Petrus Claver blutete das Herz, er nahm sich der Geschändeten an. Gab den Schwarzen zu essen, zu trinken und behandelte ihre Wunden. Zwischen 1612 und 1654 rettete er Tausenden das Leben und soll dreihunderttausend von ihnen getauft haben. Er hieß der »Sklave der Sklaven«. 1880 wurde er kanonisiert. In der Klosterkirche San Pedro de Claver ruht der einbalsamierte Körper des Heiligen in einem Glassarg auf dem Altar.

Das Kloster steht mit der rückwärtigen Wand an die Festungsmauer von Cartagenas Altstadt gelehnt. Keine gewöhnliche Mauer, vielmehr ein Meisterwerk spanischer Bastionsbaukunst, ein geometrisches Gebirge aus Stein und Mörtel, Mörtel, der mit Stierblut angerührt worden sein soll. Achtzehn Meter dicke Mauern, bespickt mit sechsundzwanzig Bastionen und zahllosen Schießscharten sollten Cartagenas Reichtum verteidigen, den Besitz wohlhabender Kaufleute sichern und die politische Selbständigkeit wahren. Die Ansammlung irdischer Güter verdankte Cartagena dem Sklavenhandel. Das konnte auch ein San Pedro de Claver nicht verhindern.

Wie ein Jenseitssüchtiger huschte ich durch die Gassen der Altstadt, erklomm Mauern, die sich allzeit blutig verteidigt hatten – gehetzt von der Allgegenwart geschichtlicher Ereignisse, die hier nicht über die Menschen hinweg, sondern durch die Herzen der Bürger gingen.

Die Plaza de los Coches, die Calle Avos – jeder Platz, jede Straße, jede Gasse schienen von Blut, Schweiß und Tränen getränkt zu sein. Freudentränen der Freiheit und bittere Tränen des Leids. Und über den Dächern der Stadt klang wehmütig ein Chor afrikanischer Klagelieder.

Cartagena ist wie Cuba Libre, Cola und Rum, gegensätzlich, aufputschend und beruhigend. Grelle Farben restaurierter Hausfassaden treffen auf tristes Grau der Stadtmauern, laute Musik erstirbt in geheimnisvollem Gewisper. Grelle Scheinwerfer illuminieren die Residenz des Erzbischofs, den Inquisitionspalast, das Bollwerk der Festungsanlage und schlagen schwarze Schatten auf die engen Gässchen, in die Schießscharten, wo Liebespaare eng umschlungen kauern.

Die Rufe der palenqueras, der schwarzen Straßenhändlerinnen, waren verstummt. Mir war, als schlich sich Pedro de Heredia durch die Calle Cabo zu seiner Geliebten, der schönen Indianerin Catalina. Pedro gilt als Gründer Cartagenas und Catalina war offiziell seine Dolmetscherin. Am Ende der Calle Cabo befindet sich ihr Denkmal. Pedro de Heredia hasste Verwechslungen; um seine Gründung von der spanischen Stadt gleichen Namens zu unterscheiden, hieß der Ort Cartagena de las Indias.

Dank der strategischen Lage hinter dem Doppelhafen wurde Cartagena rasch bedeutender als das ältere Santa Marta. Gold-, Silber-, Smaragd- und Perlenschätze der Umgebung und des Andenhinter-

Eine indianische Händlerin am Strand von Cartagena.

landes wurden hauptsächlich hier über die Kais aus den prall gefüllten Lagerhäusern in die Bäuche spanischer Galeonen geschleppt.

Bei dem Namen Cartagena bekamen die Piraten der Weltmeere glänzende Augen.

Der Erste, der seine Gelüste in die Tat umsetzte, war Robert Baal. Er plünderte die Stadt 1544. Martin Cote hörte von dem erfolgreichen Überfall und wollte die Schatzkammern gleich zweimal hintereinander ausrauben. Beim zweiten Versuch 1561 verlor er dreihundert Spießgesellen und musste sich zurückziehen. John Hawkins wurde mit dem jungen Drake ebenfalls verjagt, beide entkamen nur mit knapper Not dem sicheren Tod.

Drakes zweiter Versuch 1586 war erfolgreich, doch nur unter dem Aufgebot aller Kräfte: mit 2300 Mann und empfindlichen Verlusten.

Am Ende der Avenida San Martin befand sich meine Unterkunft. Ein ehrwürdiges Haus, gut hundert Jahre alt, eingerahmt von himmelhohen Büro- und Hotelkomplexen. Es hieß Villar Mar und lag etwa dort, wo Francis Drake vor 413 Jahren des Nachts seine Truppen an Land gesetzt hatte.

Heute führen eine verkehrsbelebte Straße und eine Uferpromenade nach Norden zur Altstadt. Ich stampfte durch den losen Sand des Strandes, der bisweilen umgangen werden musste, da Korallenfelsen im Weg lagen.

Ein Heer von fliegenden Händlern hielt den Spaziergänger auf. Liebenswürdig waren die kleinen, pummeligen, wie Packesel beladenen Indianerinnen. Sie boten Alpakadecken, Ponchos, riesige Teddybären aus Alpaka an und waren ständig auf der Flucht vor der Strandpolizei. Die Frauen trieben ihren Handel ohne Lizenz. Sie konnten einem leidtun.

Nach drei Kilometern erreichte ich den Park de la Marina. Etwa hier schlichen sich die Seesoldaten nordöstlich zwischen innerem Hafen, Bahia de las Ánimas und der Stadtmauer vorbei. In Höhe der Calle Cruz schwenkte der Trupp nach links und fiel in die Stadt ein, wo ein heißer, erbitterter Straßenkampf entbrannte. Die Engländer waren in der Nacht mit Waffen und Rüstung gut sechs Kilometer, davon knapp die Hälfte im knietiefen Wasser, marschiert. Kein Wunder, dass die ausgeruhten Spanier sie ums Haar aus der Stadt hinausgeworfen hätten.

In Erwartung voller Schatzkammern waren sie am Ende doch besser motiviert als die Verteidiger und bemächtigten sich der Stadt. Wie sich herausstellte, lohnte der Aufwand nicht, Lösegeld und Beute fielen äußerst mager aus. In Cartagena zeigte Francis Drake Großmut, die Stadt wurde diesmal nicht der Verwüstung preisgegeben.

Nach diesem Fall beschloss der Gouverneur, die Stadt uneinnehmbar zu sichern. In zwanzigjähriger Bauzeit wurde Cartagena regelrecht eingemauert. Eine Zeit lang kehrte Ruhe ein. Als Warenumschlagplatz wurde die Hafenstadt noch bedeutender, aber auch begehrter. 1697 rannten die Franzosen Pointis und Ducasse mit zehntausend todesmutigen Streitern die Bastion an – und überwanden sie.

Wieder gingen die Festungsbauer an die Arbeit, wie sich herausstellte, erfolgreich: 1741 erschien Edward Vernon mit siebenundzwanzigtausend Soldaten und dreitausend Kanonen. Die zyklopischen Mauern wurden sechzig Tage lang pausenlos beschossen – und hielten. Vernon hatte sich an Cartagena die Zähne ausgebissen, voreilig geprägte Münzen zur Eroberung der Stadt mussten eingestampft werden. Gesiegt hatte ein lahmer, einäugiger Quasimodo namens Blas de Lenzo. Seither wird der Verteidiger als Volksheld verehrt.

Die schlimmste Zeit erlebte Cartagena während des Unabhängigkeitskrieges. Die Spanier erschienen 1815 zum zweiten Mal und legten ihre Armee 156 Belagerungstage lang vor die Mauern. Am Ende barst die Festung, General Pablo Morillo marschierte ein, die Stadt wurde einer politischen Säuberung unterzogen, die an Brutalität in der Geschichte ihresgleichen sucht.

Freiheit und Unabhängigkeit ließen sich nicht aufhalten. Der große Simon Bolivar, El Liberator, errang beides. Die Überlebenden und Toten Cartagenas ehrte er mit dem Namen »Ciudad Heróica«, die Heldenhafte Stadt.

Es gab so unendlich viel zu sehen in Cartagena. Ich wusste bis zum letzten Tag nicht, wo anzufangen und wo aufzuhören war. Man musste einfach plan- und ziellos durch die Viertel streifen, um die Atmosphäre zu riechen und aufzusaugen.

An der nächsten Stadtmauerecke stieß ich auf das leuchtend gelb gestrichene Munitionslager Las Bovedas. In seinen tiefen Kammern boten Souvenierhändler Kunsthandwerk aus allen Provinzen Kolumbiens an. Die Läden, rustikal eingerichtet, vermittelten den Eindruck, als lagerten noch heute Kanonenkugeln oder tonnenweise Schießpulver in den Ecken. Auch roch es streng danach.

Nicht weit weg lag das Haus des Pedro Romero. Er war es, der mitten in der Nacht auf die Straße stürzte und hinausbrüllte: »Es lebe die Freiheit!« Damit waren für Cartagena die Freiheitskämpfe gegen Spanien eingeläutet.

Dann betrat ich die Straße der Märtyrer, Paseo de los Mártires. Auf ihr wurden Romeros Nacheiferer vom skrupellosen Royalisten Pablo Morillo niedergemacht, hingerichtet, ermordet.

In der heißen Mittagssonne lenkte ich meine Schritte zu der kleinen, von hohen schattigen Bäumen umstandenen Plaza Bolivar. Die schmiedeeisernen Bänke luden zur Siesta ein. Wer durch Mittel- und Südamerika reist, gleichgültig, ob durch Panama, Ecuador, Argentinien oder Kolumbien, der wird mit Simon Bolivar konfrontiert. Ein allgegenwärtiger Mythos. Bolivar war beseelt von der Vision der Vereinigten Staaten von Süd- und Mittelamerika mit Panama als Hauptstadt. El General erkämpfte ein unabhängiges Großkolumbien. Ihm, dem charismatischen Führer, lagen Frauen weinend zu Füßen, Männer gaben für seinen Traum ihr Leben. Unweit von Cartagena, in Santa Marta, fand der außergewöhnliche Mann sein unpathetisches Ende. Zermürbt und enttäuscht vom Kampf gegen Intrigen und Anfechtungen starb er bettelarm im Landhaus eines mitleidigen Freundes. Doch in den Herzen der Lateinamerikaner und auf den unzählig vielen Plazas, die seinen Namen tragen, lebt er ewig weiter: El Liberator.

Alfonso Camar lernte ich in »La Crêperie« an der Plaza Bolivar kennen. Er war ein junger, aber äußerst misstrauischer Mensch. Etwas verwegen sah er aus. Ihn und den Chef des Cafés hatte ich eine ganze Weile im hinteren Bereich des Lokals beobachtet. Die Art und Weise ihrer Unterhaltung signalisierte, dass es sich um kein gewöhnliches Gespräch handelte. Beide waren unauffällig gekleidet, und hätte ich nicht gewusst, dass Don Pedro der Inhaber des Cafés war, hätte ich ihn in T-Shirt und Jeans für einen Gast gehalten.

Alfonso trank Cola. Während des Gesprächs griff er sich ins Hemd und legte einige kleine braune Tüten auf den Tisch. Don Pedro beugte sich vor. Aus den Bewegungen schloss ich, dass eine der Tüten aufgerollt wurde. Den Inhalt konnte ich nicht erkennen. Aus einer alten Ledertasche kramte Pedro jetzt ein Kästchen, eine Lupe und eine Pinzette. Ruhig, irgendwie professionell machte er sich an den Inhalt der Tüten. Teils sehen, teils ahnen konnte ich, dass Teile des Inhalts inspiziert, dann auf einer winzigen Hebelwaage gewogen und aussortiert wurden.

Alfonso notierte sich etwas. Nach geraumer Zeit steckte er seine Tüten zurück unter das Hemd. Don Pedro packte seine Utensilien in die Ledertasche und schob eine Tüte hinter den Hosenbund. Aus der Gesäßtasche zog er ein Bündel Banknoten, die er Alfonso zuschob. Der steckte die Scheine ein, ohne sie zu zählen. Nun stand er auf und ging forschen Schritts quer durchs Café. Dabei fiel auf, dass er sein linkes Bein nachzog. Auf der Straße schwang er sich auf eine schwere Motocross-Maschine und brummte davon. Unterdessen war Pedro wieder hinter dem Tresen verschwunden.

Ich war Zeuge eines Deals geworden. Legal, illegal? – Ich wusste es nicht. Wusste nicht einmal, um was es ging.

Am nächsten Tag sah ich Alfonso wieder. Er saß an einem Tisch der »La Crêperie« auf dem Bürgersteig, gleich neben seinem Motorrad, und blinzelte in die Sonne.

Interessiert betrachtete ich mir die Maschine und nahm an seinem Tisch Platz. Dass ihm meine Aufdringlichkeit nicht recht war, merkte ich sofort.

»Eine tolle Maschine! Ihre?«

»Si«, brummte er.

Schleppend entwickelte sich ein Gespräch über Motorräder und Autos.

Ich gab ihm einen Cuba Libre aus. Etwas gesprächiger wurde Camar, als er zu einer Portion Chimichurris eingeladen wurde, das sind gebratene Schinkenstücke.

Wir stellten uns die üblichen Fragen nach der Herkunft, dem Beruf, der Arbeit.

»Und was gibt es so in Penasblancas oder Muzo?«

Seine Augen wurden kleine schwarze Schlitze. Er flüsterte bedeutungsvoll: »Steine.«

»Steine?«

»Smaragde, Mann, die schönsten überhaupt!«

Das war es also... Und nun tauchte ich ein, in die Welt eines edlen Steins, der außerhalb der illegal ausgebeuteten Minen von Muzo rein gewaschen wird vom Blut der dreißigtausend Guaqueros – der Schürfer, die sich im Süden Kolumbiens buchstäblich durch den Fels der Kordilleren fressen. Smaragdschmuggel! Jährlich gehen für rund eine Milliarde DM »schwarze« Steine von Bogotá über Cartagena in die USA, nach Hongkong, Japan, Deutschland, in die Schweiz und anderswo hin. Nahezu alle grünen Klunker an Busen, Ohren, Hals und Händen reicher Damen sind gestohlen und stammen aus der Hölle der Minenorte Muzo, Chivor und Cozques.

Im Minengebiet gibt es mehr blaue als weiße Bohnen in der Suppe. Aber es gibt auch Smaragde, für die sich die Guaqueros zu Tode schuften. Sie haben nur eine übermächtige Hoffnung: den großen Smaragdfund. Dabei fallen für die Schürfer nur Krumen ab. Für Leid, Kummer und Tod eine Hand voll Dollar. Es verdienen die Händler. Für einen Smaragd bester Qualität, geschliffen, jedoch ungefasst, mit einem Grün wie ein tiefer Bergsee, bezahlt man bei einem deutschen Juwelier bisweilen zwanzigtausend Mark für ein Karat.

Und wie gelangen die Steine aus den Bergen? Sie werden in Flussbetten unweit ihrer Primär-Lagerstätten gefunden oder direkt aus dem Muttergestein gebrochen. Das Muttergestein kommt in hohen Regionen eines alten Gebirgszugs vor. Die Smaragde von Muzo lagern in Adern von weißem Calcit, die mächtige Schichten von schwarzem Tonschiefer durchziehen. Einschlüsse, auch Unreinheiten sind beim Muzo-Stein häufig anzutreffen. Dennoch ist er wertvoller als der klare Stein aus der Chivor-Mine. Das liegt an der Farbe, dem wichtigsten Kriterium farbiger Edelsteine.

Alfonso rückte heran, wickelte einen geschliffenen Stein aus der Papiertüte und gab mir eine Lupe. Während ich mich über das Kleinod beugte, sagte er: »Smaragde von Muzo weisen, wegen unendlich vieler kleiner Abweichungen in der Menge des Chromoxids, ihr prachtvolles Blaugrün auf.«

Ich blickte in die Tiefe des Steins wie auf den Grund eines Ozeans.

»Am äußeren Rand schwebt eine Verunreinigung«, bemerkte ich.

»Das ist ein Partikel messingfarbenen Pyrits. Ein typischer Einschluss. Der ist gleichzeitig mit dem Wirt entstanden.«

Ich konnte mich kaum sattsehen. Als ich Alfonso Stein und Lupe zurückgab, sagte er: »Der Smaragd ist mit einer Mohs-Härte von 7,5 der weichste der vier kostbarsten Edelsteine. Für mich ist er der schönste!«

Guaqueros schmuggeln Rohsmaragde nach Bogotá. In der Calle Emerald werden sie umgeschlagen, erfahre ich. In der Straße trifft man auf zerlumpte, schmutzige Gestalten. Alle haben unter den Achseln ausgebeulte Jacken. Da hängen entsicherte 38er. Die Kerle aus den Bergen tragen in ihren Taschentüchern eingeknotet ein Vermögen herum. Sie treffen sich mit Hehlern, die ihnen die Steinchen abkaufen, meist im Auftrag großer Bosse. So findet der Smaragd seinen Weg aus den Bergen hierher und um die ganze Welt. Alfonso Camar war nur ein kleiner Kurier, der in Cartagena bestimmte Kunden belieferte.

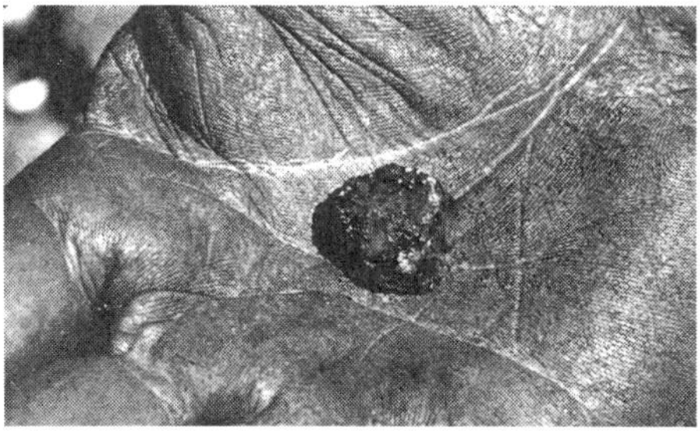

Ein Rohsmaragd in der Hand eines Guaqueros.

»Gute Steine sind verdammt selten«, meinte der Kolumbianer, »das Mengenverhältnis zwischen Smaragden und dem Abraum beträgt 1:90 Millionen. Weniger als ein Prozent der gewonnenen Edelsteine ist von bester Qualität.«

Vor Ort ist der Tod ein ständiger Gefährte. Die Minen von Muzo und Chivor sind berüchtigt für Gewalttätigkeiten und Grausamkeiten, deren Anfänge in die Zeit der Spanier reichen. In Peru, später auch in Chile und Ecuador fand der Konquistador Francisco Pizarro um 1530 große Vorräte erstklassiger Smaragde. Doch wo wurden sie gewonnen? Selbst die grausamste Folter brachte Pizarro keinen Hinweis auf die Herkunft der grünen Steine. Die Inka konnten sich an die Minen im Urwald nicht mehr erinnern. Generationen lagen zwischen ihnen und ihren Prospektoren.

1537 fanden die Spanier endlich die Smaragdmine von Chivor und ließen sie erbarmungslos ausbeuten. 1500 Inka wurden in den Stollen gefangen gehalten, bekamen gerade so viel zu essen und zu trinken, dass sie am Leben blieben und arbeiten konnten. Die Minensklaven starben weg wie die Fliegen, schließlich wurde die Smaragdausbeute wegen starken Produktionsrückgangs aufgegeben. Für zwei Jahrhunderte verschwand Chivor aus dem Bewusstsein der Menschen. Der Urwald schloss sich über dem Gelände.

Erst 1896 wurde die Mine von einem kolumbianischen Bergbauingenieur anhand einer dreihundert Jahre alten spanischen Aufzeichnung wieder entdeckt, sie wird heute von privaten Investoren ausgebeutet.

Muzo wurde in den siebziger Jahren wegen überhand nehmender Morde und Verbrechen für mehrere Jahre geschlossen. Die Mine jetzt ist als staatlicher Lizenzbetrieb wieder mehr schlecht als recht in Betrieb. Aber zu welchem Preis? Fürchterliche Arbeitsbedingungen, Kapitalverbrechen der abscheulichsten Art überschatten Muzo und machen das Minenareal zur gesetzlosen Zone. Achtzig Prozent der Ausbeute ist illegal.

»Ich habe zwei Jahre im Muzo-Tal gegraben. – Das nackte Chaos! Ich wäre immer noch mittendrin, wenn ein Guaquero nicht auf mich geschossen hätte«, verriet Alfonso Camar.

»Geschossen?«

»Ein Kumpel nahm an, ich hätte in der Nacht einen großen Stein gefunden, den wollte er stehlen. Im Handgemenge schoss das Schwein mir durch den Oberschenkel.«

Alfonso zog das linke Hosenbein hoch und zeigte mir die Ein- und Ausschussnarbe oberhalb des Knies.

»In Muzo werden viele Guaqueros erschossen oder auf andere Weise umgebracht. Vor ein paar Jahren mussten in zwölf Monaten fast eintausend Mann ins Gras beißen. Dennoch kommen die meisten in Schlammlawinen oder den behelfsmäßigen Schächten um.«

»Und die Ausbeute, lohnt sich die überhaupt?«

»Es würden dort keine dreißigtausend Desperados buddeln, gäbe es nichts zu finden. Mit ihnen graben auch eine Menge Gringos. Die Berge der Kordilleren enthalten die reichsten Smaragdvorkommen der Erde. Der berühmte ›Patricia‹ mit 632 Karat wurde dort entdeckt.«

Wird ein Smaragd gefunden, erfahre ich weiter, wird er vorsichtig mit dem Messer herausgelöst und in den wenigsten Fällen dem Aufseher übergeben. Meist wird er von den Arbeitern verschluckt, in den Hintern gesteckt oder an Hühner verfüttert, die später geschlachtet werden. Wenn am Tage Sprengungen durchs Tal donnern, graben nachts Männer, Frauen und Kinder Tunnel, so genannte »Mauselöcher« in den Abraum, um sich die Steine vor Tagesanbruch zu sichern. Durch Einstürze und Ersticken sterben viele Kinder in den engen Stollen – der Fluch der grünen Steine! Etwa zweitausend solcher Schächte, von denen einige zweihundert Meter lang sind, durchziehen das Gebirge von Muzo.

Im Gebiet von Rio Itoco wimmelt es von Smaragdhändlern, den Esmeralderos. Sie versuchen, den Guaqueros die Steine für wenig Geld abzuluchsen. Wer Steine besitzt, braucht Schutz oder muss ein guter Pistolero sein, anderenfalls ist er die Steine los oder ein toter Mann. Nur ganz hartgesottene Schürfer wagen sich auf den sechsstündigen Trip nach Bogotá, um etwas mehr für ihre Beute zu erzielen.

Ein Revolver liegt oft in Reichweite, wenn eine Hand voll illegal geschürfter Smaragde auf ihrem Weg zu einem eleganten Juweliergeschäft den Besitzer wechselt.

Ich werfe noch einen Blick auf den glitzernden Smaragd auf Alfonsos Tüte. Er sieht rein und unschuldig aus. Und doch klebt so viel Blut und Elend an diesen Steinen – nicht erst, seitdem Francis Drake den Spaniern Smaragde abgejagt hat…

16.

1586–1587
Insel Roanoke
England
Spanien

Sir Walter Raleigh, elisabethanischer Abenteurer, Höfling, Dichter und Seemann, überließ den räuberischen Aspekt englischer Aktivitäten Francis Drake und widmete sich den landwirtschaftlichen Resourcen Amerikas. In Absprache mit dem Freibeuter wollte er an der Westküste Nordamerikas eine Kolonie gründen, die als vorgeschobene Ausgangsbasis für Drakes Unternehmungen gedacht war.

Beide Versuche Raleighs schlugen fehl. Der erste, 1585 auf Roanoke begonnene, endete mit einer Katastrophe. Mit guten Wünschen setzte Raleigh seine Siedler auf einer dem heutigen Virginia vorgelagerten Insel ab. Die Indianer nannten ihr Stück meerumschlungenes Land Roanoke und verteidigten es mit Klauen und Zähnen gegen die weißen Eindringlinge.

Zehn Monate später befand sich Drake auf der Rückreise von Neu-Spanien und wollte wissen, wie es den Kolonisten ginge. Was er vorfand, war ein Haufen verwahrloster Engländer im Prozess der Auflösung. Indianerüberfälle, Krankheiten, Zwist und Hunger hatten die Siedler dezimiert. Die Überlebenden wollten nur noch eines: zurück in die Heimat. Drake nahm 104 Landsleute an Bord, um sie vor Verzweiflung und Untergang zu retten. Gemeinsam erreichten sie Ende Juli 1586 Plymouth.

Der zweite Siedlungsversuch wurde ein Jahr später an derselben Stelle unternommen. Er nahm ein mysteriöses, bis heute ungeklärtes Ende. Walter Raleigh ernannte John White zum Anführer von fünfundachtzig Männern, siebzehn Frauen und elf Kindern, die Roanoke urbar machen sollten – ohne Vieh und bei knapp bemessenem Proviant ein ziemlich hoffnungsloses Unterfangen! Hinzu kam, dass White Naturwissenschaftler und Schöngeist, aber kein zupackender Menschenführer war.

So kam es, dass White auf der Auswanderergaleone nach England zurückgeschickt wurde, um für ausreichende Nahrung und Haustiere zu sorgen. Bei den Siedlern blieb seine neugeborene Enkelin Virginia Dare, das erste englische, auf amerikanischem Boden ausgetragene Kind, zurück – die Namensgeberin eines späteren Bundesstaates.

White brauchte drei Jahre, bis er nach Roanoke zurückkehrte. Er fand einen verlassenen, menschenleeren Ort vor. Von Vorwürfen gequält, schweifte sein Blick über alte Feuerstätten. Er entdeckte einen Holzscheit mit dem eingeschnitzten Wort Croatoan. Es war ein verabredeter Hinweis. Die Kolonisten hatten also den Ort verlassen und waren auf die Nachbarinsel, achtzig Kilometer weiter südlich, gezogen. White suchte nun dort nach ihnen. Er fand niemanden, nicht das geringste Lebenszeichen.

Waren die Menschen Indianern zum Opfer gefallen, waren sie verhungert, waren sie an einen unbekannten anderen Ort gezogen? Wer hatte alle Spuren beseitigt? White stand vor einem Rätsel. Und tatsächlich ist Englands kolonialer Anfang von Geheimnis umwittert.

Es gibt Ereignisse, die merkwürdige Schatten vorauswerfen, so Drakes Rückkehr aus dem Cartagena Neu-Spaniens mit der traurigen Bilanz eines aufwendigen Beutezuges. In England war die Stimmung der Königin und der Investoren auf dem Nullpunkt. Kleinlaut gestand der Freibeuter seinen Misserfolg.

Anfangs wunderte er sich über die tröstenden, ja verbindlichen Worte Elisabeths – bis ihm eröffnet wurde, dass die Reise zwar wirtschaftlich ein Desaster, jedoch politisch ein Erfolg gewesen war. Wie eine Bugwelle war El Dragón vorausgeeilt, dass die Engländer Panama annektiert, die ganze Insel Hispaniola eingenommen, die spanische Flotte besiegt hätten. Das Gerücht traf Spanien wie eine Breitseite. Als Erstes ging die Bank von Sevilla bankrott. Die Bank von Venedig, bei der Philipp II. infolge seiner Kriege hoch verschuldet war, geriet ins Straucheln. Dann stufte die Fuggerbank in Augsburg die Kreditwürdigkeit Spaniens nach unten und warnte per Rundschreiben die beteiligten Verleihhäuser in ganz Europa.

Sollte Philipp England in den nächsten Monaten angreifen wollen, so war das Vorhaben erst einmal undurchführbar geworden. Spanien befand sich in einer Finanzkrise, die keine neuen Kriege erlaubte.

Langsam verstummten die Hiobsbotschaften. Die Angst der Finanzinstitute entpuppte sich als das, was sie war: ein Gespenst haltloser Gerüchte. Es hatte jedoch die Auswirkung, dass England und dem Rest Europas die Grenzen der Übermacht Spanien offenkundig wurden.

Sir Francis Drake genoss seinen legendären Ruf in heimatlichen Gefilden und widmete sich nationalen Aufgaben. Die Königin ernannte ihn zum Admiral. In dieser Eigenschaft oblag ihm die Aufsicht über die königlichen Schiffswerften, die er umstrukturierte und modernisierte. Er ahnte, dass schon bald sein Talent, sein Wissen, seine Schiffe gefragt sein würden: nämlich dann, wenn das Wohl und Wehe Englands auf dem Spiel stand.

Die politische Großwetterlage spitzte sich immer weiter zu. 1587 ließ Elisabeth ihre katholische Widersacherin Maria, Königin von Schottland, hinrichten. Es hagelte Protestnoten aus Spanien, und Philipps Anspruch auf England wurde lauter.

Elisabeth finanzierte eine Streitmacht gegen Philipp in den Niederlanden. Mit Drakes Piraterie in der Karibik und englischen Soldaten als Verbündete der niederländischen Aufstände musste der König handeln! Die Invasion Englands war unausweichlich.

Marquis von Santa Cruz hatte bereits im März 1586 sein »Projekt gegen die Ketzer« vorgetragen. Es sah 556 Schiffe vor, darunter 150 große Kriegs- sowie 360 Transport- und Trossgaleonen. Zusätzlich sollten zahlreiche in den Niederlanden gebaute Landungsschiffe mit flachem Rumpf zum Einsatz kommen. An englischen Gestaden seien 94 000 Soldaten – Infanterie, Kavallerie und schwere Artillerie – anzulanden.

Mit dieser geballten Kraft glaubte Spanien, das Inselreich regelrecht niederwalzen zu können. Das Invasionsunternehmen wurde auf mindestens viereinhalb Millionen spanische Kronen geschätzt – ein Betrag, der selbst dem in großen Dimensionen denkenden Philipp Kopfschmerzen bereitete.

Aus Kostengründen wurde der Plan modifiziert: ein Teil der Landtruppen war von Flandern aus bereitzustellen. Eine spanische Armada von einhundert Schiffen hatte die Operation, insbesondere die Überführung und die Ausschiffung, zu decken. Die gefangen genommene Königin Elisabeth sollte nach Rom verschleppt und dort auf einem Scheiterhaufen öffentlich verbrannt werden. Philipp würde König von England werden und die Anhänger Luthers endlich mit Stumpf und Stiel ausrotten.

Santa Cruz, der einzige Vertreter des spanischen Hochadels mit maritimer Erfahrung, erhielt den Befehl zur Vorbereitung der Armada auf die Invasion. Seine Amtshandlung bestand in der Konzentration der Flottenkräfte in Cádiz – ein taktischer Fehler, wie sich bald herausstellen sollte.

Nun begann die Organisation großer Mengen an Ausrüstung, Waffen, Munition, Verpflegung. Der korrupte Beamtenapparat erwies sich als zermürbendes Hindernis. Allen Widrigkeiten zum Trotz gelang es Santa Cruz, die Mobilmachung zügig voranzutreiben, sodass mit dem Auslaufen im Sommer 1587 zu rechnen war.

Im Februar des Jahres '87 verdichteten die geheimdienstlichen Ermittlungen die Vermutungen, dass die spanische Armada innerhalb der nächsten vier Monate mit Kurs England auslaufen werde.

Mit bewegenden Worten berichtete Sir Christopher Hatton Londons Oberhaus über die drohende Gefahr, die sich im Süden zusammenbraute. Anschließend entstand eine hitzige Diskussion zur Art der geeigneten Maßnahmen. Ein Flügel bestand darauf, die angelandeten Truppen zurückzuschlagen, ein anderer wollte die Landtruppen bereits auf See angreifen, um eine Landung zu verhindern.

Allmählich setzte sich die Taktik durch, die Spanier auf See in Kampfhandlungen zu verwickeln. Das englische Heer war den kriegserprobten Truppen Alexander Farneses mit Sicherheit unterlegen. Doch wie sollten vierunddreißig englische Schlachtgaleonen gegen die spanische Großflotte bestehen können?

Während der Debatte saß Francis Drake in seiner Bank und grinste in sich hinein. In aller Gemütsruhe ließ er die Theoretiker diskutieren und schwafeln. Sein Plan stand fest: Angriff ist die beste Verteidigung.

Das war die Stunde des El Dragón. »Hohes Haus, ich werde mit ein paar Schiffen in Philipps Kriegsküche erscheinen und etwas aufräumen!«

Der Plan war plausibel und brauchte nicht näher erläutert zu werden. Drake kehrte mit dem Auftrag nach Plymouth zurück, feindliche Schiffe im Hafen von Cádiz aufzuspüren und zu vernichten.

Ohne Marschbefehl der immer noch zaudernden Königin lief Drake auf der ELIZABETH BONAVENTURE mit dreiundzwanzig Schiffen aus. Längst segelte seine Flotte in der Biskaya, als Elisabeths Rückpfiff in Plymouth eintraf.

Der Blitzüberfall auf Cádiz ereignete sich am Nachmittag des 19. April. Vierundzwanzig Schiffe undefinierbarer Nationalität segelten direkt ins Herz des Hafens. Ein Hafenlotse wollte das Geschwader willkommen heißen – da lähmte der Schreck seine Glieder: Das waren ja Engländer mit dem leibhaftigen El Dragón, die da mitten im spanischen Aufmarschhafen erschienen waren!

Überstürzt versuchten die Spanier, ihre Schiffe in Verteidigungsstellung zu bringen, doch bevor dies gelang, wummerten Drakes Geschütze aus allen Rohren. Die Engländer versenkten, kaperten und verbrannten siebenunddreißig Galeonen und plünderten mit aller Herzenswonne. Dabei fielen ihnen dreitausend Schläuche Wein in die Hände. Drake war für einen guten Tropfen immer zu haben und probierte. »Hervorragend!«, war sein Kommentar, »was ist das für ein Wein?«

»Das ist kein Wein, Admiral, das ist Jerez«, belehrte ihn ein spanischer Gefangener und begann das Wort mit einem unaussprechlichen Rachenlaut.

»Sherry«, sagte Sir Francis und nahm noch einen zur Brust, »das lässt sich wenigstens aussprechen!«

Drake hatte wieder einmal so überraschend zugeschlagen, dass selbst die Küstenbatterien nicht rechtzeitig zum Einsatz kommen konnten. Am nächsten Morgen waren Hafen und Bucht übersät von Schiffswracks und Leichen. Die Flotte des mächtigsten Königreichs war praktisch zerstört. Es stand außer Frage, dass das »Unternehmen England« nicht fortgesetzt werden konnte.

4

34 Sevilla, der Goldene Turm am Guadalquivir. Im 16. Jahrhundert war die Stadt Spaniens bedeutendste Hafen- und Handelsmetropole.

35 Santo Domingo in der Dominikanischen Republik. Die Plaza Colón mit dem Denkmal Christoph Columbus´ und der Kathedrale, die Drake 1586 als Truppenlager missbrauchte.

37

36

38

36 Bisweilen drohten protestantischen Ketzern harte Strafen. Zum Beispiel: In Eisen legen und zur Schau hängen.

37 Vor Calais versenkt Lord Howard die Galeasse SAN LORENZO, *während die übrigen englischen Schiffe die dezimierte Armada nördlich von Gravelines verfolgen. (Zeitgenössischer Stich.)*

38 *Das Seegefecht bei Gravelines am 8. August 1588, in dem die Armada von Lord Howards Schiffen aufgerieben wurde.*

39 *Ein Geschwader englischer Brander treibt auf den Ankerplatz der Armada zu.*

40 *An Bord von Drakes* Revenge *ergibt sich der Spanier Pedro de Valdés. Das Gemälde von John Seymour Lucas heißt »Die Degenübergabe«.*

39 **40**

41

42

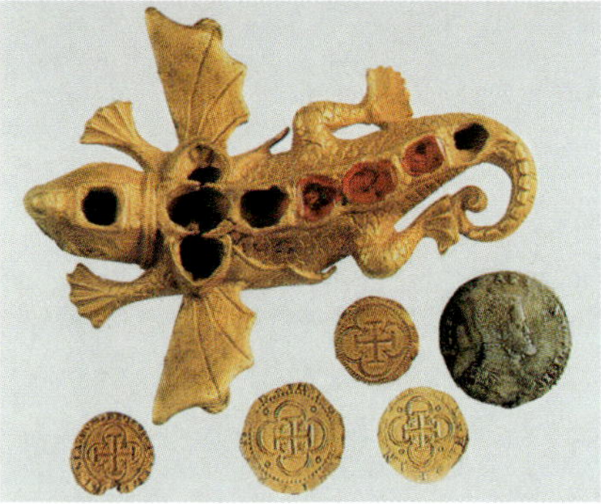

41 Das Gemälde von Thomas Davidson zeigt die Seebestattung von Francis Drake am 28. Januar 1596. Noch ruht der Bleisarg an Bord der DEFIANCE.

42 Kostbarkeiten des spanischen Schatzes, der aus den irischen Gewässern geborgen wurde. Die Münze rechts zeigt Philipp II. von Spanien.

43 An der Karibikküste Panamas, vor Portobelo, starb Francis Drake an Ruhr. Im Naturhafen des Ortes dümpeln heute Yachten.

43

Wie ein böser Spuk stahl sich Drake aus dem verwüsteten Hafen und fing vor den Azoren die SAN FELIPE, ein Handelsschiff aus Westindien, ab – ausgerechnet eine Galeone, die zum persönlichen Besitz des Königs gehörte und Waren im Wert von über einhunderttausend Pfund an Bord hatte.

Im Bewusstsein, den Bart des verhassten Philipp ordentlich angesengt zu haben, kehrte Drake nach Plymouth zurück.

17.

April 1999
Jerez, Cádiz

Drakes Konfiskation von dreitausend Schläuchen Sherry zeugte nicht von hoher Moral, aber von Geschmack. Gesegnet mit dem Aroma des Lichts, reift auf den weißen Hügeln des westlichen Andalusiens ein Lebenselixier: Trauben, die zum weltberühmten Sherry veredelt werden.

Ich durfte auf das meist verriegelte Minarett der alten arabischen Festung von Jerez klettern und sah von dort oben die riesigen Anlagen der beiden größten Sherry-Produzenten. Inmitten von Parks und Gärten erstrecken sich die Bodegas von Pedro Domecq und von Gonzáles Byass, jene mächtigen Bogenhallen, die respektvoll »Kathedralen des Weins« genannt werden.

Sherry darf nicht in dunklen Kellern gären, er muss das Aroma Andalusiens atmen. An einem warmen Apriltag besichtigte ich die »Kathedrale« von Pedro Domecq.

Wie ein Bacchuspriester führte Luis Otoño, der Bodeguero (Kellermeister), die Besucher in die Sacristia – so wird ehrfurchtsvoll der Raum genannt, in dem die Fässer stehen, die berühmten Besuchern gewidmet wurden: Napoleon, Lord Nelson, König Georg IV. von England und viele andere VIPs waren hier und signierten ihre persönlichen Fässer. In der Halle verhängen transluzente Matten die Fenster. Sie lassen Luft herein, die Hitze aber draußen. Ein betörender Duft benebelte beim Eintreten meine Sinne. Es war der Balsam vom Holz tausender Fässer aus amerikanischer Eiche, in vier, fünf Reihen übereinander gestapelt, durchdrungen vom Bukett reifenden Weins. Im Solera-Verfahren wird der jüngere Wein jeweils mit Wein des vorherigen Jahrgangs zu Sherry vermischt – um Gottes Willen nicht gepanscht.

Die reifen Jahrgänge vermitteln ihre Persönlichkeit den jungen Weinen. Je nach Verfahren und Rebe reift der trockene, helle Fino oder der liebliche, goldbraune Cream-Sherry. Das Mindestalter eines reifen Weins beträgt fünf Jahre.

Kredenzt wird er immer in den typischen länglichen Gläsern und eisgekühlt.

Die spanischen Sherry-Barone sind nicht mehr die Herren der »Kathedralen«. Konzerne haben sich der Produktion bemächtigt. Pedro Domecq ist in britische Hände übergegangen. Wen wundert das, nachdem Francis Drake die Engländer auf den Geschmack gebracht hatte?

Doch die Lust am Wein dieser Provenienz ist sehr viel älter. Die Phönizier hatten um 1100 vor Christus die ersten Reben in die Gegend gebracht. Die Römer verschifften jährlich acht Millionen Liter Wein von Jerez nach Rom. Westgoten und Araber blieben der Anbautradition treu, und im 16. Jahrhundert wurde Sherry von der nahen Hafenstadt Cádiz aus nach Nordeuropa exportiert, vor allem nach Britannien, wo ein Glas Sherry vor dem Kamin zur Gepflogenheit wurde. Shakespeares Lob auf den Lebenssaft ist literarisch verbürgt, und Queen Victoria meinte: »Any time is Sherry time.« Heute firmieren die großen Bodegas unter den Namen John Harvey, Williams and Humbert, George Sandeman.

Sherry darf sich nur der Wein nennen, der im Dreieck Jerez de la Frontera, Sanlucar de Barrameda und El Puerto de Santa Maria angebaut wird. Das hängt mit dem speziellen Boden zusammen, dem so genannten Albariza, einer kalkhaltigen, sandigen Krume. In diesem Gebiet leben noch immer fünfundvierzig Prozent der Bevölkerung im Dienst des Vino de Jerez: auf den Weinbergen, in den Kellereien oder in der Glas-, Kork- und Verpackungsindustrie.

Am Fass vollführte der Venenciador einen akrobatischen Einguss aus der eineinhalb Meter langen Kelle in seine Hand voller Gläser. Er verkostete den Wein und schenkte aus.

Im Los Cernicalos genoss ich einen Oloroso, einen tiefgoldenen, aromatisch-vollmundigen Sherry mit leichter Süße. Sein Alkoholgehalt liegt bei zwanzig Prozent. Er ging wie Öl die Kehle hinab.

Irgendwann wird er dir die Füße wegreißen, dachte ich, und stocherte in leckeren Tapa-Häppchen aus Jabugo-Schinken, Manchegokäse, frittiertem Meeresgetier – das neutralisierte.

Das Los Cernicalos ist eine Peña, eine Tablao, in der Flamenco gestampft wird. Flamenco ist die andere Attraktion von Jerez, er wird hier nicht minder leidenschaftlich gepflegt wie in Sevilla. »Doch sieghaft, sicher und mit einem süßen grüßenden Lächeln hebt sie ihr Gesicht und stampft es aus mit ihren kleinen festen Füßen«, so sah ihn Rainer Maria Rilke auf seiner Andalusienreise. Doch er ist mehr. Flamenco ist Lebensart, Leidenschaft, Liebe, Eruption der Seele.

Der Gitarrist schlug ein paar Akkorde an. Vor ihm stand der Quejio, reckte sich, warf den Oberkörper zurück, klatschte kurz und hart, und mit einem Mal prasselten die Absätze seiner Stiefeletten wie ein Feuerwerk auf den Fußboden.

Eine aus tiefster Seele kommende Klage wurde aus dem Körper gepresst, machte sich dann jäh im Schrei Luft. »Könnte ich alle meine Pein in die Bäche schütten, das Wasser der Meere stiege hinauf zum Himmel«, lautet eine Copla. Das war jener tiefgründig empfundene Schmerz, jenes dunkle Gefühl menschlicher Tragik, in Gesang umgesetzt.

Halsadern müssen schwellen, Schweiß muss rinnen, Ekstase ein gemeinsames Erlebnis werden. Flamenco ist ein Ritual herausgeschleuderten Leids, ein Stoßgesang des Aufbegehrens. Flamenco – eine laute Leidenschaft.

Andalusien ist die Heimat des Flamenco, er entstand in den Kreisen der Gitanos (Zigeuner). Sie verschmolzen Gesang und Choreographie der indischen Heimat mit Elementen mozarabischer Kultur. Im Flamenco drückt sich das Leid von Menschen aus, denen der Inquisitionsstaat keine Selbstbestimmung erlaubte.

Mit dem Erlass des Reformkönigs Carlos III. trat der Flamenco Ende des 18. Jahrhunderts aus der Intimität der Sinti in die Öffentlichkeit und fand über Andalusien hinaus weltweit Anklang.

Manuel stampfte, als wollte er die Wut einer Generation auf den Brettern zertreten. Juana hämmerte heran. Ihre Person allein füllte den Raum, die Umgebung verlor an Bedeutung. Größe, Anmut, Stolz der asketischen Frau zerrten in einen Bann von Würde und Persönlichkeit.

Juana klatschte und stampfte den Rhythmus, hämmerte mit dem rechten Fuß, der linke folgte. Der packende Wechselwirbel der Sohlen begann. Wie kraftvoll war es und doch so leicht und rasant! Manuel ließ seine Sohlen explodieren, donnerte mit hochgereckten Armen an den Körper von Juana. Die Körper berührten sich nicht, dennoch schien es, als verschmolzen sie wie zwei sich liebende Schlangenleiber.

»Ich kann alles andere vergessen, wenn ich tanze«, sagte Paola in der Pause, ihre schwarzen Augen funkelten dabei.

»Die Tänze des Flamenco sind wie eine Sprache, die mit den Füßen und Händen gesprochen wird«, meinte der Gitarrist Juan, »es gibt ein geheimnisvolles Band zwischen Tänzerin und Gitarristen, wenn sie gut tanzt, bekommst du eine Gänsehaut.«

»Du musst die Zuschauer mit feinen Gesten an deinen tiefen Empfindungen teilhaben lassen können – zur Perfektion gebracht, bedeutet das Arbeit, ein Leben lang.« Die Gitana war überraschend auskunftsfreudig.

Wieder auf der Bühne. In Paolas Gesicht stand Schmerz und Zorn, auch Kampfgeist geschrieben. Doch in den Schweiß der Buleria, die zu den wildesten Tänzen gehört, mischte sich schon der nächste, eine ausgelassene Sevilliana. Sie drückte unbändige Lebensfreude, ja Übermut aus.

Flamenco ist Kraft, Erotik und beherrschte Leidenschaft. Gitarren, der heisere Gesang, die stolzen Posen, alles wühlte auf. Der kraftstrotzende Zapateado, das irre Hämmern der Füße peitschte das Gemüt…

Das Schlagen der Absätze hämmerte in meinem Schädel, ich brauchte Ruhe, suchte Entspannung auf der Fahrt an die nahe Küste.

*

Die Costa de la Luz zwischen Cádiz und Trafalgar lässt noch immer jeden Engländer salutieren. Ich fuhr durch die abwechslungsreiche Berglandschaft des spanischen Hochadels, der Herzöge von Medina-Sidonia, und erreichte Cabo de Trafalgar.

Nordwestlich davon standen sich Lord Horatio Nelson mit dreiunddreißig Schiffen und der französische Admiral Villeneuve mit einer Flotte von achtunddreißig spanischen und französischen Schiffen gegenüber. Die bevorstehende Schlacht entschied über die Seeherrschaft.

Nelson näherte sich der Entente in doppelter Kiellinie. Villeneuves Schiffe stellten eine zerrissene Kurve dar, deren konkave Seite zum Gegner zeigte – und mit ihr 2626 Kanonen. Die Engländer hielten 2148 Geschütze dagegen.

Man schrieb den 21. Oktober 1805. Die Flotten hatten sich einander auf Schussentfernung genähert. Um 11.35 Uhr ließ Nelson zwei Signale absetzen, die Seegeschichte schrieben: »England expects that every man will do his duty!« (England erwartet, dass jeder Mann seine Pflicht erfüllt.) Dann: »Näher heran an den Feind!«

Die erste Breitseite der VICTORY schickte rund dreihundert Gegner auf den Grund des Atlantiks. Nelson gelang es, die spanisch-französische Flotte zu spalten und unter Beschuss zu nehmen. Gegen 13.00 Uhr kamen alle Schiffe ins Gefecht. Kurz danach zielte ein Scharfschütze im Besanmast der REDOUTABLE auf einen Mann in ordensgeschmückter Uniform. Seine Kugel durchschlug Schulter, Lunge und Rückgrat des siebenundvierzigjährigen Nelson. Rasch zerrten Offiziere den sterbenden Admiral unter Deck. Bis zum siegreichen Ende der Schlacht wurde der Tod Nelsons geheim gehalten. Villeneuve geriet in Gefangenschaft. Freigelassen, beging er auf dem Weg nach Paris Selbstmord.

Die VICTORY lief am 5. Dezember 1805 halbmast geflaggt in Spithead ein, an Bord die sterblichen Überreste des Sealords, nach Drake Englands zweiter großer Seeheld. Nelson fand in der Krypta der St. Paul's Cathedrale von London seine letzte Ruhestätte.

Der Strand von Trafalgar war noch jungfräulich und von beruhigender Idylle. Ein Stück Natur, in der Mensch und Rind vereint des Wegs zogen. Wie lange noch? Wenn die Grundstücksmakler anrücken, werden sie vermutlich über Leichen gehen.

Cádiz faszinierte mich wegen seiner extravaganten Lage. Ein andalusischer Dichter verglich die Landzunge mit einem nackten Arm, der in das offene Meer hinausragt, und die vom Atlantik umbrandete Altstadt symbolisiert eine geschlossene Faust. Wie treffend!

In der engen Altstadt reizt die frische Seeluft, die mit dem dumpfen Odem der Jahrtausende verschmilzt. Cádiz ist mit großer Wahr-

Admiral Nelson liegt tödlich getroffen auf den Planken seiner VICTORY.

scheinlichkeit die älteste Siedlung Europas, ihre Geschichte datiert dreitausend Jahre zurück.

Als ihr mythologischer Gründer gilt Herkules. Sicher ist, dass die Stadt um 1100 vor Christus von phönizischen Seefahrern aus Tyros (Libanon) als »Gadir« gegründet wurde. Die Karthager übernahmen den Stützpunkt im 5. Jahrhundert vor unserer Zeitrechnung. Er wurde Handelsplatz des Westens für Bernstein und Zinn, Mittelpunkt des Atlantikverkehrs und später Basis für die Operationen der Karthager gegen Rom.

206 vor Christus ergab sich Cádiz den Römern und erhielt, nun »Gades« genannt, Stadtrechte. Zu Beginn der Kaiserzeit war die Stadt nach Rom die größte und reichste des lateinischen Westens.

Im 4. Jahrhundert n. Chr begann Cádiz' Niedergang. 711 entrissen es die Araber den Westgoten, 500 Jahre später fiel es an Kastilien. Eine Renaissance erlebte Cádiz als Hafen der Westindienfahrer, wenngleich es immer im Schatten Sevillas blieb. Dennoch war der Handels- und Kriegsmarinehafen ein beliebtes Angriffsziel der Feinde Spaniens.

Es begann mit den Raubzügen der Barbaresken. Doch nachhaltiger bedrängten die Engländer die Stadt. Die Vernichtung der spanischen Flotte durch Drake bildete nur den Auftakt. 1596 erschien der Earl of Essex mit Lord Howard und plünderte. Danach wurde die Stadt ein Jahr lang von der britischen Flotte blockiert, schließlich 1800 von Lord Nelson unter Beschuss genommen.

Gut achtzig Jahre vorher wurde die Casa de Contratación nach Cádiz verlegt, da sich Sevilla für Segler mit größerem Tiefgang nicht mehr eignete. In der weltoffenen Hafenstadt entwickelte sich libertärer Geist. So kam es nicht von ungefähr, dass die Cortes hier die erste bürgerlich-liberale Verfassung Spaniens verkündeten, die sich jedoch nicht lange hielt.

Ich rollte über die acht Kilometer lange Landzunge, an deren Ende die 170 000 Einwohner zählende Stadt liegt. Dort, in der »geschlossenen Faust«, befindet sich in einem von Kliffs umgebenen Felsen die Altstadt mit ihren Bollwerken, Schutzmauern und schattig-engen Gassen. Milchiges Licht lag über der Ansammlung weißer Flachdachhäuser. Miradores (Aussichtstürmchen) und die Kuppeltürme der Catedral Nueva verliehen der ganzen Szenerie eine eigenwillig-erhabene Atmosphäre.

Erstaunt nahm ich wahr, dass diese doch so alte Stadt gar nicht so altertümlich wirkte. Das lag an den vielen Überfällen und Verwüstungen, die der Ort immer wieder zu erleiden gehabt hatte. Hoffnungsvoll wurde auf den Trümmerschichten wieder und wieder neu gegründet.

Wer etwas über das besondere Alter erfahren möchte, muss in die Tiefe gehen. Baugruben legen die Jahrhunderte frei. Und ein Teil dessen, was dort gefunden wurde, lässt sich im Museo de Cádiz mit seiner archäologischen Abteilung bewundern. Prunkstücke sind zwei marmorne Sarkophage aus dem 5. Jahrhunderts vor Christus.

Nordöstlich vom Bahnhof befinden sich die vier großen Hafenbecken, wo kommerzielles Leben brodelt.

Als die Becken noch ein immenser Naturhafen waren, segelte der kühne Drake vor 412 Jahren hinein und versetzte die Kriegsmarine in helle Aufregung. Bevor die Spanier so richtig begriffen, wer sie da bedrohte, war ein Großteil ihrer Flotte versenkt oder brannte lichterloh.

Angesichts der Kastelle Santa Catalina und San Sebastián und der bewährten Stadtmauern ist der Überraschungsschlag kaum vorstellbar. Wahrscheinlich hielten die Wachen einmal wieder ihre berühmte Siesta.

Im Westen der »Faust« befindet sich der Daumen: das Fort de San Sebastián mit dem Betondamm, der dorthin führt. Einst mussten sich die Seesoldaten durch hüfttiefen Schlamm in ihre Burgkaserne arbeiten. Der Damm ist auch für Touristen frei, allerdings nur bis zum Kasernentor. Der Blick zurück auf die Altstadt mit Balneario de la Palma, Markthalle und Kathedrale ist von bleibender Eindringlichkeit.

Beherrschender Bau ist die Kathedrale mit ihrer zweitürmigen Fassade und ihrer mächtigen gelben Kuppel. Die Stadtväter entschlossen sich, ein repräsentatives Gotteshaus in Auftrag zu geben, als die Casa de Contratación von Sevilla nach Cádiz verlegt wurde.

In der Krypta liegt der große Komponist und Sohn der Stadt, Manuel de Falla, begraben. Wer in die Grabanlage hineinruft hört das Echo sechzehnmal. Enorme Werte birgt das Kathedralenmuseum. Die Custodia de Ana de Viya aus vergoldetem Silber, zum Beispiel, ist mit Brillanten, Perlen und Smaragden besetzt. Neunhundert Kilo Silber wurden für die Custodia del Corpus Christi verarbeitet. Um sie bei den Fronleichnamsprozessionen durch die Stadt schieben zu können, werden vierzehn Männer benötigt.

Ich stand auf dem Castilo de Santa Catalina und blickte über das tintenblaue Meer, stellte mir vor, wie Sir Francis über den Atlantik geeilt war, um das ahnungslose Cádiz durch eine tolldreiste Aktion zu überrumpeln. Skrupellos räumte er die Gotteshäuser aus. Warum auch nicht? An der brutalen Ausbeutung Süd- und Mittelamerikas hatte sich die Kirche kräftig beteiligt und gehortete Schätze als Symbole ihrer Macht missbraucht. Es muss dem Protestanten Drake eine Lust gewesen sein, dem Klerus dieses Blendwerk zu entreißen.

18.

1588/1589
Armada und
Gegenarmada

Über ein Jahr nach Drakes Überfall auf Cádiz, unweit von Madrid: Im gleißenden Licht lag der Steinpalast des Escorial da wie ein gigantisches Spukschloss. Die Ödnis, die das Bollwerk umgab, unterstrich den gespenstischen Charakter der Residenz Philipps.

Der mächtige Herrscher über die halbe Welt brütete in einer kargen, fensterlosen Kammer über Stapeln von Dokumenten, deren Seiten er einzeln und akribisch mit Randbemerkungen versah. König Philipp II. ähnelte eher einer unterernährten Schreiberseele als einem bedeutenden Herrscher.

Seine einundsechzig Jahre hatten ihn halb blind und rheumatisch krumm gemacht. Nie lachte er oder zeigte eine andere menschliche Regung. Untergebene fröstelten in seiner Nähe. Sie hatten das Gefühl, einer Statue zu dienen. Beschränkung war sein Grundsatz, Selbstbeschränkung seine Tugend; sie befähigte ihn, dreißig Jahre zu warten, ehe er Vergeltung übte an dieser lächerlichen Insel voller Ketzer, Dirnen und Prahlhansen.

Das »Unternehmen England« war Philipps persönlicher Rachefeldzug gegen eine Frau, die ihn ohne Unterlass belog, betrog, zum Narren machte. Er hielt Elisabeth für einen Teufel in Frauengestalt. Lange wollte Philipp das Abscheuliche nicht für möglich halten, trotz der steten Warnungen Mendozas, doch es stimmte: Sie war eine Hexe und musste auf dem Scheiterhaufen verbrannt werden!

Ihre ewig falschen Beteuerungen, nichts gegen Spanien zu unternehmen, schmerzten seine Seele. Er hatte sich immer wieder hinters Licht führen lassen wie ein gutgläubiger Bauernjunge. Jetzt wollte er den Krieg, und Gott würde dem Unternehmen zum Sieg verhelfen, das stand fest!

Ihre letzte Niedertracht vollführte Drake, dieser aufgeblasene Gernegroß. Sein Überfall auf Cádiz hatte Philipps Pläne um mehr als ein Jahr zurückgeworfen. »Der Admiral handelte gegen meinen ausdrücklichen Befehl«, schwor Elisabeth, »ich werde den Schurken eines Tages hängen lassen.«

»Alles Lüge, in Wirklichkeit hat sie Drake gratuliert und sich mit ihm die Beute aus meinem Schiff geteilt!« – ein verdammt harter Schlag für Spanien. Tausende Schiffstonnagen waren vernichtet worden. Zwölf Monate und viel Geld waren verloren gegangen. Aber der Rückschlag hatte auch die Herzen der Gläubigen lodern lassen – nun endlich werden die Ketzer in England bestraft!

Philipps Mobilmachungspläne wurden unter größten Anstrengungen fortgesetzt. Daran änderte auch der Tod seines Großadmirals Santa Cruz nichts. »Santa Cruz war der einzig fähige Flottenführer«, warnten des Königs Berater, »die Expedition ist gefährdet!« Philipp ignorierte deren ängstliche Meinungen, setzte stattdessen den Herzog von Medina-Sidonia zum Oberkommandierenden ein.

Bestürzt über so viel Verantwortung, lehnte der mit dem Hinweis ab, er sei in nautischen Dingen unerfahren, außerdem werde er schnell seekrank.

Der König akzeptierte die totale maritime Unkenntnis, nicht aber seinen Ablehnungsgrund und befahl ihm das Oberkommando. »Welch ein Dilettantismus!«, spotteten Spaniens Verbündete. Selbst der Papst ließ besorgt verlauten: »Ich bedaure zu erklären, dass ich keine gute Meinung von der Armada habe und bei den mir zu Ohren gekommenen Vorbereitungen mit dem Schlimmsten rechne.«

Der Sieg über England stand für Philipp fester als alles andere. Er dachte nicht im Traum daran, seine Personalentscheidung zu revidieren. Ihm gefiel die Bescheidenheit des Herzogs von Medina-Sidonia, und er schätzte seine Tugend. Für die große Aufgabe, Europa von dieser Ketzerpest zu befreien, erschien der Herzog ihm der geeignetste Mann zu sein.

Philipps Kreuzzug gegen England sollte nicht von Piraten vom Schlage eines Francis Drake geführt werden, sondern von einem

Edelmann des spanischen Hofs. Der Herzog war ein hochrangiger Edelmann!

Um allzu laute Kritiker zu beruhigen, stellte Philipp Sidonia einen erfahrenen Seeoffizier als Stabschef zur Seite. Für die Übernahme des Oberkommandos reichte allerdings das Adelsprädikat Martinez de Recaldes nicht aus. Im Übrigen brauchten sich die Herren kein Kopfzerbrechen machen. Er, der König und oberste Feldherr, würde alle militärischen Schritte minutiös ausarbeiten, festlegen und in Befehle kleiden. Die Armada brauche »nur« zu kämpfen und zu siegen.

Am 1. April wurde Sidonia in den Kriegsplan eingewiesen. Es handelte sich um Philipps strategisches Meisterwerk, das einen Fehlschlag nicht ins Kalkül zog:

Er, Sidonia, solle mit der ganzen Armada, einhundertfünfzig Schiffe, direkt durch den Kanal segeln, diesem bis zur Themsemündung folgen und von dort mit dem Herzog von Parma in Verbindung treten, um dessen Truppenverlegung nach England zu sichern. Die Küsten Frankreichs und Flanderns seien wegen ihrer Untiefen zu meiden. Die Küste Englands sei deshalb zu halten und die Reise trotz etwaiger Diversionen englischer Streitkräfte fortzusetzen. Zusammenstöße seien nicht zu suchen, um die eigenen Kräfte zu schonen. Die Flotte habe für die Invasion sechstausend Mann an Parma abzugeben. Gefochten werden solle auf See nur, wenn ohne Kampf die Überfahrt der dreißigtausend Mann starken Invasionsarmee nicht zu erreichen wäre.

Wortlos steckte Medina-Sidonia die Instruktionen ein, sie waren verbindlich, Eigeninitiativen waren nicht zugelassen.

Am 30. Mai war es endlich so weit, die Großflotte konnte auslaufen. Philipps fanatischer Optimismus hatte auch Medina-Sidonia angesteckt. Mit verschränkten Armen stand er auf dem Achterkastell seines Flaggschiffes. Von dem ungeheuren Mastenwald, der da langsam an ihm vorbei die Costa de la Luz entlangzog, war er tief beeindruckt.

Er diente einem mächtigen Land in einer wichtigen Mission. Sidonia überschlug die geballte Kraft, die gegen England mobilisiert wurde. Und er war stolz. Er wusste, dass Englands Landverteidigung unzureichend, dessen Seemacht klein und schwach war.

Spanien setzte Parmas hervorragend ausgebildetes, kampferprobtes Heer ein. Für die Kampfhandlungen an Land wurden 12 Feldlafetten, 21 Feldstücke mit 3500 Kugeln, 1000 Flinten, 7000 Hakenbüchsen, 10 000 Piken, 1000 Spieße und weiteres Gerät mitgeführt.

Die Armada rückte mit 8000 Seeleuten, 19 000 Seesoldaten, 2088 Ruderern und 300 Priestern vor. Die Feuerkraft zur See bestand aus 2431 Geschützen, 1497 davon aus Bronze und 934 aus Eisen. Gefüttert wurde die Artillerie mit 123 800 Kanonenkugeln und 5600 Zentner Pulver. Jedes Geschütz konnte im Durchschnitt fünfzigmal feuern. Wer vermochte Spanien und ihm als Oberkommandierenden den Sieg streitig machen?

*

Der Earl of Leicester war kein Illusionist. Mit der Logik eines Mathematikers analysierte er Englands Situation: eine Hand voll kleiner, zwar moderner Schiffe und eine Armee von Amateuren sollten das Land verteidigen. Schon beim Auftauchen der Spanier würden die Engländer die Waffen wegwerfen und überlaufen. Seine Queen hatte keine Chance. Aber sie war stark, am stärksten, wenn sie mit dem Rücken an der Wand stand. Dann speiste sie sich aus einem unerschöpflichen Kraftquell. In Stunden der Not entfachte sie Zuversicht und Begeisterung, die rational nicht zu erklären waren.

Als die Invasion anlief, mobilisierte Elisabeth alle Kräfte zur Abwehr. Sie ließ Signalstationen errichten, Truppen an ihrer Südküste konzentrieren und requirierte Kauffahrer- und Piratenschiffe, wobei die meisten Eigner und Kapitäne ihre Schiffe freiwillig der Verteidigung unterstellten. So wuchs der Bestand der Flotte schneller als angenommen.

Ihr Oberbefehlshaber zur See war Lord High Admiral Charles Howard, Earl of Nottingham und Lord of Effingham, ein maritimer Veteran mit unangefochtener Kompetenz und Autorität. Trotz Würde und Amt blieb er seinen Seadogs verbunden und war im Kampfgetümmel stets mitten unter ihnen. Er war gerecht im Verteilen von Tadel, Lob und Trost. Seine Befehle waren kurz und präzise und sie ließen Raum für eigene Entscheidungen. Seine Überzeugung: »Je besser ein Kapitän, desto größer muss sein Entscheidungsspielraum sein!«

Unter ihm dienten erfahrene Kapitäne wie Drake, Hawkins, Frobisher, Fenner, Seymour, Winter... und sie gingen für den Earl durchs Feuer.

Die Bewährungsprobe stand unmittelbar bevor. Die englische Flotte wuchs zu einem bunten Geschwader von rund hundertachtzig höchst unterschiedlichen Schiffen mit 14 500 Mann. Vierunddreißig Schiffe stellte die königliche Marine, darunter waren aber nur zwei über eintausend Tonnen und zwanzig unter fünfhundert Tonnen Wasserverdrängung.

Sir Francis Drake befehligte auf der REVENGE vierunddreißig, der Earl of Nottingham an Bord der ARK ROYALE achtunddreißig Einheiten. Achtunddreißig Schiffe stellte auch die Stadt London. Seymour und Winter konnten für ihr Kommando dreißig Schiffe auftreiben. Dreiundzwanzig Kapitäne schlossen sich der königlichen

Groß-Admiral Lord Howard of Effingham, der Flottenkommandeur im Seegefecht gegen die spanische Armada.

Flotte freiwillig an. Die englischen Schiffe waren wesentlich kleiner als die spanischen, ihre Vorder- und Achterkastelle ragten weniger hoch aus dem Wasser. Andererseits waren sie verhältnismäßig schnell und gut manövrierbar. Die zusammengewürfelten Schiffstypen, teils mit unbekannten Gefechtswerten, hatten zur Folge, dass sich die Flotte ausgesprochen schlecht führen ließ.

Nur langsam arbeitete sich die Armada durch eine ungewöhnlich bewegte See. In Höhe von Kap Finisterre stellte sich heraus, dass Wasserfässer leckten und ein Teil der Verpflegung und des Trinkwassers verdorben war. Was tun? Ungenießbare Nahrung war in Philipps Befehlen nicht vorgesehen. Der Herzog lief La Coruña an und ließ sich neu verproviantieren.

Auf der Weiterfahrt verschlechterte sich das stürmische Sommerwetter, schon bald wurden vierzig Schiffe aus der präzisen Formation der Armada abgetrieben. Wie durch ein Wunder stießen einunddreißig davon zur Flotte zurück, als die englische Küste in Sicht kam.

Natürlich wahrschauten auch die Engländer die feindlichen Schiffe. In der Dämmerung glommen Signalfeuer durch ganz England bis zur schottischen Grenze auf. Sie lösten eine Welle der Rekrutierung, Ausbildung und Bewaffnung aus. Ein regelrechter Volkssturm aus Knaben und Alten strömte nach Tilbury, wo Leicesters Armee lag. Leicester pendelte zwischen Tilbury und London hin und her, da er um die Sicherheit seiner Königin besorgt war. Die wollte sich nämlich ins Lager begeben, um ihre Armee persönlich zu inspizieren.

Unterdessen wälzte sich die spanische Seehydra an der Küste Cornwalls vorbei, Plymouth zu, wo Sir Francis in aller Ruhe seine legendäre Kugel schob. Nach Überprüfung der feindlichen Seekräfte riet Drake dem Earl, Plymouth zu verlassen und der Armada entgegenzueilen. So geschah es dann auch, ungünstige Winde gestalteten das Manöver jedoch kompliziert und brachten den High Admiral in eine gefährliche Leeposition.

Die Armada segelte in dicht aufgeschlossener, sieben Seemeilen langer Sichelformation geradewegs durch den Englischen Kanal, mit dem Ziel, sich so rasch wie möglich mit den Truppen des Herzogs von Parma zu vereinen. Doch wie und wo dies zu geschehen hatte, war am 30. Juli völlig unklar.

Noch war Zeit. Die spanischen Schiffe rückten mit nur zwei Seemeilen pro Stunde sehr langsam vor. Geschickt brachte sich der Earl nun in die Luvposition – für ihn konnte die Schlacht beginnen. Doch vorher überbrachte seine Pinasse Admiral Medina-Sidonia die Kriegserklärung.

Um 9.00 Uhr donnerten die ersten englischen Kanonen. Wie Hornissen schossen die kleinen modernen englischen Schiffe auf die riesige Armada zu, stachen und flitzten davon.

Die Kontrahenten hatten eine bisher unbekannte Aufgabe zu erfüllen. Noch nie in der Geschichte hatten sich Flotten dieser Größenordnung im Kampf gegenübergestanden. Auf eine zweckmäßige oder bewährte Taktik konnte keiner der Führer zurückgreifen. Die Spanier setzten auf den Enterkampf. Ihre schwerfälligen Galeonen mit den hohen Bug- und Heckaufbauten waren dafür geschaffen. Die Gefechtsformation, »Dwarslinie« genannt, lief darauf hinaus.

Anders die Engländer. Sie, und besonders die Piratenkapitäne, verlegten sich aufs ungebundene Manövrieren. So ergab sich für Drake wie von selbst die lose Kiellinie als geeignete Formation, um

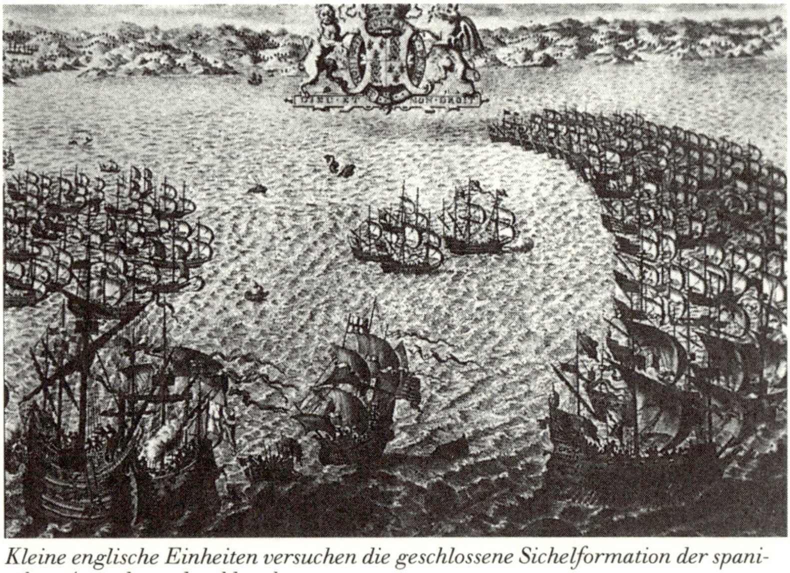

Kleine englische Einheiten versuchen die geschlossene Sichelformation der spanischen Armada zu durchbrechen.

die Breitseitenartillerie zur Wirkung kommen zu lassen. Zwei gegensätzliche Taktiken trafen aufeinander. Während die Spanier die Nähe suchten, waren die Engländer auf Abstand bedacht. Die Seeschlacht tobte sechs Stunden. Dabei wurde die ARK ROYALE gerammt, doch ehe sie geentert werden konnte, entschwand sie mit erstaunlichem Tempo.

Für Medina-Sidonia entwickelte sich die Kanalfahrt zu einem Spießrutenlauf. Er hatte keine Chance, näher als neunhundert Fuß an die beweglichen, treffsicheren Engländer heranzukommen. Der Spanier kam sich vor wie ein Elefant, der von einem Rudel Hyänen gejagt wird. Auf eine solche Art von Angriff war er nicht vorbereitet.

In der Nacht auf den 1. August verlor Sidonia die ersten Schiffe. Die NUESTRA SEÑORA, das Flaggschiff von Admiral Don Pedro de Valdes, fiel durch Bombardement und Kollision aus, und die SAN SALVADOR explodierte. Beide Galeonen hatte Drake im Alleingang zur Strecke gebracht, dabei aber seine Position verlassen und den High Admiral in eine bedrohliche Lage gebracht.

Der Earl ging davon aus, dass Drake befehlsgemäß vor ihm segelte, und schloss auf. Bei Sonnenaufgang stellte er fest, dass er sich allein inmitten spanischer Schiffe befand. Blitzschnelles Handeln rettete ihn vor der tödlichen Umklammerung. Drake hatte einmal mehr seine mangelnde Teamfähigkeit unter Beweis gestellt, genoss aber die Szene auf seiner REVENGE, wo ihm der besiegte spanische Admiral de Valdes den Degen als Zeichen seiner Niederlage übergeben musste.

»Ich habe mich zwar entschlossen, im Kampf zu sterben, sehe aber nichts Ehrenrühriges darin, mich dem größten Seemann meiner Zeit geschlagen zu geben«, erklärte der Spanier.

Am 2. August entwickelten sich Gruppenkämpfe, die den ganzen Vormittag andauerten – ohne Gefechtserfolge. Die Spanier kamen nicht zum Entern, die Engländer merkten, dass ihre Geschütze nicht die gewünschte Wirkung hatten. Auf beiden Seiten wurde die Munition knapp.

Es wurde höchste Zeit, dass die Spanier auf den Herzog von Parma mit seinen Truppen stießen. Doch wo sollte der Admiral ihn finden? Schwerfällig tastete sich die Großflotte aus dem Kanal und ging entnervt in der Straße von Calais vor Anker. Wieder schickte Sidonia

In der Seeschlacht war das Ziel der spanischen Armada das Entern, um feindliche Schiffe zu vernichten. Die Engländer setzten dagegen auf Beweglichkeit und die Feuerkraft ihrer Kanonen.

einen Boten zu Parma mit der dringenden Forderung nach Munition, Proviant und der raschen Heranführung seiner Soldaten. Dass Parma in Brügge saß und von nichts wusste, war ein weiterer Planungsfehler des königlichen Kriegsherrn.

Der Earl of Nottingham war mit seinen Abwehrkämpfen nicht unzufrieden. Aus seiner Flotte hatte er am 3. August in Windeseile vier Geschwader geformt, die eigenständig operieren sollten. Eines führte er selbst, die übrigen Drake, Hawkins und Frobisher. Damit waren die englischen Seestreitkräfte noch schneller und flexibler geworden. Howards Plan: »We pluck their feathers little by little« (Wir rupfen ihr Gefieder Stück für Stück) konnte noch besser umgesetzt werden.

Auf spanischer Seite sank die Moral. Von den Bodentruppen war immer noch nichts zu hören und zu sehen. Natürlich drückten auch Verpflegungs- und Munitionsmangel die Stimmung.

Niederschmetternde Nachrichten erreichten den Großadmiral am 7. August: Parma war nicht, wie erwartet, in Dünkirchen, sondern, wie erst jetzt bekannt wurde, bei Brügge und frühestens in vierzehn Tagen auslaufbereit.

Gegnerische Verbände hatten in den Niederlanden den abgestimmten Zeitplan zunichte gemacht.

Howard blieb Herr des Geschehens. In der Nacht des 7. August schickte Drake acht mit Sprengstoff beladene Brander zur spanischen Flotte, die auf engem Raum dalag wie eine Schar brütender Enten.

Die Spanier ahnten, was da auf sie zuschwamm. In Panik geraten, kappten sie die Ankerketten. Galeonen stießen, von der Strömung herumgerissen, krachend zusammen. Aus der ordentlichen Formation war im Handumdrehen Chaos entstanden. Einige Galeonen trieben unkontrolliert auseinander, andere sanken, wurden von den Engländern gekapert oder liefen an Land auf.

Fünf Stunden nahmen die Engländer die Armada unter Beschuss. Um die Wirkung der Geschütze zu erhöhen, feuerten sie aus knapp einhundert Metern Entfernung. Die Spanier antworteten mit Musketen, da ihre Artilleriemunition verbraucht war. Eine brutale Seeschlacht tobte. Priester huschten mit blutverschmierten Soutanen über zerborstene Decks, um Sterbende zu betreuen. Aus den Speigatts der angeschossenen Galeonen ergoss sich kübelweise Blut, wenn sie sich vor dem Kentern auf die Seite neigten. Die See färbte sich rot. Wieder und wieder krachten die Salven aus mehreren Richtungen. Die Schiffe des Earls waren überall, schoben sich blitzschnell zwischen die Spanier, schossen, verlegten – wie Figuren auf einem Schachbrett.

Die Engländer beharkten die Armada bis zur letzten Patrone, dann drehten sie ab, um sich im Hafen von Plymouth frisch zu bestücken. Vor der Küste des flämischen Ortes Gravelines hatten sie eine entscheidende Schlacht gewonnen.

Für den Herzog ergab sich eine Atempause, in der er seine Wunden lecken konnte. Er hatte sechzehn Schiffe und fünftausend Mann verloren. Alle übrigen Einheiten hatten Lecks, zerfetzte Segel oder zerschossene Takelage. Er rief seinen Kriegsrat zusammen. Stabchef Martinez de Recalde und die Admiräle sollten sich zur Lage äußern. Wie ließ sich aus der fatalen Situation jetzt noch eine Offensive gestalten?

*

Barhäuptig auf ihrem herrlichen Wallach sitzend, in jungfräuliches Weiß gekleidet, einen silbernen Brustharnisch umgeschnallt, erschien mit kleinem Gefolge Elisabeth I. bei Leicesters Truppen – als Lichtgestalt in der grauen Düsternis des Heerlagers von Tilbury.

»Heller Wahnsinn, so ungeschützt an der Front Bewaffneter zu erscheinen!«, lamentierte der Kommandeur.

Wie leicht konnte sie Zielscheibe spanischer Agenten sein oder einem Attentat zum Opfer fallen? Doch die Königin war nicht zur Vernunft zu bringen, sie wollte in der Stunde der Not bei ihren Soldaten sein, und, wenn Gott es bestimmte, mit ihnen sterben. Sie erhob ihre weiße Hand. Die wogende, raunende Menge schwieg. Nun hallte ihre feste, tiefe Stimme in den Ohren Zigtausender. Sie spach von Freiheit, von einer Übermacht, die geschlagen werden kann, wenn der Wille besteht, von der göttlichen Pflicht, das Land der Väter und Vorväter zu verteidigen.

»Soldaten, ich sehe das Blitzen der Entschlossenheit in euren Augen. Ihr seid bereit zu siegen! Ich bleibe bei euch hier auf dem Schlachtfeld, bis alles vorbei ist und wir stolzen Hauptes gemeinsam nach Hause gehen!«

Dann die hysterische Raserei jubelnder Massen. Männer weinten ungeniert, sanken auf die Knie und gelobten, für ihre Königin zu sterben.

Am Abend gab Leicester der Königin zu Ehren ein Bankett. Ein Höfling stürzte ins Zelt, fiel nieder. Es herrschte gespannte Stille. Elisabeth erkundigte sich nach seiner Botschaft.

»Madam, der High Admiral hat...«

»Was ist mit Howard?« fragte Elisabeth ungeduldig.

»... der Earl hat die Armada angegriffen, den Hauptteil aufgerieben und so gut wie besiegt. Sir Francis bombte Admiral Don Pedro de Valdes nieder, bis er kapitulierte!«

Die Königin schaute erst ungläubig, dann erleichtert, als sei ihr ein Amboss von der Schulter gewälzt worden: »Großartig!«

»Aber, da ist noch was, Madam…« Der höfische Bote drehte verlegen seinen Helm in den Händen. Elisabeth beendete mit einer Handbewegung die Jubelrufe an der Tafel.

»Das Gerücht geht, dass Herzog Parma mit zehntausend Reitern und fünzigtausend Infanteristen übersetzen und England angreifen wird.«

»Er möge kommen, wir empfangen ihn, wie es einem Invasoren gebührt«, sagte Elisabeth und begann ruhig zu essen.

»Ihr müsst fort von hier«, beschwor Leicester seine Königin. »Bleiben ist Selbstmord!«

»Ich werde hier sein und Parma erwarten. Wenn England an Philipp fällt, ziehe ich es vor, mit meinen Soldaten zu sterben.«

Gerüchte beherrschen Krieg und Politik. Auf dem Flaggschiff des Herzogs Medina-Sidonia wurde die Lage analysiert. Nach kurzer Zeit stand einstimmig fest: Die Aufgabe war nicht mehr zu erfüllen. Es ging nur noch darum, zu retten, was zu retten war, und ums Überleben. Der Vorschlag, in der Deutschen Bucht oder in den norwegischen Schären zu überwintern, um neue Kräfte zu sammeln, wurde abgelehnt.

Für die Fahrt zurück nach Spanien blieben zwei Alternativen: der kürzeste Weg durch den Kanal oder nördlich um Schottland herum. Gegen das Freikämpfen des kürzesten Weges sprach der Munitionsmangel.

Sidonia ließ den Wind entscheiden: Wehte er aus Norden, sollte durch den Kanal gesegelt werden. Doch er blies heftig aus Süd, damit war der Kurs um Schottland bestimmt – und für den Rest der Armada begann das eigentliche Drama.

Herzog Parmas Armee rührte sich nicht vom Fleck, und es hatte den Anschein, als wäre das Interesse des Generals an einer Invasion nicht sonderlich groß. Es wurden sogar Stimmen laut, die dem alten Haudegen Parma Verrat vorwarfen. In Wirklichkeit war seine Inaktivität aber auf das Informationschaos zurückzuführen. Herzog Parmas Loyalität stand außer Frage. Der Statthalter in den Spanischen Niederlande war Träger des Ordens vom »Goldenen Vlies« und ein militärisches Genie, der die Niederlande mit Vergebung in der einen Hand und dem Schwert in der anderen regierte.

Am Horizont tauchten die Hyänen auf und trieben den waidwunden Elefanten mit dem Wind vor sich her nach Norden, so lange, bis die Seadogs sicher waren, dass es zu keiner Truppenübernahme oder Landung kommen konnte. Dann schossen sie ihre Geschütze leer und gaben die Verfolgung der Armada auf.

Der neue Feind der Spanier war das Wetter. Ohne genaue Karten war nicht zu erkennen, wie weit Schottland und Irland in den Atlantik reichten. Orkanartiger Sturm drückte die Galeonen gegen die Landvorsprünge, zerschmetterte sie an umtosten Felsklippen. Andere kollidierten in schwarzer Nacht und sanken. Leichtere Schiffe trieb der Sturm einfach vor sich her und schleuderte sie an Westirlands Küste, wo die Besatzung ertrank oder halb tot an unbewohnte Buchten gespült wurde...

König Philipp II. betet kniend in der Kapelle des Escorial, als er von dem Schicksal der Armada erfahren hat.

Am 23. September erreichten die ersten übrig gebliebenen Schiffe Spanien. Das Ergebnis des »Unternehmens England« war niederschmetternd. Philipp hatte zwanzigtausend Mann und dreiundsechzig Schiffe verloren. Fast alle zurückgekehrten Seefahrzeuge waren in einem dermaßen schlimmen Zustand, dass sie abgewrackt werden mussten. Die englischen Verluste waren gering: kaum hundert Mann, kein einziges Schiff.

Drake hatte Recht behalten mit seinem strategischen Ansatz, dass der Inselstaat am wirkungsvollsten mit einer modernen Flotte zu verteidigen war, deren Schiffe schnell und wendig waren und darüber hinaus eine gute Feuerkraft besaßen. Der Pirat war der geistige Vater der Seeverteidigung! Die Zerschlagung der Armada hatte zwar nicht unmittelbar weltpolitische Bedeutung, doch wurde klar, dass eine feudale Ordnung alter Prägung mit starren Strukturen künftig keine Führungsrolle mehr inne haben würde. Spaniens überlegene Seemachtstellung war noch nicht gebrochen, ging jedoch langsam aber sicher auf Länder wie England und die Niederlande über. Ein hergebrachtes Feudalgebilde hatte in einer komplexer gewordenen Welt gegenüber einem aufgeklärteren, bürgerlichen Nationalstaat, wie er sich in England entwickelte, keine Chance.

Wieder war es Francis Drake, der die Zeichen als Erster deutete und Spanien mit einer Gegenarmada die Vormachtstellung endgültig entreißen wollte. Zu spät musste er erkennen, dass die Zeit dafür noch nicht reif war. Aber der Königin gefiel sein Plan. Sie glaubte an seinen Erfolg.

Sir Francis, verantwortlich für einhundertfünfzig kanonenbestückte Handelsschiffe und achtzehntausend Soldaten, stach im April 1589 in See, um Spanien als Seemacht endgültig niederzuringen.

Landoperationen sollte der kampferfahrene Sir John Norris leiten. Die Gegenarmada verschlang gewaltige Summen. Finanziert wurde sie größtenteils durch Aktien und Kriegsanleihen. Elisabeth war Hauptaktionärin. Sie setzte große Hoffnung in das Unternehmen. Drake war einem ungeheuren Erfolgszwang ausgesetzt, allein schon durch die Anwesenheit von Elisabeths Günstling, dem Earl of Essex. Essex kannte er aus der gemeinsamen Zeit in Irland. Die beiden mochten sich durchaus, dennoch fühlte sich der Admiral unter der Beobachtung unwohl. Nichts hasste er mehr, als kritisiert zu werden.

Das war nicht das Umfeld, in dem ein El Dragón zur Bestform auflief!

Noch etwas missfiel dem nach eigenem Gusto operierenden Improvisator: Die Königin gab der Expedition klare Instruktionen mit auf den Weg. Die spanischen Schiffe in Santander, San Sebastian und in anderen Biskayahäfen waren zu vernichten. In einer kombinierten See-Landschlacht sollten die Spanier dann aus Lissabon vertrieben werden, damit Ex-König Don Antonio seinen angestammten Thron als Herrscher über Portugal zurückbekam.

Don Antonio, der acht Jahre im englischen Exil geweilt hatte, war vorsorglich an Bord gegangen. Sollte die Reinthronisierung nicht gelingen, so hatte Drake den Auftrag, die Azoren als Operationsbasis gegen die spanische Schatzflotte zu besetzen.

Unbeachtet lag der königliche Befehl in einer Schatulle in der Kapitänskajüte. Drake lief nicht die vorgeschriebenen Häfen an, um deren Schiffe zu versenken, sondern attackierte La Coruña, verbrannte einige Segler und plünderte die kleine Stadt. Seine Teernacken hoben ein Weindepot aus und betranken sich fürchterlich. Drake, der es gewohnt war, kleine Einheiten hautnah zu führen und deren Aktionen persönlich zu überwachen, war mit dem schlagkräftigen Führen der Großflotte überfordert. Bei Peniche, fünzig Meilen nordwestlich von Lissabon, wurde Norris mit seinen Soldaten abgesetzt. Er sollte die Hauptstadt Portugals von Land her überraschen und angreifen, während Drake ein seeseitiges Bombardement vorzutragen gedachte.

Die Operation ging gründlich in die Hose. Norris brauchte mehrere Tage, um Lissabon zu erreichen. Die Männer waren bei der Hitze außerstande, im Eiltempo zu marschieren. Als er endlich vor Lissabon erschien, war das keine Überraschung für den spanischen Stadthalter, eher für Norris, der nämlich sofort unter Beschuss genommen wurde.

Seeseitig passierte überhaupt nichts. Drake kämpfte mit widrigen Winden, Lissabon vermochte er sich partout nicht zu nähern.

Bei Cascaes nahm die Flotte Norris' dezemierten Haufen an Bord und setzte sich ab.

Drake wollte sich nun in Lauerstellung begeben, um wenigstens die Azoren im günstigen Moment einzunehmen. Wieder war der

Wind gegen ihn. Er landete vor Vigo, einem Ort, den er dem Erdboden gleichmachte – eine Verzweiflungstat.

Seine Gegenarmada trieb als sturmzerzauste Flotte nach England zurück. Bezeichnend hing sein Flaggschiff im Wasser. Es hatte ein mächtiges Leck und so viel Schlagseite, dass es unterzugehen drohte.

Das Unternehmen war ein einziger Misserfolg: Portugal blieb spanisch, Philipp besaß noch immer genügend Schiffe, um Neu-Spaniens Schätze transportieren zu können, zur See war er nach wie vor der Mächtigste, auf den Azoren wachten die Spanier. Zwölftausend Soldaten und Seeleute waren gefallen oder an Krankheiten gestorben.

Doch am härtesten traf Drake der Zorn Elisabeths. Sie wollte mit dem unbotmäßigen Verlierer nichts mehr zu tun haben. Das Ende seiner Seefahrtskarriere? Es sah ganz danach aus.

19.

1595/1596
England
Karibik

Der Abenteurer kam in die Jahre und genoss seinen Reichtum. Aber nicht untätig. Um die Hand am Puls des Geschehens zu behalten, unterhielt er eine Stadtwohnung in London. Geschäfte tätigte er in Plymouth von seinem Herrensitz Buckland Abbey aus. Objekte kaufen und verkaufen war sein Hobby geworden. Da ging es um Häuser, Grundstücke, Getreide- und Wassermühlen, auch eine Schafzucht managte er erfolgreich.

Drake betätigte sich als erfolgreicher Unternehmer. Doch sein Herz schlug für die See. Oft stand er am Hafen und träumte von vergangenen Taten. Die Sehnsucht trug ihn fort in die weite Karibik. Noch einmal ein Kommando führen und erfolgreich abschließen, das wäre die Krönung! Dann ging er zurück in den Ort, kümmerte sich um Plymouth' Stadtentwässerung und um seine Geschäfte. Immer wieder kam die große, nagende Sehnsucht, das Fernweh, besonders, wenn sich die Reihen seiner ehemaligen Kampfgenossen lichteten: Sir Richard Grenville, in dessen einstigem Anwesen Drake lebte, starb auf seiner alten REVENGE vor den Azoren in einem Gefecht gegen die Spanier. Sir Francis Walsingham, Drakes großer Fürsprecher, segnete das Zeitliche, dann Frobisher und manch anderer. Über Mittelsmänner ließ Sir Francis die Königin wissen, dass er für sie gegen die Spanier bereitstünde, wann und wo sie es wünsche. Er offerierte gleichzeitig seinen alten Plan, die spanischen Handelsrouten in der Neuen Welt abzuwürgen…

Die Königin hatte ihn nicht vergessen! Eine Botschaft aus London erreichte Drake 1595 in Buckland zur Teatime. Das Ehepaar saß im großen Salon, als William Whitchurch of Tavistock mit einem versiegelten Brief erschien.

Drake nahm ihn entgegen, öffnete ihn mit einem goldenen Brieföffner und las. Elisabeth, seine Frau, beobachtete Francis interessiert. Nach einer Weile sagte Drake, und es lag eine gewisse Genugtuung in seiner Stimme: »Die Königin braucht mich.«

Elisabeth rührte den Tee und meinte beiläufig: »Denk an dein Alter, Francis. Die letzten fünf gemeinsamen Jahre, waren sie nicht schön?«

»Sicher, Elisabeth. Aber ich bin Seemann. Ein neues Kommando habe ich mir sehnlich gewünscht. Noch einmal gegen die Spanier antreten und diese Schurken schlagen, wo es ihnen wehtut, in Panama!«

»Francis, lass ab, deine Rache traf sie hart genug. Ich fühle, es wird etwas Schlimmes passieren.«

»Wo denkst du hin? Ich werde die Spanier packen, schütteln, bis ihnen die Schätze aus den Taschen kullern. Diese eine Chance muss ich nutzen – es wird die letzte sein!«Elisabeth schüttelte traurig den Kopf: »Nein, nein, Francis, du solltest auf mich hören, ich spüre ein starkes Gefühl von Unheil.«

Unwirsch stand Drake auf: »Die Spanier nennen mich El Dragón, den Drachen, nicht ama de casa, ich muss zu ihnen und Feuer spucken, das ist meine Bestimmung. Auf mich wartet eine große Aufgabe – endlich!«

Des Seemanns Braut ist die See, nur ihr kann er treu sein!

Der Admiral a. D. begab sich nach London. Die Zeit für einen Schlag gegen die Spanier in der Karibik war günstig. Französische Piraten und bewaffnete niederländische Handelsschiffe hielten die Spanier in Atem. Zudem meldeten Spione, dass im Hafen von Puerto Rico auf San Juan eine havarierte Galeone lag, die eine Ladung im Wert von drei Millionen Golddukaten an Bord hätte.

Rasch wurde die Aufgabe definiert: Kaperung der Schatzgaleone und Einnahme von Panama-Stadt. Siegreiche Rückkehr, Aufteilung der Beute.

Elisabeth I. beauftragte Drake mit der Zusammenstellung der Flotte. Ein gewaltiges Unternehmen wurde geplant: Siebenundzwanzig Segelschiffe mit eintausendfünfhundert Seeleuten und der DEFIANCE als Flaggschiff. Dazu stießen eintausend Soldaten unter dem Befehl von Generaloberst Sir Thomas Baskerville.

Die Vorbereitungen liefen auf Hochtouren. Sir Francis war in seinem Element und rechnete mit dem Oberkommando der Expedition. Wie brannte er darauf, an seine erfolgreichen Taten anzuknüpfen und seinem einstigen Ansehen neue Glorie zu verleihen! »Ich liebe das Schlachtfeld des Lebens«, verkündete er Freunden. Die meinten allerdings, er möge doch zu Hause seinen Reichtum genießen. »Kann ich nicht, die Sehnsucht ist mein schwerstes Gepäckstück!«

*

Im »Pilgrim's Rest«, an einem Sonntagabend im August 1595: Der junge Heinrich Hasebeck gönnte sich vor dem Schlafengehen noch ein paar Biere in Bankside am Südufer der Themse.

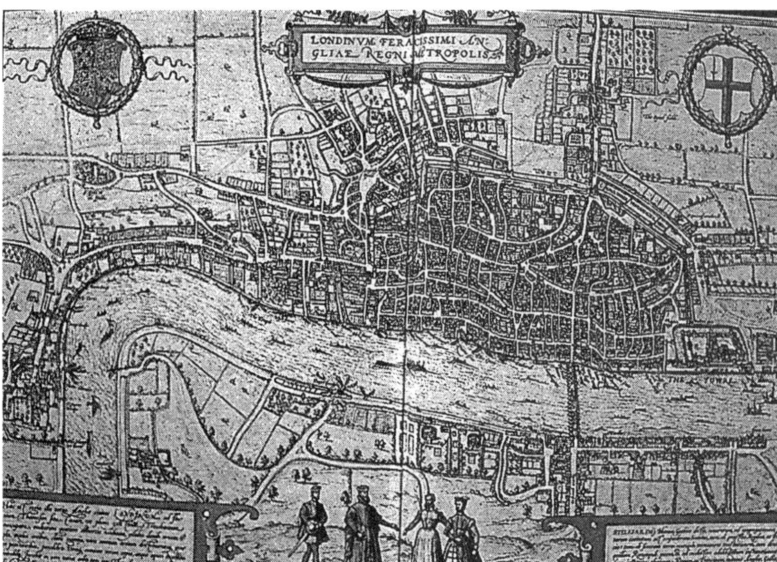

Ein Plan des Elisabethanischen London. Längst uferte die Stadt über die Themse nach Süden hin aus.

Das Elisabethanische London platzte aus allen Nähten und wuchs über seine Mauern hinaus. 250 000 Einwohner zählte die Stadt. Handel, Handwerk, Schiffbau blühten. Der Stadtteil Bankside, außerhalb der rigiden Vorschriften der Stadtväter, bot Vergnügen und Lästerliches in allen Varianten: große Theater, Pubs, Inns, Hurenhäuser, Hahnenkampfarenen. Für die Theater schrieben William Shakespeare und Christopher Marlowe unentwegt Stücke.

Das London dieser Zeit war aufregend und gefährlich. Hasebeck wusste das und sah sich entsprechend vor. Er war kein naiver Bauernbursche, vielmehr ein gewiefter Städter aus der stolzen Hansestadt Lübeck. Auch hatte er in seinen jungen Jahren bereits allerhand erlebt. Er war der Sohn eines deutschen Kaufmanns, hatte Lesen und Schreiben gelernt, sich beim Vater Kenntnisse in der Kontorarbeit angeeignet.

Vater Hasebeck kaufte Waren von fremden Segelschiffen auf und verkaufte diese in kleineren Portionen weiter. Damit bestritt er recht erfolgreich seinen Lebensunterhalt. Allmählich expandierte sein Geschäft. Er ließ das Wohnhaus vergrößern, dann ein schönes Handelsschiff, die ADLER, ausrüsten.

Der Segler, beladen mit Schiffsmasten und Planken für die spanische Flotte, weckte das Interesse der englischen Marine. Auf einem Nordatlantiktörn wurde das Schiff von der REVENGE unter Sir Richard Grenville aufgebracht. Im Handgemenge wurden Vater Hasebeck und der Bruder getötet, Sohn Heinrich nach London verschleppt, wo er dank seiner Kenntnisse eine Anstellung im Hansekontor eines deutsch-englischen Kaufmanns fand. Er sparte jeden Penny, um eines Tages zurück nach Lübeck zu gelangen. Heimweh plagte ihn und er wollte seine Verwandten wiedersehen, zumindest die, die noch lebten.

Gerade leerte Heinrich das letzte Glas. Morgen würde er früh aufstehen müssen. Mr. Williams war ein Pünktlichkeitsfanatiker. Besonders montags duldete er keine Verspätung. Mit einem Ruck riss sich Heinrich vom Tresen los. Gern hätte er noch zwei, drei Gläser getrunken. Doch die Gefahr, dass er dann verschlief, war einfach zu groß.

Draußen war alles menschenleer, still, als halte London den Atem an. Jetzt, in der frischen Nachtluft, spürte Heinrich den Alkohol. Er bemühte sich, gerade und aufrecht zu gehen. Um sein Zimmer zu erreichen, brauchte er nur die Themse zu überqueren und sich etwas rechts zu halten. Das fahle Mondlicht erleichterte ihm das Gehen über raues Kopfsteinpflaster. Dumpf hallten Heinrichs Schritte in der engen, von düsteren Häuserfronten umrahmten Gasse.

Irgendwie gespenstisch, dachte der Deutsche. Wieso bin ich so allein auf der Straße? Zwielichtige Gestalten oder erlebnishungrige Jugendliche waren doch sonst immer unterwegs? Es sei denn... es sei denn, die Greifer gingen um. Verdammt, das würde die gespenstische Stille erklären! Doch Heinrich wusste, was sich im Hafen von London tat. Große Schiffe brauchten zurzeit nicht bemannt zu werden...

Plötzlich vernahm er kurze schnelle Schritte, da rannte jemand und rief jetzt: »Zu Hilfe – zu Hilfe!« Kein Fenster öffnete sich, kein Polizist erschien. Der Flüchtende glitt wie ein Schatten an ihm vorbei. Heinrich sah kurz sein angstverzerrtes Gesicht und hörte: »Die Greifer, hau ab!« – schon war der Flüchtende hinter einer Hausecke verschwunden, verfolgt von einer Meute Seesoldaten, die: »Stehen bleiben!« brüllte und die Nachtruhe durch Trillerpfeifen störte.

Suchtrupps der Marine waren da unterwegs. Sie fingen junge Männer, um sie für den Dienst auf Schiffen Ihrer Majestät der Königin von England zu pressen. Bisweilen durchsuchten die Greifer ganze Stadtviertel und nahmen mit, was ihnen in die Fänge geriet.

»He, du da – stehen bleiben!«, brüllte einer aus der Meute, als Heinrich, auf einmal stocknüchtern geworden, davonstürmte. Er rannte kopflos die Gasse hinunter, als ginge es um sein Leben. Ein Schnallenschuh machte sich selbstständig, er rannte weiter, im Rücken Geschrei und Pfiffe.

Die Gruppe von Menschenräubern hatte sich getrennt. In dieser Nacht war kein männliches Wesen unter dreißig seiner Freiheit sicher. Heinrich flüchtete in Richtung Themse. Wenn er seine Verfolger nicht los wurde, würde er sich in den Fluss stürzen, um schwimmend zu entkommen.

Er rutschte auf Unrat aus, hart stürzte er aufs Pflaster. Schon waren die Verfolger zur Stelle. Ein grobschlächtiger Kerl: »Na, Bursche, warum so eilig, wohl was ausgefressen, wie?«

Ein anderer riss ihn hoch: »Na klar, das ist ein Dieb! Woll'n ihn mal durchsuchen. – Sieh an, ein Beutel mit Münzen, eine kleine Sonnenuhr, Schreibutensilien.«

Heinrich, von seinem Sturz noch benommen, ließ alles über sich ergehen. Neben ihm stand jetzt ein Offizier, der wohlwollend auf ihn herabsah. Sein Degen blinkte im Mondlicht.

»Ich heiße Heinrich Hasebeck, bin im Kontor von Mr. Williams angestellt!«, stammelte der Deutsche.

»Quatsch! Er ist ein Ladendieb, wahrscheinlich noch dazu ein Spion, Herr Leutnant!«, sagte der Grobschlächtige, »sein Name hört sich ganz und gar nicht englisch an.«

»Bitte, bitte, Herr Leutnant, lassen Sie mich gehen, ich muss morgen pünktlich zum Dienst kommen.«

»Auf dich wartet ein anderer Dienst, Freundchen, stimmt's, Sir?«, sagte der Bullige.

»Ehrendienst auf See, so ist es, Bootsmann«, sagte der Offizier.

»Wer sind deine Angehörigen, Eltern und so weiter?«

»Vater und Mutter sind tot, die Angehörigen leben in Lübeck, ich bin allein in London.«

»Das passt sich gut, Bootsmann, den können wir gebrauchen, den wird niemand vermissen!«

»Aye, aye, Sir, nehmen wir ihn mit.« Der Seemann packte den jungen Mann am Kragen und schob ihn vor sich her.«

»Das ist ja Menschenraub, ich...«, schrie Heinrich.

»Nur Dienstverpflichtung gemäß einer Parlamentsakte, die der Marine die Rekrutierung von Mannschaften in besonderen Fällen erlaubt – es herrschen besondere Fälle«, entgegnete der Leutnant in aller Ruhe und fügte hinzu: »Wirst die weite Welt sehen, Freundchen, freu' dich drauf. Darfst stolz darauf sein, der Königlichen Marine zu dienen.«

»Gott segne unsere Königin!«, pflichtete der Bootsmann bei.

Good bye, Mr. Williams! Heinrich fühlte sich wie in einem schlechten Traum.

Schnellen Schrittes begab sich der Greifertrupp in Richtung Hafen, wo einige Handelssegler verlassen dalagen. Heinrich nahm an, in eines der Beiboote bugsiert zu werden, das ihn weiter stromabwärts, in Richtung Greenwich, zu einer Kriegsgaleone bringen würde.

Weit gefehlt. Der Trupp schwenkte rechts in eine nachtschwarze Seitengasse ein. Dort standen drei große Transportdroschken und mehrere Seesoldaten, die sich gedämpft unterhielten.

»Verstauen Sie den Neuen, Korporal«, rief der Leutnant. Eine Droschkentür wurde aufgerissen, Heinrich hochgehoben und im hohen Bogen hineingeworfen.

Eine Wolke übelster Ausdünstungen schlug ihm entgegen. Heinrich sah nichts, merkte aber, dass das Fahrzeug mit Aufgegriffenen übervoll sein musste. Er hörte Fluchen, Schimpfen, Jammern, Schluchzen und Lamentieren.

»Ich will hier raus!«, brüllte Heinrich und kämpfte sich an Knien und Leibern vorbei zur Tür. Eine harte Hand hielt ihn zurück.

»Zwecklos, Mann, hier herrscht das Militärgesetz!«

Heinrich sackte in einer Ecke zusammen und ergab sich seinem Schicksal. Nach geraumer Zeit setzte sich die Droscke in Bewegung, beschleunigte die Geschwindigkeit, bis der Sechsspänner im gestreckten Galopp aus London hinausratterte.

»Wo geht's denn hin?«, fragte Heinrich kleinlaut.

»Hab' was von Plymouth gehört«, sagte der Mann neben ihm.

*

Die Flotte war mit Freiwilligen und Gepressten auf Sollstärke gebracht worden. Drake wurde ungeduldig. Wo blieb der Auslaufbefehl? Oder sollte er wieder einmal durch Eigeninitiative Tatsachen schaffen?

Endlich kam das saumselige Einverständnis der Königin und ihre Order, dass Drake sich die Leitung der Expedition mit seinem Onkel und einstigen Mentor Sir John Hawkins zu teilen hätte. Welch harter Schlag für den Einzelkämpfer Drake! Die Macht mit einem zaudernden, schrullenhaften Mann von siebzig Jahren zu teilen – das durfte die Königin nicht wirklich gewollt haben.

Elisabeth hatte es gewollt! »Gott hat sie geschaffen, und der Teufel hat sie zusammengebracht.« Elisabeth glaubte an den Mythos und hielt die beiden für ein unschlagbares Team.

Der Hauptmann der Soldaten, Thomas Maynarde, sah Hawkins' Rolle in dem Gespann anders: »Sir John nahm die Dinge mit solcher Schwerfälligkeit in Angriff, dass die anderen ihr Fleisch schon gegessen hatten, wenn er seinen Spieß noch nicht einmal ins Feuer hielt.«

Unter Deck der DEFIANCE, was bezeichnenderweise »Trotzen«

heißt, saß der gepresste Heinrich Hasebeck und schrieb sich den Kummer von der Seele. Noch lag die Flotte vor Plymouth auf Reede. Um die Flucht der Zwangsverpflichteten unmöglich zu machen, hielt man sie eingepfercht wie Schweine in Koben. Brot und Wasser ließ ihnen der Smutje an einem Tau in Eimern hinab.

Heinrich wurde an einem Mittwochmorgen auf Drakes Flaggschiff gepresst. Natürlich waren ihm die Taten des Seehelden geläufig und irgendwie half ihm die Tatsache, mit dem berühmten Admiral auf einem Schiff zu sein, aus seinem großen Jammertal herauszukommen. Das Schicksal ließ einen unbekannten Burschen aus Lübeck an einem historischen Ereignis teilnehmen. Heinrich spürte eine gewisse Bestimmung von epochaler Bedeutung und beschloss, seine Beobachtungen schriftlich festzuhalten.

Widrige Winde verzögerten das Auslaufen der Flotte um mehrere Tage. Als das Land dann endlich irgendwann außer Sicht war, durften sich die Gepressten im Bereich ihrer Arbeitsreviere frei bewegen. »Wie Reptilien zum Sonnenlicht kamen wir an Deck gekrochen…, um von Jonas Bodenham, einem pockennarbigen Finsterling, in Empfang genommen zu werden«, notierte Heinrich. Am Hauptmast wurden alle aufgerufen und über ihre Pflichten belehrt. Der Bootsmann erkundigte sich nach besonderen Fähigkeiten der Neuen.

Heinrich, der seit seiner Verschleppung nach Plymouth von einer Sprachstörung geplagt wurde, machte seine Lese- und Schreibkenntnisse begreiflich, mit denen der Seemann allerdings nichts anfangen konnte. Die Neuen sahen sich an Bord vor dem Mast um, verstauten Habseligkeiten, etwas Arbeitskleidung, die die Schiffsleitung stellte, aber mit der Heuer verrechnete, und suchten ihren Schlafplatz unter Deck. Dort wurde das »brasilianische Bett«, die Hängematte, aufgespannt.

Meine Güte, dachte Heinrich, was waren das für Typen, die die Greifer da von der Straße gelesen hatten: Knastbrüder, Entsprungene, Tagediebe, einfältige Gimpel, Saufnasen. Widerspenstige waren von den Schleppern regelrecht zusammengeschlagen worden. Verkrustete Platzwunden in einigen Visagen zeugten von erbitterten Auseinandersetzungen.

Heinrich machte sich Gedanken zum Schiffsarzt, einem James

Wood, der Ingwermus zum Allheilmittel kürte und vom äußeren Erscheinungsbild her dem Fleischerhandwerk zuzuordnen war.

Koch Ames erschien Heinrich so kugelrund, als wäre er »die Personifizierung des Felsens, der vor jede Schatzkammer gerollt wird.« Ames Lieblingspose war eine breitbeinige Aufstellung, bei der er sich mit seinen dicken Wurstfingern auf den Schmerbauch trommelte. Den Schiffsjungen stauchte er zusammen: »Dass du ja deine Finger von der Butter lässt! Schließlich verhungern hier alle oder keiner!«

Nach einer Woche bekam Heinrich den Admiral zum ersten Mal zu Gesicht: »Es war die Meldung weitergeleitet worden, dass Drake eine Generalbespechung anordnete. Seit dem frühen Morgen lief er achtern auf und ab wie ein Kettenhund, der auf sein Fressen wartet. Er gab das Bild des kühnen und tapferen Helden ab, wie es in England jedes Kind im Herzen trägt – eines Helden, der bis zum letzten Blutstropfen für seine Sache kämpft. Wenn diese Sache auch stets darin bestanden hat, sich selbst einen Vorteil zu verschaffen, so wird sie doch stets als die Englands ausgehen.«

Heinrich freundete sich mit einem verschlossenen Hünen von Seemann an, der sich Gasparan nannte, auch aufs Schiff gepresst wurde und deutscher Herkunft war. Ein einfaches Gemüt mit viel Lebenserfahrung und großer Beobachtungsgabe: »Der bringt den Tod!«, kommentierte Gasparan, als er Drakes ansichtig wurde.

Heinrich beobachtete: »Neben dem grazilen, in die Höhe geschossenen Abraham Kendall (Drakes Steuermann) wirkte er (Drake) klein, wenngleich keineswegs schmächtig. Bei seiner gerade noch mittleren Größe ist er schwer gebaut und dazu wohlgenährt. Seine ausrasierten Wangen sind so aufgedunsen, dass es scheint, unter ihrem Gewicht könnten sie sich kaum straff halten. Als Ausgleich wird der Mund allerdings umrahmt von einem Bart, rötlich hell wie sein schütteres Kopfhaar, der am Kinn spitz zuläuft und damit das Gesicht in die Länge zieht.

Seine Gestalt scheint den Widerspruch förmlich zu manifestieren, dass in ihm ständig der Bauer mit dem Edelmann ringt... Allerdings wirkt der kleine Mann auf den ersten Blick herrisch. Er ist ein Bündel an Energie, und während sich viele der Herrschaften ins Boot helfen ließen, lehnte Drake die ausgestreckten Hände brüsk ab. Obgleich durch sein Alter und sein offensichtliches Wohlleben ungelenk geworden, stieg er über die Sitzbänke. Ich bekam eine Ahnung von seinem vibrierenden Tatendrang und davon, wie flink er einmal gewesen sein muss.« *

Es stellte sich nun heraus, dass die Generalbesprechung nicht auf Drakes Schiff, sondern auf der GARLAND von John Hawkins stattfinden sollte. Das passte Sir Francis überhaupt nicht. Mit beißendem Spott versuchte er seinen Unmut beim Übersetzen zu zerstreuen: »Johnny, ich kommi.« Oder: »Hier kommt dein Sohn, der macht das schon!« Soldaten und Matrosen amüsierten sich.

Drüben auf der GARLAND soll es dann lautstark hergegangen sein. Drake reklamierte das Missverhältnis zwischen Verpflegung und Anzahl der Männer auf den Schiffen. Er soll sogar gedroht haben, sich mit seinem Geschwader von der Flotte zu trennen.

Diese erste Auseinandersetzung war bezeichnend für den Zank der beiden alten Haudegen im ewigen Kompetenzgerangel. Auf der ganzen Feindfahrt sollte es noch zu hitzigen Wortgefechten kommen.

San Juan, die Hauptstadt von Puerto Rico, war das erste Ziel der Expedition. Drake, darauf versessen, die dort seeuntüchtig im Hafen liegende Schatzgaleone zu kapern und die Stadt zu plündern, drängte Hawkins, den Atlantik so schnell wie möglich zu überqueren.

An Bord erweckte Heinrich Hasebeck durch sein Schreiben zusehends Argwohn unter Offizieren und seinesgleichen, dem niederen Schiffsvolk. Sein Schreibrohr wird mit einem verächtlichen: »Den Geist den Fischen!« über Bord geworfen.

Tage später sprach Abraham Kendall, Drakes Navigator, Heinrich an: »Du hast keinen Stift zum Schreiben? Ich habe dich oft irgendwo sitzen sehen mit deinem Heft in der Hand... Lesen und Schreiben verführen zum Müßiggang. Es bleibt nicht unbemerkt, wenn jemand von euch das Mittel der Schrift beherrscht. Das ist verdächtig. Du bist bekannt auf dem Schiff, auch bei uns hinten, und da sind Leute wie du eine Gefahr. Sieh dich vor, zieh dich beim Schreiben zurück!«

Kendall schlug seinen Umhang auf und zog einige Gänsefedern hervor, die er Heinrich mit den Worten gab: »Du brauchst niemandem zu erzählen, von wem du sie hast.«

---

* Venzke, Andreas (Hrsg.): Heinrich Hasebeck, Gasparan oder die letzte Fahrt des Francis Drake. Benzinger Verlag, Zürich 1996, S. 16 ff. frei erzählt.

Argwöhnischen Blicken entzogen, notierte Heinrich, was sich um ihn herum ereignete. Es waren die Beobachtungen eines manisch Schreibenden, der einen Blick von unten, quasi aus dem Gedärm des Schiffes, auf ein Ereignis der Seegeschichte warf. Schreibend dem harten Schicksalsschlag trotzen, war seine Devise. Dennoch hegte er zusammen mit seinem Freund Gasparan Fluchtgedanken.

Zur Verpflegung hielt er fest: »Einmal am Tag wird Eintopf ausgegeben. Jeweils vier Männer erhalten jeden Morgen ein Quarter Bier, zu Mittag Zwieback und zum Abendbrot ein Quarter Bier, Zwieback und zwei Kannen Wasser mit einem Pint Erbsen oder einem halben Pint Reis. Es können auch mal Haferflocken mit etwas Stockfisch sein.«

Heinrichs Fluchtplan konkretisiert sich vor Las Palmas auf Gran Canaria.

Ein Befehl trennte Gasparan von Heinrich. Der Matrose flüchtete während eines kurzen Landgangs. Er wurde wieder aufgegriffen, an Bord arrestiert. Heinrich hatte das Glück, nicht in die Verlegenheit zu kommen, weil er an Bord bleiben musste.

Eines Nachmittags gerieten sich zwei Soldaten beim verbotenen Kartenspiel in die Haare und gingen aufeinander los. Bootsmann Bodenham schritt ein, ließ die beiden Streithähne ergreifen, an den Hauptmast binden und ohne Umstände mit je zwei Dutzend Hieben der neunschwänzigen Katze bestrafen.

»Mich ließ die Prozedur ungerührt, wie die meisten Männer. Einige hatten noch nicht ihre Schüsseln ausgelöffelt, und so aßen wir weiter, als wäre für uns etwas Unterhaltsames inszeniert worden. Die unterdrückten Schreie der beiden Ausgepeitschten nahm ich wahr, als hörte ich entfernt ein zu schlachtendes Schwein quieken, und ihre Wunden sah ich nicht anders, als flösse Harz am Baumstamm herunter«, schrieb Heinrich.

Und zur Reinlichkeit der Männer vor dem Mast: »Zum Glück hat der liebe Gott uns Menschen so geschaffen, dass wir Gerüche, auch die übelsten, nach einiger Zeit nicht mehr wahrnehmen. So brauche ich mich nicht darüber auszulassen, wie die meisten Männer riechen, zu schweigen von ihrem Aussehen, mit den verschlissenen Kleidern, wilden Bärten, der schmutzig sonnengebräunten Haut und darauf den vielen Flöhen und Läusen.

Zum Waschen darf das Trinkwasser nicht dienen. Bleibt nur das Meerwasser, das die Haut austrocknet und sogar aufschürft. Ich überschütte mich hin und wieder mit Eimern voller Meerwasser, reibe mich trocken und rubbel mir dann eine Speckschwarte über die Haut. Dieser Geruch ist immerhin leichter zu ertragen.«

Zum Schreiben zog sich Heinrich in die hintersten und scheußlichsten Winkel der DEFIANCE zurück. In der Bilge herrschte ein ätzender Gestank von Moder, Schimmel und Exkrementen. Und im zähen Bilgenwasserschlamm tanzten die Ratten wie Flaschenkorken – ein Ort wie im After geschundener Sklaven.

Aber ungestört. Es sei denn, der eine oder andere Matrose erschien und ließ die Hose herunter, um seine Notdurft zu verrichten, da er sich oben im Galion genierte oder ihn der Schwindel befiel.

Kamen zwei Personen, dann noch mit offenem Kerzenlicht, was an Bord strengstens verboten war, und flüsterten gestenreich miteinander, so war das sicher nicht zum Wohl der Schiffssicherheit. Heinrich beobachtete Sylvester und Vasco de Castilho, zwei spanische Seemänner in Drakes Diensten, wie sie konspirativ miteinander tuschelten, als schmiedeten sie Pläne – das sah nach Verrat, Attentat oder Sabotage aus. Hatte die DEFIANCE Agenten an Bord?

Bis auf zwei Schiffe war die Flotte nach einer Zeit getrennten Segelns wieder vereint. Die Admiräle trafen Vorbereitungen für den Angriff auf Puerto Rico, als sich an der Kimm Segel zeigten, die direkt auf die Flotte zuhielten. Es handelte sich um die DELIGHT, eine der beiden fehlenden Barken. Die Kommandeure erfuhren, dass die noch vermisste FRANCIS mit Sicherheit von den Spaniern gekapert worden sei – ein Umstand, der Drake und Hawkins wieder einmal zu heftiger Auseinandersetzung veranlasste. Dass sie sich vor versammelter Mannschaft stritten, machte den Vorfall umso peinlicher.

»Da hast du's«, schrie Hawkins mit hochrotem Kopf, »jetzt erreichen die Spanier vor uns Puerto Rico!«

»Deswegen sollten wir uns ja sputen!«, antwortete der Neffe mit bemerkenswerter Beherrschtheit.

Hawkins kreischte: »Durch dein Sputen sind wir erst in diese Lage gekommen! Die Spanier werden erfahren, was wir planen!«

Das Wortgefecht setzte sich fort und gipfelte darin, dass Drake plötzlich schrie: »Krämerseelen!«

Hawkins verächtlich: »Krämerseelen wissen sich ihren Gewinn zu sichern. Bei Schauspielern bin ich mir da nicht sicher.« Wutschnaubend rannten die Streithähne auseinander.

Vier Tage später beobachtete Heinrich den Seemann Fuller mit einem Dolch oben in den Wanten des Kreuzmastes. An Deck stand der Spanier Sylvester und nickte Fuller zu, der mit der Waffe in der Faust auf Drake hinabsprang. In diesem Moment wurde der Bootsmann von Sylvester auf Fuller gestoßen. Drake war gerettet. Fuller lag auf den Planken. Der Bootsmann warf sich auf ihn, entwendete ihm den Dolch und stach wild auf Fuller ein. Drake lehnte benommen am Schanzkleid. Das war knapp gewesen. Ein Attentat auf ihn, den volksverbundenen Admiral, das musste erst verdaut werden.

»Bodenham, mein Retter, komm her!«, rief er und blickte sich an Deck um, wo Soldaten und Matrosen herbeigerannt waren. »So geschieht es Verrätern. Über die Reling mit dem Schwein!«

Heinrich war völlig verwirrt. Sylvester hatte neulich nachts mit Fuller gesprochen und ihm wahrscheinlich die Mordwaffe zugesteckt. Eben noch nickte er Fuller zu, und als der sprang, schubste er Bodenham vor Drake. Damit war Sylvester der eigentliche Retter! Warum gab er sich Drake nicht als solcher zu erkennen? Dem Deutschen war unheimlich zumute. Was ging an Bord der DEFIANCE vor?

Vom 7. November an befehligte Drake die Flotte allein. Sie hielt im geschlossenen Verband auf Puerto Rico zu. John Hawkins wand sich im Fieber auf seiner Koje.

In einer lauen Nacht schlich sich Vasco de Castilho ins Galion, wo er Heinrich schlafend wähnte. In der Hand hielt er eine Schlinge, mit der er den Deutschen erdrosseln wollte. Heinrich war wach und schrie um Hilfe. Der Spanier sah seinen Plan durchkreuzt und warf die Schlinge über Bord. Gemeinsam mit Herbeigeeilten beruhigte er Heinrich, der wohl einen bösen Traum gehabt haben mochte.

Seit der Entführung hatte es Heinrich Hasebeck die Sprache verschlagen. Ein nachhaltiger Schock ließ ihn lediglich unartikulierte Laute ausstoßen. So war er in jener Nacht mit seiner Not allein. Castilho wollte ihn umbringen und Heinrich war nicht in der Lage, das Schreckliche zu erklären. Es gab einen Grund für den Anschlag: Heinrich wusste zu viel! Castilho hatte erfahren, dass er mit Sylvester in der Bilge, dann mit Fuller auf dem Achterdeck von Heinrich beobachtet worden war. Also musste er sterben, bevor er die Spanier verriet, wenn er nicht sogar imstande war, ein geheimes Komplott aufzudecken. Heinrich hatte panische Angst und war nicht schlauer als zuvor.

Am Nachmittag des 12. November wurde am Großmast der GARLAND die schwarze Flagge gehisst. »Hawkins ist tot!«, raunten die Teernacken auf den Schiffen.

Heinrich schrieb: »Hawkins war mit seiner Art des bedächtigen Lavierens ein schweres Gegengewicht zu Drakes Abenteuerlust. Vielleicht ist es dieses Gefühl, auf Tod und Teufel dem Ehrgeiz eines abgehalfterten Helden ausgeliefert zu sein, was viele jetzt so schwermütig macht.«

Die Flotte war in Sichweite San Juans. Drake stand an der Reling und sagte angesichts der schwarzen Flagge: »Ach, ich könnte um dich trauern, aber jetzt ist für mich nicht die Zeit, mich meinem Schmerz hinzugeben.«

Sir Francis ließ die Flotte für eine kurze Bestattung beidrehen, legte seinen Harnisch an, trat an die Brüstung des Quarterdecks und »... ihr wisst, dass einer der großen englischen Seehelden heute von uns gegangen ist, für den Kampf gerüstet bis zum letzten Atemzug. Wir werden seinen Ratschluss, seine Energie und sein Talent wohl ewig missen...« Nun kam Drake auf das Attentat zu sprechen: »... Ich bin beredet worden, mich vor großen Mengen Bewaffneter in Acht zu nehmen. Ich hätte Verrat zu fürchten. Aber seid mir versichert, dass ich nicht den Wunsch hege, meinen treuen und lieben Männern zu misstrauen. Verräter sollen sich fürchten! ... Und wie ihr seht, trete ich daher in dieser Stunde nicht zum Vergnügen vor euch hin, sondern weil ich entschlossen bin, inmitten der anstehenden Kampfeshitze unter euch allen zu leben oder zu sterben. Ich hege keinen Zweifel, dass über diese Feinde unseres Gottes, unseres Königreiches und unseres Volkes ein ruhmreicher Sieg in Kürze unser sein wird.«

Raue Kehlen brüllten. »Hurra – hurra!« Behäbig nahm die Flotte Formation auf, mit Kurs auf San Juan.

Packe, der Geschützmeister, hatte die Küste im Auge. Besorgt meldete er Sir Francis, dass die Spanier Kanonen ins Schussfeld der DEFIANCE in Stellung brächten.

»Die mit ihren jämmerlichen Pusterohren!«, höhnte Drake. »Wie wollen die uns treffen? – Und jetzt Wein für alle!«

Es floss der Alkohol, die Stimmung schwoll an zum Übermut. Die Mannschaft brannte darauf, den Spaniern ordentlich einzuheizen.

Im schwindenden Sonnenlicht zuckten jetzt die ersten Mündungsfeuer aus den Kanonen des Castillo de San Felipe del Morro. Der Geschützlärm rollte über das Meer wie ferner Donner.

Die DEFIANCE lag unter Beschuss. Es hieß, Drake wurde beim Abendessen der Bierkrug aus der Hand geschossen und der Esstisch weggefegt. Dabei gab es Verletzte und Tote. Drakes Freund aus Tavistock, Brute Brown, zerfetzte eine Kugel den Brustkorb und innere Organe, er starb unter Qualen.

In der Nacht ließ Drake die Flotte in einer nahen Bucht vor Anker gehen und plante, den Hafen mit Seesoldaten und Matrosen in mehreren Pinassen handstreichartig zu erobern. Zuvor mussten jedoch fünf spanische Fregatten, die San Juans Hafeneinfahrt schützten, außer Gefecht gesetzt werden.

Von einem Überraschungsschlag konnte keine Rede sein. Die Stadtkommandantur war bereits Wochen vor dem Auslaufen der Flotte aus Plymouth über das Vorhaben der Engländer informiert worden. Längst hatte man die havarierten Galeonen um die drei Millionen Golddukaten erleichtert.

Der Schatz ruhte sicher in der Festung. El Dragón wurde diesmal einigermaßen gelassen erwartet.

Für Heinrich Hasebeck ging es heute Nacht um Leben und Tod. Als Ruderer saß er in Drakes Landungsboot, eingekeilt zwischen schwer bewaffneten Soldaten und Seeleuten. Außerdem saßen Bodenham, Vasco de Castilho, der Spanier, und Abbot in der Pinasse.

»Drake hatte wieder seine Paraderüstung angelegt…er ist deutlich abgemagert. Zwar sieht er noch immer wohlgenährt aus, aber seine Physiognomie ist nun von den Jochbeinen geprägt. Die zuvor aufgeplusterten Wangen spannen sich straff oberhalb des noch immer gepflegten Spitzbartes, und unter dem gelichteten Haar tritt der breite Schädel hervor. Dadurch wird das Energische dieses Mannes noch betont. Er gleicht einem Raubtier auf Beutefang, das sich beständig nach allen Seiten absichert«, beobachtete Heinrich.

»Pullt, ihr Kerle, pullt«, befahl der Bootsmann.

Die Pinassen glitten den Fregatten entgegen, die die Engländer mit offenen Stückpforten erwarteten.

Unerwarteter Donner! Es krachte aus den Kanonen der Fregatten und aus denen der Festung Morro gleichzeitig. Einige Landungsboote wurden getroffen. Verwundete Männer brüllten vor Entsetzen, andere kippten über Bord zu denen, die in der See schon tot herumtrieben.

Neben Heinrich wurde einem Seemann der Kopf abgeschossen, der Blutschwall ergoss sich über ihn. In das allgemeine Chaos brüllte Drake: »Vorwärts, ihr Hunde!«

Auf dem Meer ging es zu, als befänden sich Schlachter im Blutrausch. Heinrich drehte durch und schrie wie am Spieß. Castilho nutzte die Gelegenheit, stürzte mit dem Messer auf den Deutschen, ein Schlag ans Bein hinderte Castilho zuzustechen. Er stürzte ins Wasser. Als der Spanier auftauchte, krachte Abbots Ruderblatt gegen seine Stirn. Der Spanier versank reglos in den Fluten.

Aus dem »Überraschungsangriff« war im Nu eine heillose Flucht geworden. Drake büßte weit über hundert Männer und einen großen Teil seiner Pinassen ein. Schiffsarzt Wood wurde der beschäftigtste Mann der Flotte und seine Knochensäge das meistverwendete Instrument.

Seine Kampfeslust hatte Drake nicht verloren, wohl aber seine Kriegslist. Kurz nach dem fatalen Rückschlag beschloss er, die Stadt mit seiner gesamten Flotte frontal anzugehen und zu bombardieren. Seine Berater warnten ihn vor der einfallslosen Haudrauf-Methode, doch der Admiral blieb stur, ließ sich lieber von dem alten Seemann Sylvester nach dem Munde reden, als lechze er danach, zusammengeschlagen zu werden. Unbegreiflich, wie der einst gewitzte Sealord sein Scheitern vorbereitete!

»Hören wir auf unseren Admiral. Bei der Überlegenheit unserer Flotte erscheint mir jede Taktik als reinste Zeitvergeudung!«, sagte Sylvester und verzog sich aufs Achterdeck. Dort beobachtete er Heinrich wie ein Falke die Maus.

Hatte er beobachten können, wie sein Landsmann Castilho zu Tode kam?

Die Flotte zog vor die enge Hafenpassage San Juans. Wie Drakes Offiziere vermutet hatten, bugsierten die Spanier zwei große Handelsschiffe in die Einfahrt und versenkten sie dort. Damit war das Tor geschlossen. Ratlosigkeit unter den Engländern. Schließlich drehte die Flotte ab und verschwand in der Bucht des Vortages.

Sylvester gab Rätsel auf. Was bezweckte er? Den augenscheinlich früh senil gewordenen Drake falsch zu beraten, um die Expedition misslingen zu lassen? Oder führte er mehr im Schilde?

»Der Admiral wünscht eine Generalbesprechung!«, scholl es von Schiff zu Schiff. Auf der DEFIANCE wurde ungewöhnlich lange beraten. Gegen Abend fiel die Entscheidung. Drake suchte die Schlacht an einem anderen Ort. Seine Schiffe setzten die Segel: Kurs West nach Rio de la Hacha.

Unterwegs wurde der arrestierte Freund Heinrichs, Gasparan, verhört, kurze Zeit später als Verräter gebrandmarkt. Ungewöhnlich spät musste er für seinen Fluchtversuch auf den Kanaren büßen. Drake inszenierte einen Schauprozess, der verflucht an den Thomas Doughtys im Hafen von Saint Julián erinnerte.

»Welch schwerere Sünde kann jemand auf sich laden, wie kann er deutlicher zeigen, wahrlich vom Satan besessen zu sein, was Übleres kann jemand planen, als zu Zeiten, da sich der Antichrist der Kirche bemächtigt hat, zu eben diesem überzulaufen! … Gott hat bereits geurteilt, indem er uns diesen flüchtigen Matrosen wie durch ein Wunder wieder zugeführt hat. So haben wir nur zu vollstrecken, was sein Plan vorsieht… Er soll hängen, bis dass der Tod eintritt!« So geschah es auch.

Für Heinrich brach eine Welt zusammen. Drake, den er in London noch glühend verehrt hatte, entwickelte sich für ihn, so in nächster Nähe auf See, zum alten, scheinheiligen Tyrannen. »Mag er zur Hölle fahren mit seiner Flotte und mit mir. Er hat meinen Freund umgebracht!«

Am 12. Dezember wurde Rio de la Hacha, eine Siedlung im Gebiet der spanischen Perlenfischerei, erobert. Die Einnahme wurde mit hohen Verlusten auf englischer Seite bezahlt. Dagegen war die Beute an Perlen mehr als mäßig. In alter Manier versuchte Drake für die Freigabe des Ortes ein Lösegeld zu erpressen. Doch bald stellte sich heraus, dass die Spanier erkannt hatten: dem einst gefürchteten El Dragón waren die Zähne ausgefallen. Er wurde in endlosen Verhandlungen hingehalten.

Sylvester und ein bisher unbekannter Verschwörer beobachteten, dass Heinrichs Loyalität zu Drake und der Schiffsführung spätestens seit Gasparans Tod nicht mehr bestand. Moreno hieß der Unbekannte.

Auf einer Bootsfahrt erfuhr Heinrich von ihm, dass Fuller, blind vor Hass, Drake hatte töten wollen. Diese Wahnsinnsaktion wurde von Sylvester jedoch nicht gutgeheißen und war deshalb von ihm vereitelt worden. Castilho, der auch zu dem Komplott gehörte, hatte sich in den Kopf gesetzt, Heinrich, den mysteriösen Beobachter und Schreiber, zu ermorden, da er annahm, er sei einer von Drakes Spitzeln. Moreno befürchtete nun, dass sich der Plan, bei günstiger Gelegenheit Drake mit Bodenham, Kendall, Whitelocke und den anderen, die das verrückte Unternehmen weiterführten, zu beseitigen, in unkontrollierte Einzelaktionen verlor.

»Wende dich an Sylvester«, hatte Moreno zum Abschluss seiner Enthüllungen gesagt. Heinrich war nach dem Gespräch noch ratloser, noch verwirrter. Hinzu kam, dass sich dem stummen Deutschen auf einmal Männer anvertrauten, als sei er ein dem Schweigen verpflichteter Beichtvater. So erschien zum Beispiel der besonnene Schiffsarzt Wood und tadelte Drake, weil der in dem unwichtigen Ort Rio de la Hacha kostbare Zeit vertrödelte und sich der Fleischeslust mit der Negerin Maria hingab.

Tropisches Fieber brach aus und warf einige Seeleute aufs Lager. Eustace Abbot und Sylvester wurden krank. Heinrich fand am Strand eine vergrabene Muskete und dachte erneut an Flucht.

Statthalter Francisco Manso de Contreras erschien in seiner Villa, die Drake okkupiert und zu seinem Befehlsstand umfunktioniert hatte. Wieder wurde über ein angemessenes Lösegeld verhandelt. Plötzlich flog die Tür auf. Drake stürzte heraus und brüllte: »Häuser räumen! Feuer bereitmachen! Alle Mann an Bord! Wir heizen den Hundesöhnen ein!«

Eilig verdrückte sich der spanische Statthalter durch den Hinterausgang, in Angst, der Admiral könnte sein Wort, ihm freies Geleit zu gewähren, brechen. Dafür wurde Rio de la Hacha mit Feuer und Kanonen in Schutt und Asche gelegt.

Von der undurchsichtigen, alten und kranken Gestalt Sylvester wollte Drake nun auch nichts mehr wissen. Es hieß, der habe Sir

Francis geraten, durch zähes, langwieriges Verhandeln ein hohes Lösegeld aus Rio de la Hacha herauszuholen.

In Wirklichkeit war der Ort längst bar jeglicher Reichtümer. Wertvolles hatten die Spanier schon Wochen zuvor in Sicherheit gebracht. Am Sonntag, dem 21. Dezember, nahm Drake Santa Maria, die kleine Schwester Cartagenas, ein. Keine militärische Glanzleistung, die Stadt konnte, schlecht bewehrt, nur wenig Widerstand leisten. Auch hier war die Beute mager, Schätze waren rechtzeitig ausgelagert worden. Die Flotte, jetzt von widrigen Winden gebeutelt, wandte sich Cartagena zu, der stärksten Festung in Spanish Main. Auf den Schiffen waren die Vorbereitungen zur Erstürmung der Stadt in vollem Gange. Drake brachte seine Leute mit Wein, Aussicht auf Reichtum und prahlerischen Anekdoten: »So habe ich Cartagena erobert« in Kampfstimmung. Doch zum Kampf kam es nicht. Widrige Winde wuchsen sich zum widrigen Sturm aus und trieben die Flotte auseinander, machten einen Angriff unmöglich.

Langsam vereinigten sich die englischen Schiffe wieder, doch die Moral der Truppe war katastrophal. Mit markigen Versprechungen versuchte Drake seine Offiziere in Stimmung zu bringen: »Ich werde euch an zwanzig reichere, leichter einzunehmende Orte bringen!« Und er nahm Kurs auf Nombre de Dios.

Er jagte dem Trugbild seiner fernen Erinnerungen nach. Seit seinem letzten »Besuch« war der Ort zum fiebergeplagten Nest mit windschiefen Hütten verkommen. Die Spanier hatten ihren Umschlaghafen dreißig Kilometer weiter westlich nach Portobelo, hinter kanonenbestückte Mauern verlegt. Zwar wiederholt sich die Geschichte nicht, aber eine imperiale Weisheit des alten Roms sollte beherzigt werden: »Vestigia terrent – die Spuren vergangenen Unheils verbreiten Schrecken.«

Voller Wut ließ Drake den verlassenen Ort niederbrennen. Eine Geste der Verzweiflung, sinnlos in der Tat!

Eustace Abbot, der Vertraute Heinrichs, starb. Zuvor hatte er dem Deutschen ein Säckchen Perlen in Verwahrung gegeben, mit dem Hinweis, er möge es an sich nehmen, wenn er nicht mehr sein sollte. Heinrich versteckte die Perlen zwischen Spanten im Schiffsbauch der DEFIANCE. Der wider Willen schweigsame Hasebeck blieb ein beliebter Gesprächspartner. William Whitelocke, ein adliger Offiziersanwärter, gesellte sich redselig zu ihm. »Wir haben es den Spaniern schon ordentlich gezeigt – nicht wahr? Nun werden wir zum entscheidenden Schlag ausholen. Wir werden sie ins Herz treffen und Panama erobern! Panama ist die Stadt der Kaufleute und Mönche. Ein leichtes Spiel also, da ist sich Sir Francis sicher. Wir müssen nur den Zugang über den Fluss Chagres nehmen, dann die Schätze mithilfe der spanischen Maultiere zurücktransportieren, unsere Schiffe beladen und nach England heimkehren. Dort sind wir dann alle reich.«

Heinrich riskierte einen Einwand, schrieb auf ein Stück Papier. »Was ist, wenn die Spanier den Zugang zum Chagres blockieren?«

»Dann werden wir die Blockade brechen!« schrie er. »Warum erzähle ich das einem Dummkopf wie dir, der noch nicht einmal sprechen kann und die ganze Zeit vor sich hinkritzelt? Vielleicht wartest du nur auf die Gelegenheit zur Flucht und agierst hier als Spitzel der Spanier!«

Außer sich vor Rage zog Whitelocke seinen Degen und bedrohte Maria, die Heinrichs Schreibheft unter ihren Busen schob. Kendall trat dazwischen und stellte den Aufgebrachten zur Rede.

»Was treiben Sie hier, Whitelocke? Haben sie keine Soldatenehre, mit einem Degen auf Unbewaffnete und noch dazu eine Frau loszugehen?«

»Spionage, Spitzel«, fauchte der Kadett. Kendall ließ sich das Heft geben, schlug es auf und fragte: »Können Sie das lesen? Sprechen Sie Deutsch?«

»Nein!«, gestand Whitelocke.

»Die Spanier erst recht nicht. Außerdem kann der Bursche hier nicht sprechen! Also?« Damit erhielt Heinrich sein Schreibheft zurück. Maria, die Afrikanerin, und Heinrich lagen sich in den Armen. Das war erlösend in höchster Spannung!

Seither trafen sich die beiden häufiger. Maria wurde Heinrichs Freundin. Fluchtgedanken keimten aufs Neue: Maria, die Muskete, Perlen und ich, warum es nicht wagen?

Noch glomm die Asche im verwüsteten Nombre de Dios, die Flotte lag abwartend in der Bucht, da löste sich ein Geschwader Pinassen von den Schiffsrümpfen und glitt ans Ufer. William Baskerville brach mit neunhundert Soldaten auf, Panama zu erobern. Heinrich stand am Strand und schaute den Männern nach, wie sie nach und nach vom dampfenden Dschungel verschlungen wurden. Sechs Kompanien zogen da auf dem Maultierpfad von Nombre de Dios durch die Bergwälder nach Venta de Cruzes, Panama-Stadt entgegen.

Zurück blieben bange Gedanken, ein nervöser Admiral, kranke Seeleute, ein dem Wahnsinn verfallener Sylvester, dann das Liebespaar Heinrich und Maria. Das Paar hatte sich in Haustrümmern sein Liebesnest gebaut und genoss die Zweisamkeit.

Das neue Jahr 1596 wurde mit ängstlichem Warten begonnen. Sylvester, der Unglücksrabe, wurde von dem Alten gemieden wie die Pest. Der Admiral war abergläubisch und schob sein Pech dem alten Wrack in die Schuhe. Unausgesprochen war klar, dass Sylvester an Bord nichts mehr zu suchen hatte.

»Soll er verfaulen, wo er sich befindet, vor den Mauerresten am Ufer!«, fluchte Sir Francis.

An Land versuchte sich Heinrich mit dem zusammengesunkenen Bündel Mensch Sylvester zu verständigen. Unendlich langsam schlug der alte Seemann die Augen auf und hauchte: »Ist Drake auch endlich krank? – Hör zu, Heinrich, warum ich nun sterben kann... Ich habe meinen kleinen Beitrag geleistet. Habe Drake immer weiter getrieben, immer weiter in den Sumpf hinein. Seinen Blick habe ich auf die funkelnden Schätze in der Ferne gerichtet. Nun steckt er fest und kann nicht mehr hinaus. Und er ahnt, dass ich seine Sirene war, die ihn gelockt hat... Ich habe mich gerächt... Das Sterben der Männer kann erst ein Ende finden, wenn Drake stirbt. Ist das nicht eine schöne Genugtuung? ... Drake wird sterben... Man muss sie alle treffen...«

Drei Tage später traf Generaloberst Baskerville ein. Er traf nicht ein, er schwankte, stolperte zurück. Seine Männer: ein Haufen geschlagener Soldaten, die eine verlorene Schlacht überlebt hatten – ein Bild des Jammers!

Die Kompanien hatten sich durch den Schlamm des Mulipfads gekämpft und waren unverhofft auf starke Stellungen der wartenden Spanier gestoßen. Arkebusensalven hatten die Engländer eingedeckt und viele dahingerafft, darunter Hauptmann Marchant sowie andere wackere Offiziere. Baskervilles Bruder Nicholas wurde schwer verletzt.

»Der Angriff tobte drei Stunden«, berichtete der Kommandeur. »Als ich erkannte, dass die Stelle unmöglich zu erobern war, rief ich die Hauptleute zusammen. Wir entschlossen uns zum sofortigen Rückzug, weil alles Pulver und alle Vorräte aufgebraucht waren. Obendrein hatten wir die Last vieler verwundeter Männer auf uns…«

Drake schüttelte entsetzt den Kopf, als er nicht Pinassen voller Schätze längsseits gehen sah, sondern Reste einer stöhnenden, wimmernden Armee. Es war, als würde auf einmal eine Plane von ihm gerissen: Das Grauen wurde spürbar, begann ihn zu belauern. Wo immer er hinschaute, es war da. Der Wind verlieh diesem Grauen eine hämische Stimme: »El Dragón, dir sind die Zähne ausgefallen – deine Zeit ist um!«

Was musste der Seeheld nicht alles einstecken! Hatte er sich im fernen England, am gemütlichen Kamin seines Buckland Abbey, ein solches Kommando ersehnt? Elisabeth, seine Frau, sie hatte es geahnt!

Mit bitterem Herzen wandte sich Drake ab, um das Bild des Jammers nicht länger ertragen zu müssen. Welch große Chance war da verspielt worden! Wäre Panama-Stadt bezwungen worden, Drake hätte das Weltreich Spanien ins Wanken gebracht. Mit einem Mal merkte der Admiral, dass er alt geworden war. Vor fünfzehn Jahren hätte er sich an die Spitze gestellt und die Schlacht gewonnen. Jetzt stand er hilflos daneben, musste den Ereignissen ihren Lauf lassen.

Heinrichs Fluchtplan nahm Formen an. In seinem Versteck lagen die Muskete und die Perlen. Ein letztes Mal ging er mit Maria an Bord, um an den Kanonen Pulverreste für die Feuerwaffe zusammenzukratzen. Wie ein Geist stand auf einmal der Navigator Kendall hinter ihnen. Sein eingefallenes Gesicht war vom Tod gezeichnet.

»Wollt ihr schon bald fliehen?«, fragte er.

Heinrich schwankte, als hätte sich die DEFIANCE gerade mächtig zur Seite geneigt. Hilfe suchend stützte er sich auf ein Kanonenrohr.

Kendall lächelte wohlwollend. Aus seinem Umhang zog er eine Papierrolle. »Hier, nimm und versteck sie rasch. Es sind Karten von Spanisch Main. Ihr könnt sie gewiss am besten gebrauchen. Andere, die sie nach mir in die Hände bekämen, würden sie nur für ihre Strategien verwenden«, flüsterte der kranke Navigator.

Heinrich war immer noch wie benommen.

»Ach, Heinrich, du weißt, dass unsere Todesfahrt jetzt erst begonnen hat. Keine Angst, mein Mund ist verschlossen. Ich gebe euch Recht in eurer Entscheidung. Schlagt euch bei Nacht durch nach Caracas oder Cartagena.« Kendall drehte sich um und schritt müde davon.

Heinrich und Maria standen da, für sie gab es kein Zurück. Sie hatten sich entschieden, liebten und vertrauten einander. Sie wollten zusammenleben, irgendwo in Mittel- oder Südamerika, oder sich durchschlagen nach Europa, vielleicht sogar nach Deutschland.

Heinrich Hasebecks Schreibheft schloss mit der Eintragung: »Ich habe einen Menschen, dem ich vertrauen kann wie keinem Europäer... Ich habe einen Menschen, der zu mir hält, wie niemals jemand zuvor das tat... Gott schütze uns, Amen!«

Was nun folgt ist Spekulation: Als Heinrich seinen letzten Satz geschrieben hatte, eilte er ins Mannschaftsdeck, wickelte das einige hundert Seiten dicke Heft in seine Hängematte und stopfte das Paket in eine Ecke der Bordwand. Danach schlich er sich mit Maria an Bootsmann Bodenham vorbei. Dann kletterten sie am Fallreep hinab in ein Boot und ruderten ans Ufer. Im allgemeinen Durcheinander, das die geschlagene Truppe mit den vielen Verwundeten verursacht hatte, war der letzte Landgang nicht schwierig.

Im Versteck erwarteten sie die mondlose Nacht, packten ihr Bündel, dann schlugen sie sich mit Muskete und Perlenbeutel durch den Dschungel. Gut möglich, dass ihnen Cimarrones Unterschlupf gewährten, bis die Engländer aus der Bucht gesegelt waren. Von dem Lübecker Heinrich Hasebeck mit seiner schwarzen Maria hat seither niemand wieder etwas gehört...

Francis Drake sammelte Kräfte für ein letztes Aufbäumen. Er befahl eine neue Zusammenkunft und versuchte die angeschlagene Mannschaft für Schätze an der Küste von Honduras und Nicaragua zu begeistern. Dort könnten Orte wie Granada und Leon leichter erobert werden. Unter den Männer war das Murren nicht mehr zu überhören. Die meisten wollten nichts sehnlicher als heil nach England zurückkehren.

Hauptmann Thomas Maynarde war besonders kritisch: »So, wie beim Aufgehen der Sonne Tau und Nebel langsam verschwinden, so öffnen sich nun unsere verblendeten Augen.« Selbst Drake, der unverbesserliche Optimist, sinnierte im Kreis seiner Offiziere: »Ich hätte niemals gedacht, dass sich eine Gegend so verändern könnte. Vor allem wundere ich mich, dass ich kein einziges Segel gesehen habe, das die Verfolgung gelohnt hätte. – Aber es tut nichts, Männer! Gott hat viel für uns auf Lager, und ich kenne viele Wege, Ihrer Majestät gute Dienste zu erweisen und uns reich zu machen. Denn ehe wir England wiedersehen, müssen wir Gold haben!«

»Anker auf!«, hieß das Kommando. Schwerfällig bewegte sich die Flotte auf nordwestlichem Kurs. Erbarmungslos stach die Sonne vom Himmel, die faulige Hitze kroch aus dem Innern der Schiffsleiber, quoll über Deck wie ein amorpher Polyp. In den Zwischendecks wimmerten die Verwundeten, Kranke phantasierten im Fieberwahn.

Die Mannschaft brauchte Trinkwasser. Drake ging mit einem Trupp auf der insektenverseuchten Insel Escudo de Veraguas an Land, um danach zu suchen. An Bord grassierte kurz darauf eine Ruhrepidemie. Wahrscheinlich hatten sich die Landgänger infiziert und andere angesteckt. Drake, der bisher wie durch ein Wunder von Tropenkrankheiten verschont geblieben war, war diesmal selbst davon befallen.

Matt und niedergeschlagen lag er auf seiner Koje. Kalter Schweiß perlte ihm von der Stirn. Gegen Mittag ging es ihm etwas besser. Sein letzter Befehl lautete, dass die Flotte nach Portobelo weiterzufahren habe.

Vier Tage später, die Schiffe hielten im Verband den angegebenen Kurs, wälzte sich Drake im Wahn. Er verlangte seine Prunkrüstung. »Legt sie mir an. Ich will sterben wie im Kampf!«, stöhnte er.

Im Morgengrauen des 28. Januar 1596 fiel das Fieber. Er lag ruhig da, ohne zu phantasieren. Schon keimte Hoffnung, er sei über den Berg… Kurz vor Sonnenaufgang starb Sir Francis Drake mit etwa fünfundfünfzig Jahren.

Tags darauf ging die Flotte in der Bucht von Portobelo vor Anker. Sein Leichnam wurde in einen Bleisarg gelegt. Zwei Galeonen glitten längsseits in die Nähe der DEFIANCE, wo sie angesteckt als schwimmende Scheiterhaufen loderten, während der Sarg langsam ins Meer glitt… Trommelwirbel ertönten, die Flotte schoss Salut zu Ehren des toten Admirals…

Die Nachricht von El Dragóns Tod verbreitete sich im karibischen Raum wie ein Steppenbrand. Ein wahres Freudengeläut stimmten die spanischen Kirchenglocken an. Dichter wie Miguel de Cervantes und Lope de Vega drückten ihre Freude über Drakes Tod in Schmähversen aus.

Sir Francis starb an »bludie flix«, das ist Ruhr. Die Spanier behaupteten, er verschied aus Kummer über seinen Misserfolg. William Baskerville brachte die Flotte auf dem direkten Weg nach Plymouth zurück. Seine Nachricht löste in England einen Staatstrauertag aus.

Drakes Bruder Thomas begab sich zum Landgut Buckland Abbey und informierte die Witwe Elisabeth. Im Gepäck führte er Francis' Trommel, Bibel und Schwert. Nicht bekannt ist, ob Thomas das Tagebuch von Heinrich Hasebeck bei sich hatte. Wahrscheinlicher ist, dass es nach der Entdeckung auf der DEFIANCE zusammen mit Abraham Kendalls Hinterlassenschaft dem Earl of Cumberland übergeben wurde, wo es bis zur mysteriösen Wiederentdeckung verschollen blieb.

Thomas Drake übernahm das Landgut und fuhr nie mehr zur See. Die kinderlose Elisabeth heiratete als wohlhabende Frau Sir William Courtenay und verließ Buckland Abbey.

Das Bronzerelief des Monuments von Tavistock zeigt, wie der tote Sir Francis Drake dem Meer übergeben wird. Tatsächlich glitt der Leichnam in einem Bleisarg über Bord.

20.

Im Mai 1999
Plymouth

Wieder in Plymouth. Die Maisonne hatte Blätter und Rasen grünen lassen.

The Hoe: Herren in weißen Hosen und blauen Clubjacken schoben die Bowling-Kugel über den Rasen. Ein zeitloses Bild in einer Stadt, die auf Fels und ewig wacher Seegeschichte gebaut wurde. Fünfzig Meter über dem Meer wuchs in dem mittelalterlichen Dorf ein Ingenium, das Englands Weltmacht begründete. Vierzig Städte im ehemals Britischen Empire zeugen davon. Sie heißen bis heute Plymouth.

Das Ingenium heißt Francis Drake und ist allgegenwärtig. Ich war den Armada Way hinuntergegangen, vorbei an einem Bronzeabguss von Drakes Trommel zu The Hoe. Unter der mächtigen Statue stand John Webster und schaute übers Meer, wie der Seeheld über ihm. Sah er am Horizont die Bedrohung durch feindliche Schiffe? Sah er die Impulse, die von dem rastlosen Geist des Mannes über ihm ausgegangen waren?

»Hallo John, nett, Sie wiederzusehen!«

»Ganz meinerseits«, sagte er.

Wir schlenderten die Madeira Road entlang, erreichten Barbican, wie damals gingen wir ins The Dolphin. Und wie vor einem Jahr setzten wir uns an denselben Tisch.

Der Hopfensaft kam.

»Wissen Sie, was an der Figur Drake fasziniert? Seine Energie, der Optimismus und die Weitsicht, wenngleich er im Grunde stets ein Räuberhauptmann geblieben ist.«

»Dazu in späteren Jahren ein ziemlich erfolgloser. Nach dem Kampf gegen die Armada ging es kontinuierlich abwärts«, sagte John.

»Hinter dem Draufgängertum versteckte er große menschliche Schwächen und seine Unfähigkeit, größere Einheiten zu führen. Als Admiral war er total überfordert.«

»Hinzu kam, dass er jeden kritischen Geist, der es wagte, seine Autorität infrage zu stellen, rücksichtslos vernichtete. Es reichte der bloße Verdacht. Hätte John Hawkins länger gelebt und weiter die Kreise seines Neffen gestört, ihn hätte das Schicksal eines Thomas Doughty ereilen können!«, meinte Webster.

»So radikal würde ich ihn nicht einschätzen!«

»Unbedingt», sagte John, »so radikal, wie er die Spanier und den Katholizismus bekämpfte, so radikal ging er gegen Personen vor, die ihn einengten. Die Obrigkeit brüskierte er mit Unbotmäßigkeit.«

»Das muss mit unverarbeiteten Jugenderlebnissen zusammenhängen, gepaart mit einem latent vorhandenen Minderwertigkeitskomplex, der sich aus Herkunft und mangelnder Bildung herleiten lässt.«

»Gleichwohl gebührt Drake ein Ehrenplatz in Englands Geschichte. Seine Heldentaten vereinten das von Religionszwist geschwächte und von der Übermacht Spaniens verängstigte England zu einem selbstbewussten Staat. Das durch ihn verkörperte Selbstvertrauen und patriotische Gefühl hat Generationen beeinflusst, ja die Basis für Britanniens Weltmacht geschaffen.«

»Ein Robin Hood der Meere?«

»Richtig! Und in einem Atemzug mit Admiral Nelson zu nennen.«

Ich trank mein Guinness, war beeindruckt über die erstaunliche Übereinstimmung in der Beurteilung des Seemannes. Vielleicht war es auch nur natürlich. Wir hatten uns beide mit ihm beschäftigt, vor Ort an den Schauplätzen und in der Welt der Literatur zu seinem Leben.

»Seine letzte Expedition war eine Katastrophe«, bemerkte ich versonnen.

»In der Tat, aber sie trug zu seinem Ruhm bei – und bewahrte ihn vor dem Zorn der Königin oder Schadensersatzforderungen seiner Aktionäre. Allen hatte er vollmundig großartige Gewinne versprochen. Die Kaperfahrt war so dilettantisch vermasselt worden, dass die Kaufleute den reichen Francis Drake mit Sicherheit verklagt hätten. Bestimmt wäre der Prozess von ihnen auch gewonnen worden.«

»Drake war ein Optimist, der im Alter an Realitätsverlust litt. – Ich glaube, die Spanier hatten Recht mit ihrer Version zum Tod des Piraten: ›Er starb aus Kummer über seinen Misserfolg‹. Als er in der Bucht von Nombre de Dios die geschlagenen Truppen Baskervilles kommen sah, erst da erkannte er seine ausweglose Lage. Glaube, Energie und Lebenskraft schwanden. Fehlschläge und Sorgen schwächten seine Widerstandskraft, er wurde krank und starb.«

John Webster schaute nachdenklich auf: »Eine einleuchtende Erklärung für den Zusammenbruch eines Mannes, der auf all seinen Expeditionen von derartigen Erkrankungen verschont geblieben war.«

»Die Hoffnungslosigkeit der letzten Reise beschrieb Hasebeck in seinem Tagebuch in erstaunlicher Eindringlichkeit«, sagte ich.

»Der Eitle sonnt sich im Gefühl der Macht – bis er verbrennt«, sagte John.

»Oder erblindet.«

»Der einfache Matrose hatte den alternden Drake scharf beobachtet und die mystische, dem Untergang zutreibende Atmosphäre auf der DEFIANCE eingefangen, so dicht, dass mich bisweilen Zweifel an der Echtheit des Dokuments aus dem 16. Jahrhundert beschlichen.«

»Peter Miller hat das Tagebuch bearbeitet. Er wird es nicht nur aus dem Niederdeutschen übersetzt, sondern auch etwas Regie geführt haben«, gab ich zu bedenken und ergänzte: »Wie José Carlos, nehme ich an.«

John Webster stellte abrupt sein Glas ab, als sei endlich das Stichwort gefallen.

»Drakes verschollener Schatz – sind Sie auf Spuren gestoßen?«

Ich war beeindruckt von Johns Geduld und seiner Disziplin. Meine Erlebnisse in Nombre de Dios waren der eigentliche Grund unseres Treffens in Plymouth. Ich wusste, dass er vor Wissbegier platzte, dennoch hatte er sich nichts anmerken lassen – typical English.

Ich erzählte ihm die Geschichte, die Bekanntschaften mit Felipa Lázano, Señor Urraca, die Suche mit José Carlos…

»Und?«, fragte John Webster mit einem Hauch von Nervosität, »gibt es Spuren, Beweise für den Überfall an dieser Stelle?«

»Sie meinen, ob ich etwas vom verschollenen Schatz gefunden habe?«

»Verdammt noch mal – ja!«

Ich griff in meine Jackentasche, holte ein kleines Päckchen heraus und wickelte es vor seinen Augen aus.

Wie hypnotisiert starrte er darauf. Jetzt lag das Schmuckstück ausgewickelt auf dem Tisch. Im Licht der niedrigen Deckenlampe funkelte das gelbe Metall.

»Mein Gott!«, stöhnte John, »die Maske!«

»So ist es, die Maske der Muisca-Indianer Kolumbiens.«

»Unglaublich!« Johns Augen glänzten vor Begeisterung. Nach einer Weile fragte er leise: »Ist die echt?«

»Oro!«, sagte ich.

»Das mag schon sein. Aber ist sie aus der Zeit? Ich meine, ist es ein Stück des verschollenen Schatzes?«

»Oro!«, wiederholte ich vieldeutig und blieb bei meinem Versprechen…

Die Maske der Muisca-Indianer.

Zeittafel

1489 Anglo-spanisches politisches und wirtschaftliches Bündnis.
1492 Die Mauren werden in Spanien unter Ferdinand und Isabella besiegt. Eroberung von Granada. Eine spanische Expedition unter der Führung des Genuesen Christoph Columbus entdeckt Westindien (Landung auf der Insel Guanahani).
1493 Papst Alexander VI. erlässt eine Bulle, durch die die neu entdeckten und unbekannten Länder in West und Ost zwischen Portugal und Spanien aufgeteilt werden.
1497 Ein Schiff aus Bristol unter der Führung des Venezianers John Cabot entdeckt Neufundland.
1498 Der Portugiese Vasco da Gama erreicht Indien.
1500 Karl V. wird geboren.
1504 Tod der Isabella von Kastilien, Philipp der Schöne ernennt sich selbst zum König von Kastilien.
1506 Tod Philipps I. (»der Schöne«)
1509 Die Portugiesen erreichen Ostindien.
Sebastian Cabot führt eine Expedition von Bristol nach Nordamerika und erhebt den Anspruch, die Zufahrt zur Nordwestpassage gefunden zu haben.
Heinrich VIII. König von England.
1516 Karl V. König von Spanien.
1517 Reformation.
1518 – 1521 Die Spanier erobern unter der Führung Cortez' Mexiko.
1519 Tod Maximilians I., Karl wird zum Kaiser gewählt.
1519 – 1522 Unter der Führung des Portugiesen Magellan unternimmt ein spanisches Schiff die erste Erdumsegelung.
1521 Entdeckung der Philippinen.

1520 Erstes Edikt Karls V. gegen die niederländischen Ketzer.

1521 Erster Krieg Franz' I. von Frankreich gegen Karl V. Ignatius von Loyola wird bei der Verteidigung von Pamplona verwundet.

1525 Schlacht von Pavia.

1527 Philipp II. wird geboren. Plünderung Roms.

1530 – 1540 William Hawkins aus Plymouth unternimmt einträgliche Handelsreisen nach Guinea und Brasilien.

1531 – 1534 Eroberung von Peru unter dem Spanier Pizarro.

1533 Elisabeth wird am 7. September in Greenwich Palace als Tochter Heinrichs VIII. und seiner zweiten Frau Anna Boleyn geboren.

1534 Gründung des Jesuitenordens in Paris.

1536 Heinrich VIII. beginnt mit dem Wiederaufbau der Flotte.

1542 Die Portugiesen erreichen Japan.

1543 *Irgendwann zwischen 1540 und 1545 wird Francis Drake in Crowndale bei Tavistock in Devon geboren.*

1545 Beginn des Konzils von Trient.

1547 Eduard VI. König von England; Philipps II. erste Reise in die Niederlande.

1549 *Familie Drake wird durch einen Aufstand der Katholiken aus Devon vertrieben und findet auf dem Medway eine ärmliche Zuflucht.*

1550 Elftes und letztes Edikt Karls V. gegen die niederländischen Ketzer.

1551 Rückkehr Philipps II. nach Spanien. Beginn des englischen Handels mit Marokko, der Goldküste und Guinea. Philipps II. erste Reise nach England

1553 Maria, Königin von England, heiratet Philipp von Spanien.

1553 – 1554 Chancellor eröffnet den Seeweg nach Nordrussland. Die »Moskauer Gesellschaft« wird gegründet.

1555 Karl V. verzichtet auf die Großmeisterschaft des Goldenen Vlies und auf die Niederlande.

1556 Karl V. verzichtet auf Spanien, Philipp II. König.

1557 Krieg zwischen England und Spanien. Verlust von Calais, der letzten englischen Besitzung auf dem Kontinent.

1558 Elisabeth besteigt am 17. November den Thron von England. Wiederherstellung der Anglikanischen Staatskirche. William Cecil, der spätere Lord Burghley, wird zum Minister ernannt und bis 1598 der wichtigste Berater der Königin.

1559 Tod Heinrichs II. von Frankreich.

1560 Elisabeth I. greift zugunsten des protestantischen Adels in Schottland ein. Philipp II. macht Madrid zur spanischen Hauptstadt.

1561 Die neunzehnjährige Maria Stuart kehrt nach dem Tod ihres Mannes, des französischen Königs Franz, als Königin nach Schottland zurück.

1561 – 1564 Anthony Jenkinson reist durch Russland nach Persien.

1562 – 1563 John Hawkins unternimmt seine erste Sklavenreise.

1562 – 1598 Hugenottenkriege in Frankreich.

1563 Der Grundstein des Escorial bei Madrid wird gelegt.

1564 Die Spanier gründen eine Niederlassung auf den Philippinen. Elisabeth I. erlässt ein Verbot der Wollausfuhr in die Niederlande, was zum Handelskrieg mit Spanien führt.

1564 – 1565 John Hawkins' zweite Sklavenfahrt.

1566 – 1567 *Francis Drake begleitet John Lovell auf seiner Sklavenreise nach Westafrika und zu den spanischen Kolonien.*

1566 Aufruhr in Flandern.

1567 Herzog Albas Ankunft in Flandern. Ein Aufstand des schottischen Adels zwingt Maria Stuart, zugunsten ihres Sohnes Jakob VI. abzudanken.

1567 – 1568 John Hawkins unternimmt seine dritte Sklavenreise, Drake erhält das Kommando auf der JUDITH. Schlacht von San Juan de Ulua.

1568 Maria Stuart flieht nach England. Wegen ihrer Ansprüche auf den englischen Thron wird sie von Elisabeth I. inhaftiert.

Hinrichtung Egmonts und Horns. Die Niederlande erheben sich gegen Spanien. Oraniens erster Feldzug.

1569 Die Rebellion des Nordens.
Drake heiratet Mary Newman, eine Seemannstochter.
1570 Papst Pius V. spricht den Bann gegen Elisabeth I. aus, was ihre Entthronung und Exkommunikation bedeutet.
1572 *Francis Drake greift auf Befehl Elisabeths I. die spanischen Handelsplätze in Amerika an.*
23. auf 24. August: Bartholomäusnacht in Frankreich. Die Hugenottenverfolgung bricht aus.
Ridolfiverschwörung zur Ermordung Elisabeths I.
1572 – 1573 *Drake in Mittelamerika, Überfälle in Panama.*
1573 – 1575 *Drake dient unter dem ersten Earl of Essex in Irland.*
1574 Vertrag von Bristol mit Spanien.
1576 Martin Frobishers erste Reise zur Erkundung der Nordwestpassage für England.
1577 John Hawkins wird zum Schatzmeister der englischen Flotte ernannt und beginnt mit dem Bau hochseetüchtiger Kriegsschiffe.
1577 – 1580 *Drakes Reise um die Welt, die mit Kaperungen an Südamerikas Westküste einhergeht.*
1579 Irischer Aufstand gegen die englische Herrschaft.
1580 Spanien annektiert Portugal.
1581 *Drake wird auf der GOLDEN HINDE zum Ritter geschlagen, kauft Buckland Abbey und wird Bürgermeister von Plymouth.*
1581 Die »Türkische Gesellschaft« wird gegründet.
1583 *Drakes erste Frau stirbt.*
1583 – 1591 Ralph Fitch besucht Indien, Siam, Malaya.
1584 *Drake wird Parlamentsabgeordneter für Bossiney in Nord-Cornwall.*
Gründung Virginias, der ersten englischen Kolonie in Nordamerika, durch Walter Raleigh.
Tod Iwans des Schrecklichen am 18. März.
1585 Zur Unterstützung des niederländischen Aufstandes gegen Spanien schickt Elisabeth I. Truppen unter der Führung von Robert Dudley (Graf von Leicester); dies kommt einem Krieg mit Spanien gleich.

Drake heiratet Elisabeth Sydenham, die Tochter von Sir George Sydenham.

1585 – 1586 *Drakes große Überfälle in Westindien.*

1585 – 1587 John Davis unternimmt drei ergebnislose Reisen zur Erkundung der Nordwestpassage.

1586 Babingtonverschwörung zur Ermordung Elisabeths I. Elisabeth I. erzwingt von Jakob VI. einen Vertrag zum Schutz der Protestanten in Schottland und England.

1587 Maria, Königin von Schottland, wird hingerichtet; Grund: Beteiligung an einer Verschwörung gegen Elisabeth I.

Ausbruch des Krieges zwischen England und Spanien, der bis 1604 dauert.

Drake zerstört spanische Schiffe im Hafen von Cádiz.

1588 *Drake wird Vizeadmiral.*

Philipp II. schickt unter dem Oberbefehl des Herzogs von Medina-Sidonia die »Armada« gegen England. Die größte Flotte der damaligen Zeit wird im Ärmelkanal von englischen Seestreitkräften unter Lord Howard of Effingham, Hawkins, Drake und anderen Sealords aufgerieben. Überreste werden durch Stürme vor Schottland und Irland dezimiert.

1589 *Drakes missglückte Lissabon-Expedition.*

1591 Der letzte Kampf der REVENGE und Sir Richard Grenvilles Tod bei den Azoren.

1594 Von William Shakespeare werden »Verlorene Liebesmüh« und »Der Widerspenstigen Zähmung« uraufgeführt, ein Höhepunkt der kulturellen Blütezeit unter Elisabeths Herrschaft.

1595 Heinrich IV. von Frankreich erklärt Philipp II. den Krieg. Sir Walter Raleigh durchforscht Guinea erfolglos nach Gold.

1595 – 1596 *Die erfolglose Expedition nach Westindien unter dem gemeinsamen Kommando von Drake und Hawkins. Am 12.11.1595 stirbt Hawkins. Thomas Baskervilles Truppen werden vor Panama-Stadt geschlagen. Am 23.1.1596 stirbt Drake.*

1596 Cádiz wird von Howard und Essex geplündert.

1597 Eine weitere spanische Flotte wird vor der englischen Küste durch Stürme zerstört.
William Shakespeare schreibt »Der Kaufmann von Venedig«.

1598 Philipp II. und Lord Burghley sterben.

1600 Die »Ostindische Gesellschaft« wird privilegiert.
Uraufführung von Shakespeares »Hamlet«.
Peter Paul Rubens geht für acht Jahre nach Italien.

1601 Elisabeth I. erlässt ein Armengesetz. Es unterstützt nicht nur, sondern soll auch durch Manufakturen Arbeitsplätze schaffen.
Johannes Kepler wird nach dem Tod Tycho Brahes kaiserlicher Hofastronom in Prag.

1601 – 1603 Sir James Lancasters Handelsreise nach Ostindien.

1603 Königin Elisabeth I. von England stirbt am 24. März im Alter von siebzig Jahren.

1603 – 1625 Jakob I. König von England. 1603 wird Sir Walter Raleigh von Jakob I. als Verschwörer verurteilt und dreizehn Jahre mit seiner Gattin im Tower gefangen gehalten, 1618 hingerichtet.

1604 Friede mit Spanien.

Literatur

Andrews, Kenneth R.: Drake's Voyages. Panther Book, London 1967.
ders.: Admiral und Pirat Francis Drake – England auf dem Weg zur Seemacht. Athenaion, Frankfurt a. M. 1970.

Beese, Gerhard: Karibische Inseln. DuMont Kultur-Reiseführer, Köln 1992.

Beike, Manfred: Kaleidoskop der Seeschlachten. Armada, Trafalgar, Tsushima, Bismarck. Brandenburgisches Verlagshaus, Berlin 1990.

Benson, E. F.: Sir Francis Drake 1540-1596. Goldmann, Bern/Leipzig/Wien 1936.

Brown, Cynthia Gaskell: The Battle's Sound. Drake's Drum and The Drake Flags. Devon Books, Plymouth 1996.

Chacksfield, K. Merle: Armada 1588. Dorset Publishing Company, Somerset 1988.

Corbett, Julian S.: Drake and the Tudor Navy. Longmanns, Green 1899.

Cropp, Wolf-Ulrich: Mit der BOUNTY durch die Südsee. Pietsch Verlag, Stuttgart 1993.
ders.: Gletscher und Glut – Auf Cooks Spuren durch den Pazifik. Delius Klasing Verlag, Bielefeld 1995.
ders.: Die BATAVIA war ihr Schicksal – Seeabenteuer eines Ostindienfahrers. Delius Klasing Verlag, Bielefeld 1997.

Cumming, Alex A.: Sir Francis Drake & The Golden Hinde. Jarrold Publishing, Norwich 1987.

Drake, Francis: An Exhibition to Commemorate Francis Drake's Voyage around the World 1577-1580. British Museum Publications, 1977.
Escudo de Oro: Cádiz, Editorial Escudo de Oro. Barcelona 1998.

Froese, Gesine: Kolumbien, Ecuador. DuMont Richtig Reisen, Köln 1998.

Gill, Crispin: Buckland Abbey. Underhill, Plymouth 1951.

Golden Hinde Management: The Golden Hinde. S. V. Golden Hinde, St. Mary Overie Dock, London 1996.

Gómez-Centurión, Carlos: La Armada Invencible. Grupo Anaya, Madrid 1987.

Hampden, John (Herausgeber): Sir Francis Drake. Pirat im Dienst der Queen. Edition Erdmann in K. Thienemanns Verlag, Stuttgart 1997.

Harris, Helen Joy: Drake of Tavistock. Devon Books, Devon 1988.

Hasebeck, Heinrich: Gasparan oder die letzte Fahrt des Francis Drake. Bearb. Peter Miller; Hrsg. Andreas Venzke. Benzinger Verlag Zürich, Düsseldorf 1996.

Hawkins, John: The Time and the Man. Greenwood Press 1970.

Heck, Gerhard: Nicaragua, Costa Rica, Panama. Du Mont Richtig Reisen, Köln 1998.

Herring, Hubert: A History of Latin America. Knopf, 1968.

Kay, Susan: Die Königin. Macht und Einsamkeit, Liebe und Leidenschaft Elisabeths I. von England. Scherz Verlag, Bern und München 1985.

Kesten, Hermann: König Philipp II. Ullstein Verlag, Frankfurt 1982.

Klöcker, Harald: Andalusien. Merian live, Gräfe und Unzer Verlag, München 1998.

Lely, Peter / Mildren, James: Sir Francis Drake. A National Trust Pocket Book, Norwich 1988.

Marco Polo Redaktion: Feuerland, Patagonien. Mairs Geographischer Verlag, Ostfildern 1995.

Marx, Robert F.: The Treasure Fleets of the Spanish Main. World Publishing, 1968.

Michener, James A.: Carribean. Random House, New York 1989.

Mildren, James: The Incredible Armada. Devon Books, Plymouth 1988.

Nowel, Ingrid: London. Du Mont Kunst-Reiseführer, Köln 1986.

O'Bryan, Linda / Zaglitsch, Hans: Panama. Reise Know-How, Verlag Peter Rump, Bielefeld 1995.

Sager, Peter: Südengland. DuMont Kunst-Reiseführer, Köln 1997.

Schneider, Reinhold: Philipp der Zweite oder Religion und Macht. Suhrkamp Verlag, Frankfurt 1987.

Schröder, Rainer M.: Sir Francis Drake. Pirat der Sieben Meere. Omnibus-Verlag von C. Bertelsmann, München 1996.

Seeler, Rolf: Argentinien und Falklandinseln. Du Mont Richtig Reisen, Köln 1996.

Stadler, Hubert / Neumann-Adrian, Michael: Begegnung mit dem Horizont. Feuerland, Kap Hoorn. Verlag C. J. Bucher, München 1993.

Thomson, George Malcolm: Sir Francis Drake. Futura Publications, London 1972.

Thrower, John: The Lost Treasure of Sir Francis Drake. Whetley Orchard, Dorset 1996.

Walker, Bryce: Die Armada. Time-Life-Buch, Amsterdam 1981.

Williams, Neville: Francis Drake. George Weidenfeld and Nicolson Limited, London 1973.

Williamson, James A.: Hawkins of Plymouth. Barnes & Noble 1969.

Wilson, Derek: The World Encompassed. Drake's Great Voyage 1577-1580, Book Club Associates, London 1977.

Wood, Peter: Abenteuer der Karibik. Die Seefahrer. Bechtermünz Verlag, Eltville 1992 und Time-Life Books, 1979.

Woodcock, G.: Tavistock's Yesterdays. Episodes from her History. Penwell Ltd., Parkwood / Callington 1987.

Wright, J. A.: Spanish Documents Concerning English Voyages to the Caribbean. 1527-1568. Hakluyt Society, 1928.

Illustrationsnachweis

Abbildungen: Wolf-Ulrich Cropp, Hamburg (wenn nicht anders vermerkt)

Schutzumschlag:

Titelseite: Zeitgenössische Karte des Atlantik und der Karibik, National Maritime Museum, London-Greenwich (oben); der Nachbau der GOLDEN HINDE, Zefa Picture Library, London

Rückseite: Kostbarkeiten des spanischen Schatzes aus den irischen Gewässern, Trustees of the Ulster Museum, Belfast (links)*; Portrait von Sir Francis Drake, Gemälde von Marcus Gheeraerts dem Jüngeren, Plymouth City and Art Gallery Museum, England (rechts)*.

Farbfotos:

Nr. 3: Golden-Hinde Ltd., London
Nr. 7: Master and Fellows, Magdalene College, Cambridge*
Nr. 8, 41: Gemälde von Thomas Davidson, Buckland Abbey Museum*
Nr. 9: National Portrait Gallery, London*
Nr. 10: Gemälde von Nicholas Hilliard, 1585, Royal Collection, London*
Nr. 11, 32, 37, 38, 39: National Maritime Museum, London Greenwich*
Nr. 13, 40: Plymouth City Museum and Art Gallery, Plymouth*
Nr. 17: Rare Book Division, The New York Public Library, Astor, Lenox and Tilden Foundations*
Nr. 42: Trustees of the Ulster Museum, Belfast*

Schwarz-Weiß-Fotos:

S. 9 Radio Times Hulton Picture Library, England
S. 26 Zefa Picture Library, London
S. 31 Colorierte Federzeichnung der William L. Clemens Library, University of Michigan, USA
S. 38, 165 Library of Congress, Derek Bayes, London*
S. 39 (2) Rijksmuseum Nederlands Scheepvaart Museum, Amsterdam
S. 45, 179, 230, 244 National Portrait Gallery, London*
S. 49 oben: Plymouth City and Art Gallery Museum, Plymouth, England
unten: Officer Commanding, 29 Commando Regiment, Royal Artillery, England*
S. 137 Dreimast-Vollschiff KHERSONES, Privatarchiv
S. 139 Foto: Hermann Backen, Wyk auf Föhr
S. 145 Cabo de Hornos, Privatarchiv
S. 159 Zeitgenössischer Kupferstich, British Library, London*
S. 161, 176, 180, 183, 223, 232, 234 National Maritime Museum, London-Greenwich* (S. 223: Gemälde von Denis Dighton)
S. 238 The Mansell Collection, London*

Zeichnungen: Wolf-Ulrich Cropp, Hamburg

* *Fotografiert von Wolf-Ulrich Cropp mit freundlicher Genehmigung der Eigentümer.*